NW

西北民商法学术文库

Northwest Academic Library of Civil and Commercial Law

通过合意的纠纷解决

——合意性纠纷解决机制研究

Dispute Resolution According to Consensus

—Study of Consensual Mechanisms on Dispute Resolution

赵旭东 著

法律出版社

LAW PRESS · CHINA

“西北民商法学术文库”总序

“西北民商法学术文库”是西北政法大学民商法学院从本院教师的学术研究成果中遴选、编辑，由法律出版社出版的学术丛书。该文库自2010年至今已出版专著、论文集、译著等学术著作十多部。

西北政法大学民商法学院是以民法学、商法学、民事诉讼法学教学和科研为主要任务的二级学院，是我国民商事法律研究和教学中规模较大、学科门类齐全、民商事实体法学和程序法学相结合的专门学院。

学院目前设有一个法学（民商法学方向）本科专业，民商法学、民事诉讼法学两个硕士学位点，现有在校学生2100多名。学院师资力量雄厚，50多名专任教师中五分之四以上具有高级职称，绝大多数教师具有博士学位或正在攻读博士学位，有15名教师分别在全国性的各有关法学研究会担任副会长、常务理事、理事等学术职务。

学院所辖的民商法学科和民事诉讼法学科都是陕西省重点学科，并设有两个省级重点学科建设基地和陕西省妇女/性别研究与培训基地。学院设有民法学、商法学、民事诉讼法学、亲属法学等教学机构，设有民商事法律科学研究中心、私法文化与法典化研究所、物权与土地制度研究所、侵权法研究所、商事治理法律机制研究所、妇女与家事法律研究所、民商事判例研究所、民事权利救济机制研究所、民事司法改革研究所、公司纠纷法律对策研究所等学术研究机构。

经过多年建设和发展，民商法学科在民法基础理论、商法基础理论、物权法理论、债权法理论、公司与证券法理论和婚姻家庭法理论方面，民事诉讼法学科在民事诉讼法理论、仲裁法学、公证律师法学、多元纠纷解决机制以及民事强制执行制度等方面的研究取得了丰硕的学术成果，初步形成了私法文化与法典化、物权法与土地制度、商法基础理论与公司制度、婚姻家事制度、侵权法律制度、多元纠纷解决机制、民事司法制度改革等领域的研究特色，在学术界具有一定影响。

目前学院承担国家社科基金研究项目11项，项目内容涉及集体所有权法律机制、民法价值、民法文化与民法法典化、婚姻家庭新问题、商法价值与商事制度构建、侵权责任法危险责任体系、商行为制度、侵权救济、保险制度等研究领域。

学院今后将以国家和省部级科研项目为支撑、以专门研究机构为平台、以培育和打造科研特色为目标，进一步推进学科建设和科学研究工作，为法学学术发展和国家法治建设作出积极贡献。

“西北民商法学术文库”是近期及今后一段时期我院的部分科研成果的系列展示，内容涉及民商事实体法和程序法的理论研究和实务研究成果。所选取的成果，或为国家或省部级科研项目及其他科研项目的结项成果，或为我院学科建设科研规划项目成果，或为我们认为具有学术价值且富有特色的研究成果。本文库编辑、出版的目的在于强化学术交流，为繁荣法学学术研究，进而推进我国民商事法律制度和法律实践的进步做出虽然绵薄但却应有的努力。

本文库的出版受到“陕西省重点学科建设专项资金”的资助，受到法律出版社的大力襄助，在此谨致谢忱！

“西北民商法学术文库”编辑委员会

2014年12月

序

与当代世界纠纷解决理论多元而丰富的研究成果和深度广度相比较而言，我国的纠纷解决理论研究显得相对冷清而边缘。但可喜的是，已有越来越多的研究者加入这个行列，包括不少民事诉讼法学者，赵旭东教授即是其中一位。不过，他的新作《通过合意的纠纷解决——合意性纠纷解决机制研究》并非一般程序法的研究，而是以法理学的高度和方法研究纠纷解决机制，提出"实质意义上的纠纷解决是通过合意的纠纷解决"，进而提出了建构合意性纠纷解决机制的理念和思路。这部作品凝聚了赵旭东教授多年来理论研究和实务经验的精华，毋庸置疑，它的问世为我国纠纷解决理论研究增添了一抹宝贵而新鲜的亮色。

当代纠纷解决理念存在多元的价值取向和立场，但其主流与非诉讼纠纷解决机制、程序或方式（ADR）的发展息息相关，主张将合意、非对抗、协商、参与、自主自律、灵活便利、经济等作为 ADR 的价值和目标，并以此对以"对抗与判定"为核心的现代司法、诉讼、裁判进行替代或改造。毫无疑问，合意性正是当代 ADR 乃至纠纷解决的基本理念，可凝练为废除零和思维、争取双赢（多赢）、协商对话、平等参与、选择等一系列标志性话语。今天，这些理念已经从民事纠纷解决向刑事和解、行政处理、协商民主、危机应对等领域全方位拓展，并逐步成为当代政治和国际舞台上的主流价值观。

在纠纷解决的实践和制度设计中，对于"合意"，有着不同角度的看法和多种理解，例如在程序的意义上，合意体现为当事人各方对解纷程序的自愿选择，如自主协商、自愿调解和仲裁协议；在实体权利处分的意义上，合意意味着当事人自主行使处分权，如达成和解或放弃权利；从方式、手段的角度，合意通常指协商性解纷方式，即协商（谈判）和调解，强调其非对抗、对话、交易的特点，与仲裁和司法裁判的判定相区别；从解纷主体的角度，合意性机制是指非国家权力控制的当事人自主参与、自治自律的民间社会机制；同时，既有的纠纷解决机制也可以根据其价值取向、基本功能、程序特点和目标区分为合意促进型、评价型和裁判型等不同模式，以及自治取向（合意）与司法取向（决定）两种基本取向。就民事纠纷的本质和特点而言，将合意确立为纠纷解决机制的终极目标和最高价值无疑是合理的。

然而，迄今为止，在制度建构和程序设计的角度上，多数"纠纷解决"都是以程序、形式意义上的"解决"为着眼点的，即不期待从根本上彻底解决纠纷本身，而旨在作出程序上的"处理"，终结纠纷解决的过程。诉讼实质上就是在当事人无法达成合意的情况下，以国家司法权名义作出裁断，终结纠纷的制度。众所周知，诉讼的"对抗与判定"以法律事实、规则和非黑即白的判断为特点，采用对抗性程序和法律技术，以"零和"为处理结果，因此判决往往并不意味着纠纷可以得到彻底解决，既可能引发次第的诉讼或申诉，也可能使当事人之间结下无解之仇。正因为客观承认诉讼的这些固有特点和局限性，ADR 以及多元化纠纷解决机制才将通过更加适宜的途径，从当事人的关系、解纷方式、自主参与、实质公正等角度达成合意、化解纠纷作为其目标。这种理念已经成为当代民事司法改革的指导思想，世界各国都在积极推动 ADR 的应用与发展并以此推动民事司法的改革。

赵旭东教授在本书中倡导的就是这样一种新的理念，他认为，实质意义上的纠纷解决是通过合意的纠纷解决，没有合意就没有纠纷的实质性解决。他从基本概念、理论基础、历史类型、促成机制等方面，为"合意性纠纷解决机制"这一命题构筑了一个较为完整的理论体系。其中，既有批判，也有建构；既有逻辑严密的思辨论证，也有基于现实问题的对策分析；既有对纠纷解决行为、实践的分析解释，也有对理想中"合意性纠纷解决机制"的建构思路。作者打破了诉讼与非诉讼两种机制的对立与峻别,尝试将合意作为民事纠纷解决机制的整体性理念和制度设计起点,并以此改善诉讼的对抗性程序本身。这部著作显示出作者对我国法治建设、社会转型背景下的纠纷解决实务和社会需求的关注和思考,体现出一种高度的社会责任感、学术敏感性和人文情怀。

事实上,随着 ADR 的发展,今天世界各国的纠纷解决机制和制度的设计中,出现了一种多元程序相互融合的趋向。例如,一些解纷机制在合意优先的前提下,形成协商、调解、裁决相结合的机制;在仲裁和诉讼等判定型解纷程序中引进协商或调解,不仅可以和解撤诉、调解结案,而且出现了合意判决、调解书转化为仲裁裁决,调解协议的司法确认等形式,乃至家事、劳动等司法程序已出现和解化、调解化、非讼化、社会化的趋势。在这个意义上,赵旭东教授主张的合意性纠纷解决机制已经开始成为现实。

尽管如此,需要指出,对合意性的推崇和追求并不能根本解构诉讼程序"对抗与判定"的本质定位及其与非诉讼机制在价值、功能上的差异,也不能完全排除纠纷解决中强制因素的存在和应用。现代社会不仅存在阶级、阶层和利益的激烈对抗和文化冲突,社会主体也不乏戾气和失范行为,因此始终存在合意达成的困境。在具体的纠纷解决过程中,当协商无法进行、合意不能形成、对抗难以消除、自治无从作用的情况下,司法机关或仲裁人必须依法作出裁判,从管辖到执行各个环节都需要以强制作为保障;同时,除了合意本身的价值,纠纷解决还需要兼顾规则的确定性、效率、成本效益、共同体秩序、公正以及非平等主体之间纠纷的特殊处理等问题,因此,当代社会在协商、调解等合意性解纷方式中,也适度引入了强制性因素以克服"合意的困境",如强制调解、调解中的决定、调解人的管理、当事人的行为规范、司法审查等。在这个意义上,合意并不能全面替代决定和强制,在多元化纠纷解决机制中兼顾各种价值、功能,针对不同类型的纠纷设计不同的处理机制及辅助机制,是制度建构最重要的课题。

这说明,纠纷解决机制的建构和实践并不能过于理想化,必须以多元思维应对复杂的现实和需求。

毫无疑问,合意性纠纷解决机制是当代社会治理值得追求的理想,也是解纷机制顶层设计的基本价值取向,然而,要使其成为现实,尚需满足诸多的条件。例如,合理的顶层设计,以及决策者和社会公众的观念变革——转变诉讼迷信、权力依赖、对抗性思维,承认诉讼裁判的局限性,在社会中真正建立崇尚协商、和解、诚信、自律自治的文化,当这些条件具备并逐渐成熟,合意性纠纷解决机制才能够水到渠成。在这个过程中,法律人应率先转变观念和行为,成为合意性纠纷解决的倡导者、研究者、践行者,建立与之相适应的职业理念、职业技能、职业道德和行为规范。我欣喜地看到,赵旭东教授通过他的研究和实践,为这一目标的实现作出了值得赞许的努力和贡献,期待着他所描述的合意性纠纷解决机制早日结出丰硕的果实。

谨以此为序。

范 愉

2017 年 7 月

自 序

我不去想是否能够成功，
既然选择了远方，
便只顾风雨兼程。
——汪国真《热爱生命》

二十多年前，我还在深圳做律师的时候，对纠纷的解决这一命题就有了一种朦胧的钟爱。作为律师，本应以维护委托人的利益为己任，正所谓“受人之托，忠人之事”，在一般人看来，想当事人之所想，为当事人之所欲为，应当是一个好律师的基本准则。然而，我对此却有些不以为然，每遇当事人诉争之事，我便首先动员双方协商解决，设法说服双方当事人甚至是对方的律师，大家坐下来，各抒己见，摆事实、讲道理，直至达成和解，解决争议。在多年的律师生涯中，接过的争议案件形形色色，此种方法竟然屡试不爽，颇得同行以及当事人首肯，于是干脆以“不打官司的律师”自诩，竟也成了一个特别的标签。这种看似平常的职业经历，却常常使我陷入遐思：既然纠纷能够以此种省时省力的方式得到解决，为何还要将其诉至法院，徒增诉累？应当怎样看待诉讼方式与其他非诉讼方式之间的关系？究竟是何种因素在纠纷解决中发挥着决定性的作用？后来，我回到了学校，意图找一个安静的场所为那些纠缠不已的问题寻求答案；再后来，我有幸读到了范愉教授的著作《非诉讼纠纷解决机制研究》（中国人民大学出版社 2000 年版），继而又研读了其他学者的相关著述，深受他们的感召和激励，由此一发不可收拾，自然而然地把纠纷解决机制研究作为自己致力追逐的一个学术研究方向，包括博士学位论文的选题依然延续了这个方向。

学贵专一，然而，我却有过几次“转行”的经历。我本科毕业于西北政法学院（今西北政法大学）法律系，毕业后留在法理教研室任教，不久后到中国政法大学读硕士研究生，专业是中国法律思想史，毕业后从事律师工作长达十余年，再后来又转为民事诉讼法、仲裁法、律师和公证制度等课程的教学工作。从教学工作到法律实务工作，再到教学工作；从法理学、法律史学再到程序法学的教学与研究，这番折腾不仅是职业的变化，而且在专业上也未能持之以恒。按理说，做学问本来是没有边界的，而且，研究领域越是广阔，越能显得身手不凡，何况无论怎么变化，我也并没能超出法学之域。但是，毕竟自己能力有限，岂敢与那些学术大家相比！好在这些“复杂”的经历并没有造成我在学术研究上的障碍，反而从中萌发了我的学术目标，并促使我从更多的角度对研究对象作出观察和思考，颇有些歪打正着的意味。

纠纷解决的理论研究涉及的学术领域是较为宽泛的，它的基础学科不仅是法学，还涉及哲学、政治学、社会学、人类学、经济学等多门学科，甚至可以更为广泛，特别是这一研究领域与相关社会实践的联系非常紧密，对经验性知识的要求较高。随着相关研究的逐步深入，我越来越感到自己知识储备的匮乏，还时常产生畏难情绪，但既然选择了这条道路，也只有硬着头皮走下去了。我总觉得，做学问如同做人，不管水准如何，真诚总是第一要义，“学者”就是要不断学习的人，即使贡献不大，只要恪守真诚，总还不至于辱没了学者这一称谓。于是，不揣浅陋，我自顾直抒胸臆，努力把自己的真实所想变成系统的理论话语，希望通过自己的研究去解决相关的种种困惑。在本书写作过程中，我在一些学术报告或讲座中，在某些重要的会议上，还有在我开设的相关课程中，都陆续讲述自己的相关观点和理论构想，和法官、律师、学者、仲裁员、调解员、学生以及当事人也有过多次交流，他们反应各异，有的表现惊异，有的表示不解，有的则报以热烈的赞许和鼓励,这让我感到自己的研究对象多少还有一些学术价值和实践意义,也更加坚定了我继续探索的勇气和信心。

纠纷解决机制的建构问题一直是纠纷解决理论研究的一个热点,这一问题的复杂性不仅表现在不同的机制在实践中的相互区别和联系,而且更为重要的是如何对这种区别和联系从理论上作出必要的论证和说明。纠纷解决机制除了具体表现形式的不同,是否还可以从抽象概括的角度加以区分?在这本书中,我做了一些大胆的想象和推论。我认为,以往的纠纷解决机制研究基本上是着眼于形式意义上的纠纷解决,而我所看重的是实质意义上的纠纷解决,实质意义上的纠纷解决是通过合意的纠纷解决,与此相应的机制就是"合意性纠纷解决机制"。纠纷解决中的合意现象普遍存在,合意是实质性解决纠纷的关键因素,也是最为核心的决定性因素,没有合意就没有纠纷的实质性解决。为了证成这一"假想",我在书中对合意性机制做了一番考察和分析,从基本概念、理论基础、历史类型、促成机制等方面做了必要的探讨,力图为这一命题构筑一个较为完整的理论体系。与此同时,对与纠纷解决机制相关的民事司法理念和民事司法改革的目的、实践功能和发展前景也做了一些探讨,对某些传统理论和观念做了批判性的分析并作出自己认为合理的诠释;其中有的观点与主流价值取向或有抵牾,又或者会令人感到耳目一新,但我本意绝非哗众取宠,实属不吐不快使然。

众所周知,在理论研究中,最为艰难的工作就是基础理论的研究,尤其是体系化的理论建构,我走上这一道路可以说是有些不由自主,或许还也有些不自量力,好在学术研究还有"抛砖引玉"一说。但必须交代的是,有些问题还是超出了我的把握,例如,从实践的角度看,纠纷解决的合意性机制与传统的纠纷解决机制相互之间如何契合?这一问题虽然从理论上可以界定,但要运用到具体实践中却并非易事,毕竟还牵扯到具体的制度设计和运作过程,仅有理论叙事是远远不够的;另外,书中对合意性机制在历史上的表现以及它的理论基础的探讨只怕是我的一厢情愿,于相关考据和逻辑进路的把控还很不到位。

其实，这本书在几年前就已形成初稿，也是事有凑巧，在这几年当中，国家层面的民事纠纷解决机制改革步伐逐渐加快，与我所研究的主题相关的话题在学术界也一直热议不断，于是就有了将最新的动向和成果在书中体现出来的念头。然而，“文章千古事”，它应当着力于探讨事物的本质和规律，而不仅仅是为了顺时应景而作。在这种外部环境和内心祈愿的纠结缠绕之下，时间也就不知不觉地飞逝而过。在这期间，总觉得应当对民事纠纷解决机制的改革与未来发展有一个基本的判断和态度，这不仅是本书主题的自然延伸，也希望能借此为自己多年来的相关思考做一个基本的归纳和总结。这便是本书“附论”部分的由来。

总之，我自觉这本书的选题多少是有些任性的，可能会不经意间从一个微观的概念触及某些宏大而费解的命题，虽然力求周全，但总因学识有限，难以达至圆满，不当之处难免，还望方家不吝指正。

作　者

2017 年 6 月 27 日

目　录

前　言

一、研究背景和问题预设

在人类社会的发展进程中，总是伴随着各种各样的社会矛盾和冲突，这些矛盾和冲突在法律的范畴中一般被称为争执、争议和纠纷，而最常用的表述则为“纠纷”一词，如“民事纠纷”就是一个规范的法律术语，它是对民事性质的社会矛盾和冲突的概括性称谓。纠纷之于人类社会犹如疾病之于肌体的关系，是难以避免的。而纠纷的解决亦恰如疾病的治疗，更是一个人们极度关切且极具挑战性的话题。纠纷的解决不仅对消除社会矛盾冲突、维护正常的社会关系具有十足的必要性，而且对公共政策的贯彻实施和社会文明秩序的形成也具有十分重要的意义。纠纷的解决正如纠纷的产生一样，总是与特定的社会政治、经济和文化环境密切相关，纠纷解决的过程和方法也成为一个国家的政治文明程度、执政理念和法制水平的综合体现。

在人类早期社会，生产力水平较为低下，社会组织形式也相对简单，纠纷的解决可能只是一种类似于人类本能的自然需求，其方法也并无固定的章法可循，可能借助于一种原始的宗教仪式，也可能是一场血腥的厮杀，主要是在当事人之间自行了断（自力救济），社会公共机制的介入十分有限。随着人类进入文明社会，特别是作为公共准则的法律制度出现以来，纠纷的解决不再被视为仅仅是“个体之争”，而是关系到政治统治秩序或社会公共利益的社会性事务。于是，作为社会控制工具的法律制度对纠纷解决的干预逐渐增强，形形色色的审判方式逐渐取代自行了断的方法而成为解决纠纷的主要手段。从古代的神明裁判到中世纪的宗教法庭、官府裁断再到现代的对抗式诉讼制度,纠纷的解决常常依循着法律的规制或者借助法律的名义而展开。法律不仅宣示着某种神圣的权威,而且提供了精心设计的程式和规范,相对于不那么正规甚至有些简单粗暴的自力救济方式而言,人们更相信这种权威和规范能够为他们带来公平和正义,并且,法律的介入似乎更能满足纠纷解决的彻底性和效率需求。于是,作为通过法律解决纠纷的审判制度的建设便成为国家法制建设的主要内容,而专事诠释审判制度的诉讼法学也就成为法学领域的一门"显学"。在这一过程中,自力救济作为一种"原始的"、"简单的"纠纷解决方法受到了程度不同的抵制和排斥,甚至以法律的形式予以明确禁止,同时,纠纷当事人的自主性也在法律的约束下被逐渐削弱或者仅仅成为法律程序的陪衬物。[1] 然而,随着社会政治、经济和文化的不断发展和进步,特别是现代社会主体意识的不断增强和行为方式日渐多样化、个性化,既定法的局限性和滞后性便不可避免地暴露出来。现实的矛盾促使人们不断发出"法律是什么"的追问,制定法一成不变的权威形象和僵化模式一再受到冲击,于是,纠纷解决的理念和方法也开始朝着更加贴近现实、更能满足社会需求的方向转变。19 世纪末 20 世纪初,随着社会学法学的崛起,法律的神秘光环终于渐渐隐去,社会学法学的代表人物埃利希甚至宣称:"无论是现在还是其他任何时候,法律发展的重心都不在立法、法律科学,也不在司法判决,而是在社会本身。"[2] 特别是 20 世纪中叶以来,随着现代科技水平的飞速发展,生产方式和社会关系也发生了巨大变化,各种新型的社会矛盾和纠纷不断涌现,传统的以诉讼为主的

---

〔1〕 参见常怡主编:《民事诉讼法学》,中国政法大学出版社 2002 年版,第 23、24 页;徐昕:《论私力救济》,中国政法大学出版社 2005 年版,第 11 页。

〔2〕 转引自吕世伦主编:《现代西方法学流派》(上卷),中国大百科全书出版社 2000 年版,第 313 页。

纠纷解决制度和方法受到了前所未有的挑战。德国著名学者朱克曼对这种现象作出了如下的判断:

> 民事司法制度不能满足社会的需求已经成为一个普遍现象。这一现象似乎超越了国家和文化的疆界,出现在许多不同的国度——无论是普通法国家还是大陆法国家。进入司法/获得正义(access to justice)受到诉讼的高额成本和长期拖延的不利影响如此之强烈,以至于很多法院不再能够为那些寻求权利保护或谋求纠纷解决的人们提供充分的救济场所。毫不夸张地说,许多国家的民事司法制度都在经受着某种危机。
>
> 大多数国家已经作出了回应,他们针对自己的制度所面临的迫切问题采取了不同措施,看来进行民事司法管理的改革已经成为全球性的趋势。[3]

可以说,在当今世界,围绕着社会矛盾和纠纷的解决,一场具有革命性意义的嬗变正在进行,人们不再满足于将他们的纠纷完全交由第三方裁决,甚至不再迷信纯粹法律意义上的公平和正义,而是寻求一种更加符合生活规律和现实需要的具有“后现代”色彩的纠纷解决方式,这种嬗变所带来的不仅是人们思想观念的变化,而且是制度性的深刻变革。从某种意义上说,纠纷解决的方式正在呈现出一种向着人类本能需求回归的趋势,当然,这是一种理性意义上的回归,而不是一种简单的原始本能的复原。

现代社会纠纷解决的理念和方式的变化并非是局部性的和偶然性的,而是具有全球性和必然性的具有历史意义的根本性变革,例如,“随着调解制度化的全球趋势不断走向深入,国家的法律和司法体制将继续对调解的实践发挥更大的影响。同时,朝向全球化、跨国

---

〔3〕 [德]阿德里安·A. S. 朱克曼主编:《危机中的民事司法》,傅郁林等译,中国政法大学出版社 2005 年版,“序言”第 1 页。

规制以及无缝交易发展的反方向趋势,又需要灵活的超越国家制度的纠纷解决程序"[4]。在一向推崇法制的西方国家的民事纠纷解决领域,"替代性纠纷解决机制"(ADR)[5]的运用已经成为一种普遍现象,"和解""调解""仲裁""诉讼"这些传统的纠纷解决机制相互之间壁垒森严的界限正在以不同的方式逐渐瓦解,取而代之的是各种传统机制的有机结合、相互渗透和相互促进,一种"多元化"的纠纷解决机制越来越受到人们关注。在这一过程中,第三方力量乃至于公权力的角色不再是决定性的或居高临下的裁判者,而是为当事人之间的沟通和谅解发挥着某种督促、管理与调和的作用;纠纷的解决不再是以裁判为主,而是以当事人之间的合意为主。在这一方面,英国的"管理型司法"具有一定的代表性。在管理型司法中,虽然"对抗制"作为司法救济的基本形式依然保持着其固有的阵容,但是,这种"对抗"已经逐渐丧失了其原有的抗争意味,而逐渐演变成一种仪式化的格局,当事人之间的合作反而成为最为关键的因素。诚如徐昕教授所指出的:

> 对抗制并不意味着绝对的斗争,当事人在对抗中有合作,在自主中接受法院的强势管理,"为权利而斗争"将逐渐转向"为权利而沟通"。民事诉讼中的反程序倾向,诸如合意性机制、ADR、和解文化对程序的反叛,呼唤着程序对话理论的确立,事实上德国思想家哈贝马斯的沟通行动理论将历史地担当这一理论之哲学基础。对抗制的扬弃和发

[4] [澳]娜嘉·亚历山大主编:《全球调解趋势》,王福华等译,中国法制出版社2011年版,第34页。

[5] ADR,英文原文是"Alternative Dispute Resolution",中文译为"替代性纠纷解决机制"。在1976年美国"大众为何对司法运作不满"的全国性会议上,哈佛大学教授弗兰克·桑德尔第一次使用这一概念。参见[英]西蒙·罗伯茨等:《纠纷解决过程:ADR与形成决定的主要形式》,刘哲玮等译,北京大学出版社2011年版,第60页。

> 展,即以程序对话和程序管理机制为修正范式、从绝对走向相对的对抗制,是民事诉讼制度和诉讼文化发展的全新方向。[6]

在我国,自20世纪80年代以来,随着经济体制改革的不断深化,传统的社会结构和社会关系也受到了强烈的冲击,人们在享受改革所带来的福利的同时,也为层出不穷的社会矛盾和纠纷所困扰,而传统的法律制度和司法体制已经远远不能满足现实的需要,如何切实有效地解决社会矛盾与纠纷已经成为全社会瞩目的重大课题。在20世纪90年代,理论界围绕着民事司法改革的命题曾有过热烈的讨论,出现了“渐进论”、“激进论”和“折中论”的不同观点。渐进论者认为,中国的司法改革只能逐步推进,采“相对合理主义”理念,不能盲目追求一步到位,否则就可能出现因既定秩序的紊乱和新秩序缺乏建立条件而导致改革的流产;激进论者的观点则截然相反,认为应当仿照欧美国家的模式,转变观念,对司法体制进行大刀阔斧、一步到位的改革;折中论者综合了上述两种观点,认为改革应当区分轻重缓急,分阶段进行。[7] 在实务界则是以“审判方式改革”为龙头,以通过对庭审制度的改造实现司法的公正为现实目标。[8] 但也有学者针对这种改革理念提出了不同的观点,如王利明教授认为:

> 审判方式改革集中于庭审方式的改革,虽不无道理,但却忽视了对调解制度的改革。庭审方式的改革必须与调解制度的改革结合起来,方能使改革获得应有的、预期的成效。……尽管调解制度在实践中存在诸多的问题。也不能据此否认调解的功能。那种认为改革的思路应当是否定法

〔6〕 徐昕:《英国民事诉讼与民事司法改革》,中国政法大学出版社2002年版,第218~219页。

〔7〕 参见谭世贵主编:《中国司法改革研究》,法律出版社2000年版,第50~51页。

〔8〕 最高人民法院于1998年7月6日发布了《关于民事经济审判方式改革问题的若干规定》(法释〔1998〕14号),该规定是可视为审判方式改革的一个成果。

官主持调解，或认为应坚持“判决为主、调解为辅”的观点也不完全妥当。[9]

由此可见，在当时，中国的司法改革之争所面对的问题基本上还是“合理化”之争，对理论逻辑的论证大于对实践效果的关照，其主要表现就是如何对待“判决”与“调解”的关系，二者要么是各自独立，难以调和的，要么是一个为主一个为辅的，这种由来已久的争论似乎是一个永难了结的学术悬案。[10] 与这种学术争论的“繁荣”局面形成对照的是，在社会实践中各种矛盾和纠纷的发生依然居高不下，有限的司法资源和传统的纠纷解决方式显得力不从心、捉襟见肘。更为严重的是，由于“申诉难”、“执行难”的困扰，人们对司法的权威性和公信力发生动摇，越来越多的当事人宁愿求助于政府和上级领导，或者采取非常规的方式解决他们面临的困境，也不愿循着既有的法律途径按照法律程序解决纠纷。

自21世纪始，中国的司法决策机关审时度势，面对层出不穷的社会矛盾和纠纷采取了积极务实的态度，一种旨在满足社会需求且注重纠纷解决的实际效果的司法政策便顺理成章地走到了台前。2002年，最高人民法院、司法部联合发布了《关于进一步加强新时期人民调解工作的意见》，并召开了全国人民调解工作会议。有学者认为“这标志着我国的纠纷解决机制开始了一次较大的调整，司法政策出现了明显的变化”[11]。此后，我国围绕民事纠纷解决的司法

---

〔9〕 王利明：《司法改革研究》，法律出版社2001年版，第362～363页。

〔10〕 相关的代表性文献可参见张晋红：《法院调解的立法价值探究——兼评法院调解的两种改良观点》，载《法学研究》1998年第5期；李浩：《调解的比较优势与法院调解制度的改革》，载《南京师大学报》（社会科学版）2002年第4期；范愉：《调解的重构——以法院调解的改革为重点》，载《法制与社会发展》2004年第2期、第3期。

〔11〕 范愉：《调解的重构（上）——以法院调解的改革为重点》，载《法制与社会发展》2004年第2期。

改革方向逐渐明朗。《人民法院第二个五年改革纲要》(2004—2008)提出:"加强和完善诉讼调解制度,重视对人民调解的指导工作,依法支持和监督仲裁活动。与其他部门和组织共同探索新的纠纷解决方法,促进建立健全多元化的纠纷解决机制。"这个思想在《人民法院第三个五年改革纲要》(2009—2013)中得到了进一步明确,即:

> 建立健全多元纠纷解决机制。按照"党委领导、政府支持、多方参与、司法推动"的多元纠纷解决机制的要求,配合有关部门大力发展替代性纠纷解决机制,扩大调解主体范围,完善调解机制,为人民群众提供更多可供选择的纠纷解决方式。加强诉前调解与诉讼调解之间的有效衔接,完善多元纠纷解决方式之间的协调机制,健全诉讼与非诉讼相衔接的矛盾纠纷调处机制。[12]

与此同时,一系列与调解或多元化纠纷解决机制建设相关的司法解释或司法文件接连出台。如最高人民法院《关于审理涉及人民调解协议民事案件的若干规定》(2002年9月)、《关于适用简易程序审理民事案件的若干规定》(2003年9月)、《关于人民法院民事调解工作若干问题的规定》(2004年9月)、《关于进一步发挥诉讼调解在构建社会主义和谐社会中积极作用的若干意见》(2007年3月)、《关于建立健全诉讼与非诉讼相衔接的矛盾纠纷解决机制的若干意见》(2009年8月)、《关于进一步贯彻"调解优先、调判结合"工作原则的若干意见》(2010年6月)、《关于人民调解协议司法确认程序的若干规定》(2011年3月),等等。[13] 特别是2015年4月,最高人民法

---

〔12〕《最高人民法院印发〈人民法院五年改革纲要〉》,载中国法院网:http://www.chinacourt.org/article/detail/2013/04/id/941425.shtml,最后访问日期:2016年8月25日。

〔13〕另外,中央16部委于2011年4月联合发布的《关于深入推进矛盾纠纷大调解工作的指导意见》也是大力推进调解工作的指导性文件之一。

院在四川眉山召开了“全国法院多元化纠纷解决机制改革工作推进会”，时隔一年之后，发布了《关于人民法院进一步深化多元化纠纷解决机制改革的意见》(2016年6月)，从而将我国的多元化纠纷解决机制建设推向了一个崭新的阶段。在国家立法层面，《人民调解法》的颁布(2010年8月)和《民事诉讼法》的修改(2012年8月)更是从法律制度上确立了调解的重要地位。[14] 有学者甚至认为新的《民事诉讼法》建立了我国的“合意性纠纷解决机制”：

> 如果说，1991年民诉法主要是通过增强当事人诉讼权利和举证义务、增加处分权对审判权的制约，从而建立了“意思自治型”现代民事诉讼制度的雏形，那么，2012年民诉法在体现当事人程序性自治权方面迈出了可贵的一步，有意无意地从三个维度建立了我国合意性纠纷解决机制……。[15]

可以说，进入21世纪以来，中国的司法决策者和立法者对调解这一传统纠纷解决方式的重要性形成了一种全新的也是更加成熟的认识，进一步加强和完善调解制度已经成为中国法制建设事业中不容置疑的重要内容之一。同时，全国各地的法院、政府机关和相关的民间机构也纷纷行动起来，积极探索纠纷解决的多元化机制和方式，一种更富有理性的和更切合实际的纠纷解决的理念及其实践模式正在形成之中。

在上述大背景下，一个引起世人广泛关注的学术命题便逐渐浮现出来，即纠纷的解决究竟以何种方式最为妥当？与这个命题相关的周边命题还包括：诉讼与调解究竟以何者为优？原因何在？诉讼

---

〔14〕 例如2012年修改的《民事诉讼法》建立了“立案调解”、“审前调解”和“审中调解”的层级架构，《最高人民法院关于适用〈中华人民共和国民事诉讼法〉的解释》第225条确立了庭前会议调解制度。参见赵旭东：《法院分层调解机制的建构理念与运作程序》，载《中国社会科学院研究生院学报》2014年第1期。

〔15〕 傅郁林：《新民事诉讼法中的程序性合意机制》，载《比较法研究》2012年第5期。

的方式与非诉讼方式的连接点是什么？以及现代社会的纠纷解决机制应当如何构建才更接近科学与理性？等等。应当说，关于纠纷与纠纷解决的问题并不是一个时代性命题，人类社会对此已经有过漫长的思考与实践，这一命题之所以在今天重新受到人们的关注，一方面说明它对现实社会而言仍然具有理论和实践的意义；另一方面也说明传统的研究思路可能存在某些隐秘的或不为人知的缺陷，至少是对传统的纠纷解决方式的深层机理缺乏系统的实质性的剖析，以至于仅能“治标”，而难以达到“治本”的效果。

就一般的现象而言，纠纷的解决不外乎强制的方式和自愿的方式，前者如法院的判决和仲裁裁决，后者如当事人自行和解和由第三者主持的调解，如果说强制的方式体现了裁判者的意志，那么，自愿的方式则体现了当事人的意志。但是，问题在于，裁判者的意志是单向性的，并且背后具有法律强制的因素，而“当事人的意志”却是一种复合性事物，是双向的，有时甚至是多向性的（如第三者的影响），仅凭一方当事人的意志是不可能实现纠纷的自愿解决的。那么，据以支撑这种双向的有时甚至是多向性的纠纷解决方式的基础究竟是什么呢？其中的机理和原因又是什么呢？本书的目的即在于探讨纠纷的自愿解决背后的原因和机理，同时力求证成自愿的方式为什么总是优于强制的方式，以期为纠纷的解决寻求一种更为积极和妥当的路径和方法。

为此，本书预设了如下的问题体系：

（一）如何界定不同纠纷解决机制中的合意性因素？

传统的纠纷解决机制不外乎和解、调解、仲裁、诉讼。和解也被称为纠纷的自我解决，指在纠纷发生后，通过当事人之间的直接交涉寻求纠纷的解决，一般没有第三者的介入，因此也被称为自力救济的方式。调解与仲裁是有第三者参与的纠纷解决方式，不过，这种参与解决纠纷的第三者是经过纠纷当事人选择或同意的，并且具有民间性的特点，所以又被称为社会救济的方式。与前两种方式截然不同的是诉讼方式，它是纠纷当事人以诉权为根据，寻求国家审判机关运用国家公权力解决纠纷的方式，因此又被称为公力救济。[16] 概括起来，传统的四分法（和解、调解、仲裁、诉讼）主要是从纠纷解决方式的表现形式上加以区分，而理论上的三分法（自力救济、社会救济、公力救济）则是从救济主体的角度加以区分。如果这些纠纷的解决方式是各自独立、互不相干的，那么便可以说这种划分是具有科学性与合理性的。但问题在于，事实上它们相互之间具有相当的关联性，有时候甚至是互相依赖、互为依托，在特定情形下甚至是可以相互转化的。[17] 更为重要的是，在这些纠纷解决机制中，都程度不同地存在合意的因素。因此，从实质的意义上看，纠纷的解决机制具有"强制性"与"合意性"两种基本的属性。强制性，是指纠纷的解决以第三者的最终决定为准，并且这种决定具有法律上的效果。作为纠纷强制性解决的表现，诉讼中的判决最为典型，其次则是仲裁中的裁决，它们都是以纠纷的强制解决为基本特征的。合意性，是指纠纷的解决取决于当事人之间的一致意见，它不是第三者强加于当事人的结果，而是建立在当事人自愿的基础之上。合意性的典型表现是和解，但又不限于和解，在调解、仲裁与诉讼中均存在合意的因素，因此，较之于强制性机制，合意性机制的范围更为广泛，其表现形式也更为复杂，也更需要从理论上作出必要的诠释。

（二）如何看待合意在纠纷解决中的地位？

在纠纷解决机制的表述中，使用较多的提法是"诉讼机制"和"非诉讼机制"，诉讼机制即通过法院审判解决纠纷的机制，非诉讼

〔16〕 参见汤维建主编：《民事诉讼法学》，北京大学出版社2008年版，第4～14页。

〔17〕 对各种纠纷解决机制之间的关系的研究较为罕见，汤维建教授是为数不多的注意到这一问题的学者之一。他指出：各种纠纷解决机制之间具有相对的独立性、可选择性，它们可以相互转化，形成了解决民事纠纷完整的、有机的系统。参见汤维建主编：《民事诉讼法学》，北京大学出版社2008年版，第15～17页。

机制则包括和解、调解和仲裁。作为非诉讼机制的种概念，和解、调解和仲裁也可以被分解为和解机制、调解机制和仲裁机制。前文已经表明，就纠纷解决机制的基本特征而言，完全可以以“强制”与“合意”加以概括，如果说裁判是强制性的，那么合意就是出自当事人的自愿。合意性机制作为一种实质意义上的纠纷解决机制是内嵌于各种形式意义上的纠纷解决机制中的。例如，和解固然是合意的结果，但在调解、仲裁与诉讼中，合意也常常占有一席之地，即合意并非是专属于和解的概念。更为重要的是，从实质意义上说，无论是和解还是调解、仲裁、诉讼，这些“方式”都不能直接导致纠纷的真正解决，纠纷解决最终结果的形成还须借助于某种起决定性作用的媒介。如果最终结果是纠纷的强制性解决自不待言，起决定性作用的媒介是第三者的决定；如果最终结果是和解，那么这种和解的结果又是决定于什么媒介呢？〔18〕换言之，和解的结果是否无须借助于其他媒介而仅需经过当事人的直接交涉或者第三者的介入（如调解、仲裁）就可以实现呢？以逻辑学的语言表述，即纠纷当事人的直接交涉或者第三者的介入是不是实现和解的充分条件呢？笔者的回答是否定的。一个明显的事实是，尽管在发生纠纷以后当事人可能会寻求直接交涉或者寻求第三者介入调解，但是，其结果有可能是实现和解，也有可能是交涉和调解的失败，和解未能实现。这就表明，在交涉或者调解与作为结果的和解之间存在一个中间媒介，这就是合意。也就是说，任何的交涉或者调解都不是达至和解的充分条件，从一定意义上说，实现和解的关键原因也是更为深层的原因是纠纷当事人之间合意的达成。这里存在一个手段、结果和决定性因素的内在关联的逻辑关系。至于合意究竟包含什么样的内在机理，如何才能形成一个

〔18〕　和解，有时作为一种解决纠纷的方式，与调解、仲裁、诉讼呈并列关系；有时则作为纠纷解决的最终结果，与判决、裁决相对而言。由于缺乏严格的界定，这两种含义常常混用。但为了与学界惯常的做法一致，本书视内容需要也是在上述两种含义下使用和解一词。

理想的合意,正是本书所要着力探讨的问题。

(三)怎样的合意才具有正当性?

虽然合意是实现和解的关键因素,但是并非所有的合意都能实现真正意义上的和解——纠纷的真正意义上的解决,这就涉及合意的正当性问题。所谓合意的正当性,即合意的正确性和妥当性,或者可以说是“合意的正义”。笔者认为,正确的合意应当不仅能够体现当事人的意愿,而且还能够体现人类善良习惯和社会正义,甚至还应当能够在一个法治的社会中维护法律的尊严;妥当的合意则是强调合意的完整性和彻底性,这关系到纠纷解决的最终质量和实际效果。合意的正当性问题可以说是一个未解的学术难题。例如,学界曾经一度就调解是否需要坚持“查清事实、分清是非”以及是否应当坚持“合法性”原则展开激烈争论。有学者提出废除“查清事实、分清是非”,取消法院对调解协议实体合法性进行审查的规定,认为“当事人合意”是“调解制度的本质属性”;有学者指出:“对查清事实、分清是非原则的批评,主要集中于认为该原则与调解依赖于双方当事人合意的本质属性时常冲突,而且有碍于调解高效率解决纠纷这一长处的发挥。对合法原则的质疑,则主要在于该原则合法的内容很不明确——是需要切实合乎现行法的一切规定,还是只需要不违反法律的禁止性规定即可?这一点在民事诉讼法关于调解的规定中并不明确。”〔19〕值得一提的是,这场争论的反方意见并没有被立法者所采纳,2012 年修改的《民事诉讼法》仍然维持了“查清事实、分清是非”与合法性原则。〔20〕 时过境迁,学界的争论似乎也偃旗息鼓了,但是,

---

〔19〕 肖建华、杨兵:《论我国诉讼调解原则体系之重构——兼评〈关于人民法院民事调解工作若干问题的规定〉相关规定》,载《政法论丛》2005 年第 1 期。

〔20〕 《民事诉讼法》第 9 条规定:“人民法院审理民事案件,应当根据自愿和合法的原则进行调解;调解不成的,应当及时判决。”第 93 条规定:“人民法院审理民事案件,根据当事人自愿的原则,在事实清楚的基础上,分清是非,进行调解。”

合意的正当性问题却没有得到真正的解决。实践中,在不同形式的调解场合,各种各样的“和稀泥”现象甚至规避法律的现象还在不断上演,其中有的固然与追求所谓“调解率”的不合理制度有关,但根本的原因还是对合意的正当性缺乏认识,从而发生了基本理念上的偏差。因此,怎样的合意才具有正当性,不能不说仍然是一个必须解决的基础性和导向性的理论问题。

纠纷解决的合意性机制及其原理的研究不仅是纠纷解决理论研究的需要,而且对于相关法律制度的建构与完善以及应对纠纷解决实践中存在的现实问题也具有重要价值。具体而言,对这一问题的研究具有以下几点意义:

1. 有利于从实质性角度对纠纷解决机制作出划分。长期以来,关于纠纷解决机制的研究基本上呈门户分立、各行其是的状态,由于各派所处立场的不同,在理论上也出现了较大的分歧。例如对诉讼机制的研究倾向于司法公正和法律程序的严格性,希望所有的纠纷都能够“依法”得到解决;而对非诉讼机制(调解、仲裁)的研究则往往试图抛开严格的法律规范而寻求纠纷的“法外”解决。这两种思路常常呈现出矛盾、胶着甚至对立的状态,从而对纠纷解决机制的科学构建形成障碍。本书所提出的合意性机制的概念对于克服这种障碍或许有所助益,因为它所强调的是不同的纠纷解决主体之间的合作与协调,而不是各行其是,囿于门户之见而互相排斥和对立。即不仅要强调纠纷解决机制的多元性,而且还要注意到它们的一致性,实现多元性和一致性的协调发展,其最终目的在于纠纷的实质性解决。

2. 有利于进一步丰富纠纷解决机制的理论体系。传统的纠纷解决机制理论主要是从表现形式上对不同性质的机制加以概括的,因此,诉讼称为诉讼机制,调解称为调解机制。这种概括方法虽然有利于对不同性质的纠纷解决机制作出个性化区分,但是,却难以揭示不同性质的纠纷解决机制之间的内在联系,从而不利于不同性质的纠纷解决机制的边际效用的充分发挥。例如前文所提到的几个问题:如何界定不同纠纷解决机制中的合意性?如何看待合意在纠纷解决中的地位？以及怎样的合意才具有正当性？笔者深知，对于一个前人未曾全面展开的问题仅有一厢情愿的宏观叙事是远远不够的，因此，本书致力于对合意性机制及其原理进行系统性的论述，通过对合意性机制的概念与范畴、历史形态、理论基础、实践模式等基本问题的研究，力求构筑一个完整的或较为完整的关于合意性机制的理论体系，以期丰富纠纷解决机制研究理论的内容和素材，并使其在纠纷解决机制的研究和相关制度的建构中发挥一定的参考价值。

3. 有利于实现纠纷的彻底解决。纠纷的解决本身就是一项实践性很强的社会性活动，因此，纠纷解决的研究必然离不开对纠纷解决实践的关照。实践主要见诸于人的外部行为，但人的外部行为是由其内在的知识和理念所决定的。本书所提出的合意性机制与之前关于纠纷解决机制的理论和认识有所不同，它不是从割裂的、局部的角度理解纠纷解决机制，而是着眼于综合性的、全局性的立场来看待纠纷解决机制，如此或许有助于减少各种纠纷解决主体之间的冲突和对立。并且，它还提醒人们，当以和解作为结果时，不能仅仅从形式上来判断一个纠纷是否得到了解决，而是要从实质上分析这个结果是否具有正当性，也就是说，应当判断和解的达成是否真正出自当事人之间的合意。至于如何实现这样一个目的，本书将从不同的角度进行分析和论证。此外，本书还就纠纷解决实践中存在的相关理念、原则等具体问题，结合本书的主题进行了批判性的分析。本书针对某些现实问题的议论并非纯粹出于理论上的思考，而是结合了笔者自身的经验感悟。借此希望本书的研究能够对相关实践起到一定的推助作用，进而促进纠纷解决的实践沿着健康、理性的道路不断向前发展。

二、相关研究的考察

如前文所述，一般意义上的纠纷解决机制主要是从纠纷解决方式的表现形式上加以区分，即分为和解机制、调解机制、仲裁机制和诉讼机制，但从纠纷解决机制的实质特征上看，可以将其分为强制性机制与合意性机制。强制性机制由于相关理论的相对成熟与制度的相对完善，其体系化的建构工作可以说已经基本完成；对于合意性机制而言，虽然众多的学者在有意或无意之间有所问津，但由于关注点的不同，其理论的触角还未能充分深入和展开，一个完整的合意性机制的理论体系还远未形成。具体而言，我们可以从和解机制、调解机制、仲裁机制和诉讼机制中或多或少地看到合意性机制的倩影，但它基本上只是以一种附属的地位而存在，还没有形成一个完整的、能够充分展示其自身价值的领地。然而，随着全球性的司法改革运动的兴起和推进，传统的强制性机制正在受到来自实践领域的频频挑战，合意性机制作为一种替代性的新型纠纷解决机制，正在不断扩大自己的领地，并由此引起了纠纷解决机制思想领域和制度领域的深刻变化。

20 世纪后半叶以来，围绕着“替代性纠纷解决机制”（ADR）这个命题，西方国家的理论研究者表现出了极大的兴趣和热情，各种有别于传统诉讼机制的解决纠纷的制度和举措也如雨后春笋般迅速出现。根据范愉教授的研究，ADR 方式起源于美国，其早在 19 世纪中叶，就在商事纠纷的解决过程中鼓励当事人通过和解与妥协的方式解决纠纷。美国联邦法院系统真正接受 ADR 方式则是在 1925 年的《联邦仲裁法案》之后，但还主要是运用于劳动争议与家事纠纷的解决。此后，ADR 方式有过一个持续上升的发展过程，直至 1998 年 10 月，克林顿总统签署了《ADR 法》，ADR 方式才取得了正式的法律地位。在这一过程中，ADR 方式得到迅速发展与广泛传播，时至今日，已经成为西方各国推动司法改革的指导性理念并呈现出持续发展的强劲势头。[21]

---

〔21〕 参见范愉：《非诉讼纠纷解决机制研究》，中国人民大学出版社 2000 年版，第 95 ~ 103 页。关于美国早期 ADR 的描述，可参见 Jeffrey M. Senger，*Federal Dispute Resolution*：*Using ADR With the United States Government*，San Francisco：Jossey – Bass，2004，pp. 11 – 17。关于美国法院开展 ADR 的情况，可参见 Elizabeth S. Plapinger & Donna Stienstra，*ADR and settlement in the federal district courts*：*A sourcebook for judges & lawyers*，available from：https：//www. fjc. gov/sites/default/files/2012/adrsrcbk. pdf，最后访问日期：2014 年 10 月 18 日。

替代性纠纷解决机制的形成和发展与社会学法学在西方国家的兴起有着密切关系。社会学法学萌芽于18世纪，形成于19世纪末20世纪初，它以实用主义哲学和社会学作为理论基础，提倡以社会学的方法研究法律，诸如功能主义、结构主义、定量分析等研究方法构成其基本的方法体系。社会学法学强调法律和其他社会现象之间的内在联系和相互影响，注重法律的现实功能和社会效果，认为法学的研究重心不在于立法和司法判决，而在于社会本身。[22] 二战以后，社会学法学进入了一个新的发展时期，尤其是在美国得到了很大的发展，直接催生了美国现实主义法学。现实主义法学反对形式主义的法律思维，注重对具体的司法实践和司法行为的研究，主张从“书本上的法”转向“现实中的法”。于是，在纠纷解决领域，传统的诉讼方式不再一家独大，而注重实际效果的多元化的或者诉讼外的纠纷解决方式则广受追捧，相关的理论研究著述也频频问世。如意大利法学家M.卡佩莱蒂主编的《福利国家与接近正义》、美国法学家诺内特和塞尔兹尼克所著的《转变中的法律与社会：迈向回应型法》、唐·布莱克所著的《社会学视野中的司法》、罗伯特·C.埃里克森所著的《无需法律的秩序》、英国学者西蒙·罗伯茨所著的《纠纷解决过程：ADR与形成决定的主要形式》，等等。在这些著述中，学者们一改传统的法学——自然法学和分析法学——专注于法律自身的封闭式研究思路，而从现实社会对法的需求和变革的视角探寻法律的实质意义。正如英国学者西蒙·罗伯茨所言：

> 国家福利的提高和权利意识的增强也促使人们更多地依靠诉讼和法院，但是，过去的三十年间，这一曾经普遍确立的纠纷解决文化的确定性在普通法世界里不复存在。……“和解”成为司法的优先路径——这是多么惊人

〔22〕 参见吕世伦主编：《现代西方法学流派》（上卷），中国大百科全书出版社2000年版，第276～279页。

的颠覆啊![23]

特别值得一提的是日本学者在这一领域的贡献。明治维新时期,日本走上了全面西化的道路,确立了君主立宪制政治体制,模仿西方国家建立了近代法律制度。但是,西方国家的诉讼制度在日本的推行并不顺畅,自江户时代以来的调停制度仍然是日本用以解决民事纠纷的主要方式,[24]有日本学者指出:"日本的回避诉讼的体制一方面是出于文化传统,另一方面也被视为统治者处心积虑的制度安排。其结果是法院和律师等司法制度作用相对较低"。[25] 因此,在日本,并没有出现类似西方国家的"诉讼爆炸"现象,相反,其核心的问题是如何更好地利用诉讼,发挥司法的社会功能。正是在这样的背景之下,日本学者对调停制度的研究路线并非是脱离诉讼而寻求其他的解决纠纷的途径,而是如何借重诉讼制度使调停更具有法律程序的意义,换言之,即实现调停的法律化、规范化和更加完备的制度化。如日本著名学者小岛武司提出的"正义的综合体系"的概念,井上治典提出的"并列配置论",[26]田中成明主张的"多元化调

---

〔23〕 [英]西蒙·罗伯茨等:《纠纷解决过程:ADR与形成决定的主要形式》,刘哲玮等译,北京大学出版社2011年版,第4~5页。当然,也有一些美国学者对该动向进行了反思,较有代表性的文章参见 Owen M. Fiss, *Against Settlement*, 93 Yale L. J. 1073(1984); Judith Resnik, *Many Doors? Closing Doors? Alternative Dispute Resolution and Adjudication*, 10 Ohio St. J. on Disp. Resol. 211(1995)。

〔24〕 日本的调停制度始于江户时代,大正天皇时期曾制定了土地及房屋租赁调停法、佃耕调停法、商事调停法,昭和26年(公历1951年)制定了处理一般性纠纷的统一的民事调停法,沿用至今。参见[日]小岛武司、伊藤真编:《诉讼外纠纷解决法》,丁婕译,中国政法大学出版社2005年版,第3~4页。

〔25〕 参见范愉:《纠纷解决的理论与实践》,清华大学出版社2007年版,第214页。

〔26〕 参见[日]小岛武司:《自律型社会与正义的综合体》,陈刚、林剑锋、段文波等译,中国法制出版社2006年版,第15~16页。

整形态”,[27]以及棚濑孝雄对纠纷解决的“过程分析”,[28]等等。其中,棚濑孝雄的著作《纠纷的解决与审判制度》对“决定”与“合意”在纠纷解决过程中的相互关系有着十分精到的分析。他认为,纠纷解决的“决定性”与“合意性”所追求的目的与方向具有相对性,但是在具体的形成过程中,二者却呈现一种相辅相成的状态,从而为客观地认识“决定”与“合意”的价值及其相互关系开辟了一个新的视角。

而在中国,自改革开放以来,与经济建设从封闭的计划经济转向开放的市场经济的基本路线不同,在法制建设领域所追求的目标则是法律体系的逐步完善和司法制度的健全与规范。因此,在改革开放初期,理论的关注点也大多是制定法的逻辑性与自足性,以法律(制度)的制定和保障法律的实施为核心任务,纠纷的解决也是以合乎既有法律规范为基本理念,鼓励当事人更多地利用诉讼的方式,以法院的判决为解决纠纷的最佳选择。在这种理念支配下,建立于当事人合意基础之上的调解、和解方式曾经一度受到强烈的排斥和抵触,导致法院的“调解率”大幅下滑,[29]曾经辉煌的人民调解制度也一度徘徊于衰落的边缘。[30]但是,这种人为造成的“诉讼纯化”的现象并不能改变因社会自身需求而形成的发展规律,自20世纪90年代,特别是21世纪以来,以纠纷解决的“多元化”为基本命题的社

---

〔27〕参见[日]小岛武司:《自律型社会与正义的综合体》,陈刚、林剑锋、段文波等译,中国法制出版社2006年版,第16页;[日]小岛武司、伊藤真编:《诉讼外纠纷解决法》,丁婕译,中国政法大学出版社2005年版,第226~229页。

〔28〕参见[日]棚濑孝雄:《纠纷的解决与审判制度》,王亚新译,中国政法大学出版社2004年版,第4~10页。

〔29〕我国法院民事、经济案件的调解率1989年为69%和76%,到2001年迅速滑落到36.7%和30.4%,2002年以后,随着国家司法政策的转变,调解率又迅速上升。参见范愉:《调解的重构(上)——以法院调解的改革为重点》,载《法制与社会发展》2004年第2期。

〔30〕参见沈恒斌主编:《多元化纠纷解决机制原理与实务》,厦门大学出版社2005年版,第131页。

会实践和理论研究逐渐形成一股热潮，而且以不可阻挡之势向前发展。

大体上来说，从20世纪90年代到21世纪初期这段时间，是一个对中国传统调解制度的反思与批判时期，在这期间，众多的专家学者围绕着调解的价值、功能和目的，以及调解与和解的关系、调解的非正式化与法律程序的规范化之间的固有冲突等理论问题展开了热烈的讨论。针对法院调解，论者基本上分为两大阵营：持积极观点的改良论者和持消极观点的废除论者。废除论者认为法院调解背离了法律的正义要求，损害了诉讼公正和法院形象，通过调解所实现的是一种廉价的正义，因此，主张取消法院调解。〔31〕与废除论相较而言，大多数专家学者对法院调解持改良立场，认为法院调解具有其存在的法理基础，但应当将调解与审判作适当分离。〔32〕

除了针对法院调解的议论之外，更多的学者从社会治理的宏观角度出发，认为无论是从文化传承还是从现代社会需求甚至于后现代的角度来看，调解的价值和功能都是不容忽视的。但是，对传统调解制度的改造也是一个现实的任务，应当赋予传统调解制度更多的现代性理念和规范化内容，使其成为社会治理系统的有机组成部分。

---

〔31〕废除论者的代表性文章可参见张晋红：《法院调解的立法价值探究》，载《法学研究》1998年第5期；石梅堂：《民事调解制度背离民诉规律》，载《法学》2002年第12期。另外，徐国栋教授认为："调解的本质特征即在于当事人部分地放弃自己的合法权利，这种解决方式违背了权利是受国家强制力保护的利益的本质，调解的结果虽然使纠纷得到解决，但付出的代价却是牺牲了当事人的合法权利，这违背了法治的一般要求。"这一观点曾经产生了较大反响。参见徐国栋：《民法基本原理解释：成文法局限之克服》，中国政法大学出版社1996年版，第123～124页。

〔32〕相关的论述可参见江伟、王强义：《完善我国民事诉讼立法的若干理论问题》，载《中国社会科学》1991年第5期；王亚新：《论民事、经济审判方式的改革》，载《中国社会科学》1994年第1期；李浩：《调解的比较优势与法院调解制度的改革》，载《南京师大学报》（社会科学版）2002年第4期。

在这当中，季卫东教授的一系列著述发挥了重要的理论先导作用。在1999年出版的《法治秩序的建构》一书的“前言”中，季卫东教授这样概括他的基本立场：

> 毋庸讳言，这本书集的立场确实可以称为现代法治主义。但不是在提倡全盘西化式的主张，恰恰相反，作者一贯认为应该修正决定论和单线进化论的思维模式，并且在对现代法和“后现代”学说进行批判性的分析研究的基础上，始终致力于探索出一条适合中国实情的法治途径，它既要进行制度和学说的移植，也要促进内在的演化和自我塑造。[33]

关于法的概念和本质这个法理学的基本问题的认识，季卫东教授认为那种支配着中国法学界的维辛斯基理论，即“关于统治阶级的意志表现为法律的基本定义以及庸俗化法律实证主义的主张”并不可取，而应当“从阶级斗争竞技场上的合力作用以及公共选择过程中的合意形成的视角来认识法律现象”[34]。在这里，季卫东教授将法律现象归结为政治斗争的“合力”与公共选择的“合意”共同作用的结果，虽然这种观点是致力于解决认识一般法律现象的方法论问题，但对于具体的法律思维和法律行为均具有重要的启发作用。例如，在论及调解的作用与价值时，他指出：

> 调解是最典型的非正式解纷方式，具有反程序的外观，但是实际上，它在程序法的发展中发挥了相当大的作用，并且包含着自身程序化的契机。[35]

在调解过程中，为了使不同的主张向合意收敛，说服和互让这两个程序项目便十分重要，其实质是实现一种正义的合理的妥协。从

---

〔33〕 季卫东：《法治秩序的建构》，中国政法大学出版社1999年版，“前言”第2页。

〔34〕 季卫东：《法治秩序的建构》，中国政法大学出版社1999年版，“前言”第2页。

〔35〕 季卫东：《法治秩序的建构》，中国政法大学出版社1999年版，第29页。

妥协的视角来观察合意,就可以发现合意具有不能还原于当事人各方意志的独立的存在价值。[36]

对传统调解制度的反思和批判不仅深化了对调解现象的认识,而且从更为广泛的领域催生了对整个纠纷解决机制进行重新整合与构建的思考,在这方面,范愉教授所倡导的“多元化纠纷解决机制”引起了理论界的高度关注。在《非诉讼纠纷解决机制研究》一书“前言”中,范愉教授指出本书的宗旨就是“向国人介绍现代ADR和多元化纠纷解决机制的理论和发展状况,也是对我国现行纠纷解决机制进行反思”,而这个宗旨的来源则是对“传统与现代的融合以及法治与多元化问题”的深入思考。[37] 更为难得的是,除了对非诉讼纠纷解决机制的理论探索之外,范愉教授还开创性地编写出版了国内第一部以非诉讼程序为研究对象的教科书,由此为非诉讼或多元化纠纷解决机制作为一个新型学科的可能性迈出了重要的一步。[38]

此外,步入21世纪十余年以来,众多的专家学者踊跃投身于对多元化纠纷解决机制的研究,研究成果层出不穷。如强世功所编的《调解、法制与现代性:中国调解制度研究》(中国法制出版社2001年版)、何兵所著的《现代社会的纠纷解决》(法律出版社2003年版)、徐昕所著的《论私力救济》(中国政法大学出版社2005年版)、沈恒斌主编的《多元化纠纷解决机制原理与实务》(厦门大学出版社2005年版)、王亚新等著的《法律程序运作的实证分析》(法律出版社2005年版)、左卫民等著的《变革时代的纠纷解决》(北京大学出版社2007年版)、宋朝武等著的《调解立法研究》(中国政法大学出

〔36〕 季卫东:《法治秩序的建构》,中国政法大学出版社1999年版,第30页。

〔37〕 范愉:《非诉讼纠纷解决机制研究》,中国人民大学出版社2000年版,“前言”第2页。

〔38〕 范愉教授所著的《非诉讼程序(ADR)教程》初版于2002年,再版于2012年,三版于2016年,由中国人民大学出版社出版。截至目前,开设该课程的高等院校尚为数不多,但已呈现出数量不断增加之势。

版社2008年版)、邱星美、王秋兰所著的《调解法学》(厦门大学出版社2008年版)、范愉、李浩所著的《纠纷解决——理论、制度与技能》(清华大学出版社2010年版)、唐峰所著的《纠纷和解研究》(中国政法大学出版社2011年版),[39]张勤、彭文浩主编的《比较视野下的多元纠纷解决理论与实践》(中国政法大学出版社2013年版),等等。除了各种专著和文集之外,涉及调解或纠纷解决的专题论文也日益增多。根据"中国期刊全文数据库"(CNKI)的记录,在"期刊"类目下,以"主题"为检索范围,从2000年到2013年,关键词为"调解"的论文搜索结果达15451条,关键词为"纠纷解决"的论文搜索结果达5932条。而且,十分有趣的是,从2000年开始,这两个关键词所涉及的论文的数量都呈现出逐渐上升之势,而在近一两年则有所回落。[40] 这个有趣的现象至少说明,第一,关于调解和纠纷解决的研究具有内在的关联性,而且关系十分紧密,几乎是同步进行的;第二,经过十余年的密集性研究(在2000年之前已有少数学者涉足这一领域),理论界对这一领域的基本理论问题的探索已经基本完成,理论视角的转向或者对新的理论增长点的探索和发现已呈必然之势。有理由相信,关于调解和纠纷解决的研究绝不会止步不前,而是朝着更加稳健和深入的方向不断前进。

不难发现,在国内关于调解或纠纷解决的理论研究中,尽管诸多的文献都涉及或几乎涉及合意的概念,但是真正专注于这个领域的论述却为数甚少,基本上都是一带而过,或者是仅仅对合意的现象和

〔39〕 该书是谢晖教授主编的《民间法文丛》系列作品之一。《民间法文丛》自2009年创建以来,短短数年间已出版著作达二十余部,而且还在不断延续之中,堪称工程浩大,惠誉至广,其为纠纷解决的研究提供了十分重要的理论资源。

〔40〕 以"调解"为关键词的期刊论文数量从2000年到2012年逐年上升,最高纪录为2083篇,2013年有所回落;以"纠纷解决"为关键词的期刊论文情况相似,2011年为841篇,2012年和2013年逐渐回落。检索日期:2013年12月20日。

过程作简单描述。[41] 这种现象与其说是对合意的概念已经耳熟能详，还不如说是对合意性机制的价值和意义缺乏系统的、精确的认识所致。

合意这个概念在社会生活中的使用十分频繁，一般而言，它较多地适用于民事法律领域，如民事契约的成立就必须以合意为前提，其学理表述称为“意思表示一致”。但是，在刑事法律和行政法律领域的某些特殊的场合也可以看到合意的情景。例如，在刑事法律领域，“辩诉交易”就是合意的一种特殊的体现；在一些造成轻微伤害或者过失性的刑事案件中，法律规定被告人、犯罪嫌疑人可以通过向被害人赔偿损失、赔礼道歉等方式获得被害人谅解，以便获得宽大处理。[42] 在行政案件中，对于涉及行政赔偿、补偿以及行政机关行使法律、法规规定的自由裁量权的案件可以调解。[43] 因此可以说，合意作为一种当事者“意思表示一致”的法律行为，在法律实践中具有

〔41〕 在中国期刊全文数据库(CNKI)“期刊”类检索，以“主题”为检索范围，从2000年到2013年，以“调解”并“合意”为关键词的期刊论文数量为151篇，以“纠纷解决”并“合意”为关键词的期刊论文数量为126篇，以“合意机制”为关键词的期刊论文为225篇；以“篇名”为检索范围，以“合意机制”为关键词的论文仅有十八篇，其中与民事纠纷解决合意机制联系最为直接的仅有3篇，即张嘉军的《和谐社会与民事合意性纠纷解决机制》(载《理论探索》2007年第4期)、《完善与创新：论我国民事诉讼合意性纠纷解决机制之重构》[载《西华大学学报》(哲学社会科学版)2007年第2期]、傅郁林的《新民事诉讼法中的程序性合意机制》(载《比较法研究》2012年第5期)。值得注意的是，在博士、硕士学位论文中，主题涉及这两组关键词的论文均达到二百余篇，其中硕士学位论文的数量占绝大多数。但是，在“题名”中包含“合意”的博士、硕士学位论文只有二十余篇，其中，博士学位论文仅有三篇，而且都不是关于民事纠纷解决的合意(两篇是关于刑事纠纷的合意，一篇是关于劳动纠纷的合意)。经反复检索，从主题所涉及的内容上看，吉林大学张嘉鑫博士的论文《协商解决纠纷机制研究》(2011年)，可能是唯一一篇可以检索到的关于民事纠纷合意解决的博士学位论文。

〔42〕 参见《刑事诉讼法》第277条。

〔43〕 参见《行政诉讼法》第60条。

普适的价值，在具有相对性的法律关系中，通过合意的方式确定当事人双方的权利和义务，促使双方法律目的的实现，应当说是一种十分妥当的选择。

然而，显而易见的是，关于合意的理论研究长期以来处于贫困状态，诸如合意的形式、目的和动机，合意的正当性基础，合意形成的路径与方法、事实依据和规范依据，合意的实施及其效力的确认，以及合意的某些原则和规范的理解等，这些问题常常会造成一些理论上的困惑甚至是盲点。据笔者了解，由于合意性机制在民事实体法上的特殊地位和作用，凡是涉及合同理论的研究无不对合意倾注了极大的关注。而在纠纷解决的研究领域，大部分学者所涉及的只是合意的宏观概念，仅有的一些研究成果亦很难说已经形成了一个关于合意的完整的理论体系。在国外，关注合意问题的学者虽不在少数，但是对这一问题进行深入研究的也为数不多。

有意思的是，虽然合意性机制对于民事纠纷的解决具有更为现实和广泛的意义，但是在研究民事纠纷解决的论著中关于合意的深入探讨并不多见，倒是刑事诉讼领域的学者对合意的方法似乎格外青睐，颇有“不见庐山真面目，只缘身在此山中”的意味。[44] 而在实践中，合意虽被作为一种方法或工具大量使用，但“知其然，不知其所以然”的状况十分普遍，由此至少造成两种不同的负面后果：其一是合意方法的异化。名为当事人之间的合意，实为外界压力下形成的结果，合意解决纠纷异化为第三者意志的体现，而不是当事人的自主选择。其二是合意根据的泛化。为了合意的目的，事实和规范的遵循和适用强度一再被削弱，甚至不惜超出法律规制的限度，致使合意的根据成为一种游离于法外的灰色地带。当然，实践中的情形是十分复杂而多样的，如果从不同的角度观察，可能还会发现更多的问

[44] 这方面具有代表性的研究成果可参见陈瑞华：《司法过程中的对抗与合作——一种新的刑事诉讼模式理论》，载《法学研究》2007 年第 3 期；刘少军：《刑事审判中的对抗与合意》，中国人民公安大学出版社 2009 年版。

题。有针对性地解决这些现实的问题是很有必要的,但这并非本书的唯一目的,甚至不是主要的目的。笔者认为,合意作为一种具有普遍意义的法律行为,仅仅从"部门法学"的视角去加以论证,是很难全面真切地把握其确切含义和实质内容的,如果把它作为一个法理学问题,从哲学抽象和一般原理的角度去加以探讨,或许可以发现合意现象对于法学理论和法律实践的深刻意义。因为,"法理学的任务就是为进一步研究具体法提供一般原理和方法,……部门法学理论是否有深度,最终还要以它能抽象和概括出多少具有普遍意义的具有法理学属性的理论作为检验尺度。"[45]因此,本书的主旨即是以法理学的思维和方法,探讨"部门法学"的基本理论,试图对合意这种常见的而又不乏神秘感的法律现象作出一个较为全面的描述,以期为合意性机制的研究构筑一个粗浅的理论框架。

三、本书的研究方法和基本结构

本书的核心概念是纠纷解决的"合意性机制",为了这一概念的证成,有必要对"纠纷解决""合意"及其相关概念和理论分别作出分析和论证。前文关于选题的背景和问题预设已经交代了本书所要解决的问题,即致力于对合意性机制进行系统性的论述,试图通过对合意性机制的定义与范畴、理论基础、历史形态、实践模式、正当性基础等基本问题的研究,构筑一个关于合意性机制的完整的或较为完整的理论体系。鉴于这个目的,本书主要采取了如下的研究方法:

1. 逻辑推论法。逻辑推论包括基本概念的设定与逻辑推理方法的运用,其目的在于通过已有的知识对未知的领域作出合理的认知,从而扩大人们的知识领域,提高人类认识世界、改造世界的能力。本书从"纠纷解决"需求的客观性、"合意性"更有利于纠纷的解决、各种纠纷解决机制中合意性的普遍存在等等大小前提,推论出"纠纷解决的合意性机制"这个结论性命题;其中运用了归纳、演绎、分析、

---

〔45〕 徐显明主编:《法理学》,中国政法大学出版社 2007 年版,第 7 页。

概括等等逻辑方法,使本书命题的内涵和外延建立在严密的逻辑证明的基础之上。

2. 文献分析法。在笔者有限的涉猎范围中,与本书的主题直接相关的文献并不多见,现有的资料也比较分散,但是,与本书主题有一定相关性或者具有基础性和启发性的文献大量存在,作为前人的研究成果为本书的写作提供了有力的思想性和理论性支持。通过对相关文献的学习、分析和借鉴,能够使本书的观点和论证过程获得必要的可靠性和可信度。

3. 历史考察法。纠纷的解决作为一种历史现象,必然有其历史的发展规律和特定的存在形式。纠纷解决的合意性机制这一命题是否具有历史的必然性和研究的必要性,最具说服力的证明之一便是对历史进行必要的考察。本书借助于相关的史料和文献,证明了合意性机制的历史存在和发展规律,从而使本书的理论基础更加丰富和完善。

4. 社会调查法。纠纷的解决是一种社会性活动,具有实践性和现实性的特质,如果仅从理论的抽象层面进行分析论证,必然难以得出客观的结论。在本书的写作过程中,笔者不仅间接地获得了必要的实证性资料,而且有意进行了相关的社会调查,亲历了通过合意解决纠纷的实际过程,从而获得了宝贵的第一手资料。通过社会调查,不仅使本书的写作获得了持续的动力,而且使本书的观点得到了实践的验证,从而更好地贯彻了理论联系实际的基本要求。

此外,本书还兼采了规范研究和实证研究的基本理念和方法,虽然这两种方法往往被认为处于对立状态,但是,就“大胆假设,小心求证”的精神而言,二者却又是殊途同归的。

本书的基本思路是:从常规性的(形式意义上的)纠纷解决机制抽象出合意性机制,透过现象看本质,深入挖掘合意性机制的历史根源、思想根据和事实根据,证明合意性机制这一命题的客观性与合理性,俾使这一研究能够向着纵深的层次发展。为此,本书采取了以下的架构和体系:

首先,第一章对民事纠纷解决的一般性问题作了概括式的论述,包括民事纠纷解决的基本理念和基本方法、对民事纠纷解决中的“司法公正”的认识,并通过对传统纠纷解决机制类型的分析引出“合意性机制”这个主题概念,以此作为本书的逻辑起点和基本铺垫。在第一章的基础上,第二章对“合意”的概念做了尽可能详细的考察,包括它的语义分析和相关概念的辨析,力求对本书所称的“合意”的内涵作出客观而准确的定位,避免因学科部门的划分而可能出现的歧义。

其次,第三章分析了“合意性机制的基本问题”,进一步明确了纠纷解决中的“合意”与“合意性机制”的相互关系,并归纳出合意性机制所要研究的问题范畴,目的在于强调“合意”这个概念在合意性机制中的重要性,说明对合意性机制的研究必然涉及“合意”的概念,二者具有内在的契合性,从而使合意性机制的问题指向更加明晰。第二章和第三章着重于相关概念的分析和界定,从而为进一步的讨论打好基础。第四章是关于“合意性机制的历史类型”的考察,意在通过对历史线索的梳理,证明合意性机制这一命题的必然性与合理性,并探索其演变与发展的历史轨迹和规律;第五章是关于“合意性机制的理论基础”,试图为合意性机制这个命题寻求相关理论的支持,虽然其中对某些理论和观点的引述可能不尽系统和全面,但其一般性原理和普遍性方法是足资借鉴的,对于构建本书的理论体系而言实属必要;第六章分析了合意性机制的正当性基础,就实践中最为常见的有关合意的几个基础性问题进行了批判性研究,从而为正当合意的形成寻求理论依据;第七章对合意性机制的运行过程进行了考察,以此证明合意性机制的普遍性意义与实践性价值。第四章到第七章是本书的重点部分,着重于对本书的命题进行系统的论证,希望借此建立本书命题的理论体系。最后,在第八章引入了一个实践样本,即作者亲历的一个“诉调对接”项目中的几个真实场景,它们不仅为本书的写作提供了难得的素材,而且也是对本书的观点在实践意义上的一种验证。

第一章　民事纠纷解决的一般问题

一、民事纠纷解决的基本理念与方法

（一）民事纠纷解决的基本理念

纠纷的发生具有必然性，从最一般的意义上说，纠纷是人类社会文明进步的参照和动力，是人类认识和克服自身不足，走向理性和成熟的反面教材。所以，发生了纠纷并不可怕，不必惊慌失措，也不必痛心疾首。但是，纠纷毕竟是一种消极的事物，会给人类社会带来负面的不利影响，纠纷的当事人也可能会因为纠纷的发生而受到人身或财产的损害，所以，发生了纠纷就要及时、有效地解决纠纷。千百年来，纠纷的解决始终是人类社会的重要事务之一，社会管理层和众多的贤达之士为此付出了巨大的努力。在现代社会，纠纷的解决也成为国家法制和社会治理的重要内容之一。然而，对于一种司空见惯的社会现象，人们却未必能够形成理性的观念和认识，甚至会因为文化背景的不同或意识形态的差异而产生某种偏见或误识。虽然我们都认为纠纷应当得到解决，但是，对于什么是纠纷的解决，纠纷解决的标准究竟应当如何把握，却往往难以作出明晰的回答。从法律的角度看，纠纷的解决似乎并不是一个难题，无非就是根据案件事实和法律规定，由法官作出一个公正的判决而已。然而，不幸的是，法律概念的代入，恰恰使纠纷的解决变得复杂起来，特别是当一个具有法律效力的判决陷入“执行难”的困境时就更是如此。其实，纠纷解决的难题并不完全是法律本身的问题，在很大程度上还是一个认识问题，是一个基本理念问题，因为法律的理解和适用有一个很大的空间，纠纷的解决过程也需要一定的技术和方法，而特定的理念则在其中发挥着重要的昭示和引导作用。

在我国，关于纠纷解决的理论研究和制度建设事实上一直滞后于生活实践，与法学界一系列宏大的学术成果层出不穷形成鲜明对照的是，关于纠纷解决的理论研究长期处于边缘状态，相关制度的建设也是如此。这种状况不仅有传统法律文化的影响，也有现代法律意识和法律思维不足的原因。

在中国传统文化中，法律或者律法的制定与施行总是和国家政权的稳固或者社会秩序的稳定密切相关，法律被视为一种进行社会治理的工具，带有强烈的政治色彩和惩戒性特征。其突出的表现就是：对民间发生的纠纷或者争执，要么将其视为危及政权稳固的行为，以刑罚的手段进行惩治；要么将其归于伦常琐细之事，运用道德伦理的戒律加以规制。因此，在中国古代社会，法律的基本特征是"重刑轻民""礼刑兼备""出于礼而入于刑"，法律部门及其功能的划分并不清晰，民事纠纷及其解决的问题则极少被纳入法学领域。近现代以来，随着西方法制的引入，法律部门被逐渐细化，民事法律规范也日益发达起来。但是，由于传统文化的惯性，加之社会政治格局和意识形态的制约，法律的工具主义理念仍然弥漫于法学研究领域，法学的研究对象仍主要集中于法律规范本身，即法律的制定和法律的实施，作为跨越性的纠纷解决机制的研究很少受到正统的法学家们的关注。在不少法律学者看来，现代社会既然崇尚法律的统治，或者说要建设法治社会，那么，就要大力构建完善的法律制度，对于民事纠纷而言，最好的方法也就是通过诉讼以及法官的判决加以解决。虽然实践中对调解的运用一直不曾间断，但其作为一种"民间"的非正式的纠纷解决方法却很难进入法学家们的法眼。然而，在作为现代法制的发源地的西方国家却是另一种景象。西方的学者不仅把调解作为"东方经验"加以仿效，而且将其纳入司法改革的总体方案之中，不得不说，在民事纠纷的解决方面，西方国家的探索和实践已经远远走在了我们前面。自20世纪70年代以来,随着美国首创的“ADR运动”在世界各国的兴起,关于纠纷解决的理论研究也逐渐登上了学术的大雅之堂。有美国学者不无欣喜地将这一领域称为“朝阳领域”[1],关于纠纷解决的相关论著亦如井喷般不断涌现。

纠纷解决作为一种社会实践虽然是一种普遍存在的常见现象,但是,作为一个学术概念却属于“舶来品”,而且它与西方理论界“接近正义”这一概念存在密切关系。所谓“接近正义”是作为福利国家的一项政治性举措而被广泛认可的。根据“佛罗伦萨项目”[2]的研究成果,西方国家的接近正义运动经历了三次“浪潮”,第一次浪潮始于20世纪60年代,其主旨是“为贫困者提供法律援助”;第二次浪潮始于20世纪70年代初期,其主旨是“扩散利益的保护”;[3]第三次浪潮始于20世纪70年代后期,主旨是“纠纷处理与诉讼外的替代政策”。[4] 关于“接近正义”理念的重要价值,卡佩莱蒂指出:“不仅对法官或民诉法学者,即使对整个社会而言,‘接近正义’这一观念也都蕴含着非常重要的基础理念。”其中最为重要的是纠纷的解决不仅要追求“量化的正义”,而且要实现“实质的正义”。[5] 澳大利亚学者娜嘉·亚历山大从接近正义的“第三波”理念出发,对调解中

---

〔1〕 参见[美]斯蒂芬·B.戈尔德堡等:《纠纷解决——谈判、调解和其他机制》,蔡彦敏等译,中国政法大学出版社2004年版,“前言”第1页。

〔2〕 佛罗伦萨项目是指20世纪70年代由福特基金、意大利国家委员会(CNR)和欧洲大学协会共同资助的“接近正义”项目,该项目由意大利法学家莫诺·卡佩莱蒂主持,引起了全球学者的广泛关注。参见[意]莫诺·卡佩莱蒂编:《福利国家与接近正义》,刘俊祥等译,法律出版社2000年版,“绪论”第2页及以下。

〔3〕 这里指公共利益和集团权益。

〔4〕 参见[意]莫诺·卡佩莱蒂编:《福利国家与接近正义》,刘俊祥等译,法律出版社2000年版。其中的相关章节分别论述了“接近正义”的三次浪潮的具体内容,其中对“第三波”的论述尤其详细,并具有重要的现实意义。

〔5〕 [意]莫诺·卡佩莱蒂编:《福利国家与接近正义》,刘俊祥等译,法律出版社2000年版,“绪论”第1页及以下。

的“量化的正义”和“实质的正义”进行了具体的分析，提出了“调解的六大目标”，即“效率”、“接近法院”、“当事人自治”、当事人之间关系的“转变”、社区纠纷文化的“社会转变”以及“社会控制”等。其中着重强调的是通过调解实现纠纷的实质性解决。[6] 无独有偶，英国学者西蒙·罗伯茨则通过对“和解”价值的研究发现了法院功能的转化。他指出，“裁判”(judgment)与“合意”(agreement)本来有着逆向的价值选择，前者与著名的“盲眼女神”图腾标志紧密联系，长期以来被视为公共司法的完美典型，后者则以有力而温馨的握手为象征，但却很少被视为司法的目的。但是，这种情形在20世纪90年代以来发生了根本的变化，“‘和解’被描绘成了法院的主要目的，而审判则退居到次要辅助的位置。”[7]

由上可知，纠纷的解决并不只是语义上的“使已经发生的争议得到处理”这么单纯的含义，甚至也不仅仅是为了实现“消除冲突状态、对损害进行救济、恢复秩序”这些略显浅近的目的，这个概念的含义的确过于丰富，以致很难对其作出一个完整的定义。忽略了目的、方法、主体、过程、结果等任何一个要素，似乎都难以概括纠纷解决的确切含义。诚如学者指出的：

> 正是因为纠纷或冲突的解决方式可能与其功能方向及正功能的条件有内在联系，所以我们要去关注纠纷或冲突在现实中是怎样产生、怎样解决、又产生怎样效果的。……法学对纠纷解决的研究，可能更加关注冲突双方的权利、责任和诉求的分歧和差异，以及弥合或调和这些分歧的最优选择。而法社会学则偏重于将纠纷理解为行动者不公正感受或意识的基本形态，以及这些主观的不公正之感如何在

〔6〕 参见[澳]娜嘉·亚历山大主编:《全球调解趋势》，王福华等译，中国法制出版社2011年版，第8～11页。

〔7〕 [英]西蒙·罗伯茨等:《纠纷解决过程:ADR与形成决定的主要形式》，刘哲玮等译，北京大学出版社2011年版，第4～5页。

行动层面上表现为不同形式的应对或解决策略的。[8]

范愉教授曾提出将“纠纷解决学”设为一门独立的学科，并对纠纷解决的概念作出了明确的定义，认为：“纠纷解决（dispute resolution），是指在纠纷发生后，特定的解纷主体依据一定的规则和手段，消除冲突状态、对损害进行救济、恢复秩序的活动。”[9]在这个定义中，解决纠纷的主体是“特定的解纷主体”，虽然指向比较含糊，但显然倾向于第三者行为，应不包括纠纷当事人自身；而且，该定义将纠纷的解决看成一种“活动过程”[10]，而不包括目的性和结果状态。应当说，该定义基本上揭示了纠纷解决这一概念的主要内涵，表达了纠纷解决的基本特征。但笔者认为仍有不足之处，因为它还不能满足纠纷解决在外延上的涵盖性。

笔者认为，将纠纷解决这一概念建立在“接近正义”理念的基础之上，从“接近正义”的精神实质出发来界定纠纷解决的概念，无论从理论意义还是从实践意义来看都具有十足的必要性与合理性。“接近正义”所强调的不仅是矛盾或争议在法律意义上的处理，而且更加强调纠纷当事人利用相关的公共资源的权利以及通过纠纷的解决获取最大效益的诉求，其要旨在于对纠纷解决的实际效果的评价。为此，笔者对于纠纷解决的一般性定义是：通过当事人自主合意或者第三者的裁判，形成一定的矛盾和争议解决方案，并确保其得以落实，从而修复并维系当事人之间的良好关系，维护正常社会秩序的活动。在这个定义中，首先提出了纠纷解决的两种基本方式，即合意的方式和裁判的方式，合意的方式包括当事人之间的和解和有第三者

---

〔8〕陆益龙：《纠纷解决的法社会学研究：问题及范式》，载《湖南社会科学》2009年第1期。

〔9〕参见范愉：《纠纷解决的理论与实践》，清华大学出版社2007年版，第14、71页。

〔10〕范愉教授在其后的另一著作中对这一概念做了补充完善，强调了纠纷解决的“活动过程”特征。参见范愉、李浩：《纠纷解决——理论、制度与技能》，清华大学出版社2010年版，第14页。

参与的调解,以当事人的自主性为根据;而裁判的方式则包括第三者依职权或经授权所作出的决定,如法院的判决、裁定以及仲裁中的裁决。其次,这一定义强调了纠纷解决结果的实现。如果仅仅是作出了纠纷解决方案——例如判决或者协议,但这一方案最终却未能落实,就不能说是在实质意义上解决了纠纷,充其量只能说是实现了一种程序性正义。再次,当事人之间良好关系的修复和维系也是纠纷解决的重要目的之一,通过纠纷的解决,应当使当事人之间的关系更加和谐,而不是加大了他们之间的矛盾和对立。另外需要强调的是,纠纷解决的两种基本方式——合意和裁判——并非总是朝着既定的方向发展,它们在形成的过程中也可能会发生逆转,但无论如何,它们的基本目标总是一致的,即纠纷的实质性解决,否则就不能说实现了纠纷解决的真正目的。

(二)民事纠纷解决的基本方法

在当代法学理论中,"民事纠纷"这一概念是建立在民事法律制度的基础上的,在所有关于民事纠纷的理论中,几乎都与民事法律制度密切相关,所以,民事纠纷的发生就是违反民事法律规范的行为所致。如较为常见的一种表述为:"民事纠纷是法律纠纷的一种,……民事纠纷的内容是争议中的民事权利义务关系。民事权利义务关系是由当事人实施民事法律行为或民事行为依照民法的规定而形成的。"〔11〕民事纠纷既然是"争议中的民事权利义务关系",那么,民事纠纷的解决就只需要依照法律规范加以处断即可。于是,在禁止"私力救济"的当代社会,民事诉讼及其裁判就理所当然地成为解决民事纠纷的最佳途径;不仅如此,即使是在非诉讼的调解或者仲裁当中,"依法裁断"也往往成为主持者的惯常思维。不能不说,"依法裁断"不仅体现了一种强烈的法律意识,而且也是建设法治社会的基本要求,本来是无可非议的,但是,在这种惯常性思维中其实隐藏着

---

〔11〕 汤维建主编:《民事诉讼法学》,北京大学出版社2008年版,第2页。

一种难以觉察的悖论:民事行为应当是一种“合法性”行为与实际上民事纠纷的内容往往会超出法律规范的既定范围之间的悖论。其实,也有学者对民事纠纷的外延持较为宽泛的观点,认为“其中有相当一部分是属于民事法律规范加以调整的”,〔12〕那么也就是说还有一部分不属于民事法律规范调整。我国《民法总则》第10条规定:“处理民事纠纷,应当依照法律;法律没有规定的,可以适用习惯,但是不得违背公序良俗”,这一规定也清晰地说明了法律规范的有限性,它并不能涵盖民事纠纷的所有内容。在民事诉讼法学界,日本学者兼子一教授关于民事诉讼目的的“纠纷解决说”具有广泛影响,但有日本学者指出,“纠纷解决说”和“法的纠纷解决说”是有区别的,兼子一主张的“纠纷解决说”所指的“纠纷”在外延上其实要大于“法的纠纷”〔13〕。这也就间接说明,民事纠纷并不一定完全属于民事法律规范调整的范围。这一判断从“私权自治”的理念可以获得更为明晰的认识。相对于公权而言,私权是一种可以由主体自由处分的权利,即所谓“法无禁止即可为”,“私权自治”的理念也是基于这一原理。因此,将民事纠纷不加分辨地纳入“依法裁断”的范围可能并非是一种合乎逻辑的思维,而更多地关注私权本身的个性化和自由度,将当事人的意愿和选择作为解决民事纠纷或者民事争议的主要依据,参之以法律的强制性规范,或许才是正确的思路。由于民事纠纷的发生必然涉及当事人双方,所以,所谓当事人的意愿实际上是当事人之间的合意所产生的综合性效果,因此,我们也可以将当事人的意愿称为当事人之间的合意。但是,在当事人合意与依法裁断之间毕竟还是存在一个逻辑上的悖论,即它们究竟是自然契合的还是互不兼容的?如果说“法的纠纷解决”是指对法律有明确规定的纠纷必须依法裁断,只有在法律无规定或规定不明确的情况下才适用当

〔12〕张卫平:《民事诉讼法》,法律出版社2016年版,第3页。

〔13〕参见[日]新堂幸司:《新民事诉讼法》,林剑锋译,法律出版社2008年版,第4～5页。

事人合意的方法，那么，当事人合意这种方法显然不具有普适性；如果说对法律有明确规定的纠纷不是依法裁断而是适用了当事人合意的方法，那么，又有刻意规避法律，轻视法律权威的嫌疑。在司法实践中，这一悖论常常引起人们的疑虑，同时也成为反对强化调解方式的理由。

季卫东教授在研究调解制度的发展机制问题时曾提出这样一个问题情境，即"遵从法律和侧重调解之间的纠葛"，"是将其视为一种制度上的对立，还是看作法政策上的悖论"？他认为："如果采取前一种立场，迟早会得出两者择一的判断。反之，后一种视角却有可能促使我们反思以往的思维模式和理论的缺陷，激发我们寻求新的解释。"而他所要做的努力是："不仅要发现和理解这种法政策上的逻辑悖论，还要将其背后存在的现实矛盾，与非胜即负式的法律判决的困境联系起来，以探讨法制化与调解之间的联结点和连贯性。"〔14〕照此推论，民事纠纷的解决总是存在"遵从法律"和"侧重调解"的纠葛，如果"遵从法律"，则依法裁断就是必然的选择，如果"侧重调解"，就必须首先考虑当事人的意愿，那么，能否有一条既"遵从法律"又"侧重调解"的"中间道路"呢？日本学者棚濑孝雄在论及"审判"与"谈判"的关系时借用了一个形象的比喻："审判阴影下的谈判"。他认为：

> 诉讼外纠纷解决就被定位为这样将审判信息化、促进审判阴影下的交涉的一个媒介，从各个当事人看来，这意味着通过它能实现正义的解决，而从社会看来，意味着通过这种媒介恰当的机能贯彻了法律的统治。〔15〕

---

〔14〕 季卫东：《调解制度的法律发展机制——从中国法制化的矛盾情境谈起》，载强世功编：《调解、法制与现代性：中国调解制度研究》，中国法制出版社 2001 年版。

〔15〕 [日]小岛武司、伊藤真编：《诉讼外纠纷解决法》，丁婕译，中国政法大学出版社 2005 年版，第 15 页。

这就说明,在纠纷解决的方法上,谈判与调解虽然在外观和表现上有所不同,但实质上都是以当事人的合意为基础的;它们虽然没有经历审判的过程,但是,审判的效果依然得以清晰地呈现并形成一种潜在的警示或参照效应,从而使纠纷的合意解决获得了更多的可能性。同时,审判阴影下的交涉必然涉及对法律的遵从,至少杜绝了慢待法律的可能性。

如果将"审判阴影"的效用看成是"遵从法律"的表现,那么,民事纠纷的基本属性则奠定了"侧重调解"的合理性依据。民事纠纷作为平等主体之间发生的私权之争,其处理的过程也应当体现出这种私权的性质。换句话说,民事纠纷应当如何解决不仅关系到当事人的切身利益,同时也是当事人的一种权利。正因如此,民事诉讼理论中的"处分原则"和"辩论原则"才成为具有民事诉讼特色的原则。亦如棚濑孝雄所言:

> 从"当事人拥有纠纷"这个命题出发考虑诉讼外纠纷解决时,最重要的是必须以当事人找到自己能够接受的解决方法为基础。这不仅是在纠纷的最终阶段同意当事人提出的解决方案,在解决方案的形成过程中也必须由当事人掌握主动权。[16]

综上所述,民事纠纷的内容并不完全是法律规范所能涵盖的,其有的内容可能会超出法律规范所调整的范围,因此,出现"无法可依"或者不那么"合法"的情形并不奇怪。民事纠纷即使是属于法律规范调整的范围,但就其基本性质而言,依然得以当事人的意愿和选择来加以处理。因此,"侧重调解"无疑是处理民事纠纷的最好方法。又鉴于在法制体系相对完善的背景之下,调解的过程实际上是"审判阴影"遮蔽之下的运作过程,必然会自觉或不自觉地倚赖法律

---

〔16〕 [日]小岛武司、伊藤真编:《诉讼外纠纷解决法》,丁婕译,中国政法大学出版社2005年版,第16页。

的引导和制约，因此，“侧重调解”和“遵从法律”之间的紧张关系便合乎逻辑地得到统一和缓解，调解作为解决民事纠纷的常规的和有效的方法也就取得了应有的合理性与合法性。

二、民事纠纷解决的强制性机制与合意性机制

“机制”(machine - made)一词原指机器的构造和工作原理，“泛指一个工作系统的组织或部分之间相互作用的过程或方式”。[17] 由于这个词反映了事物的结构原理和运行规律，能够为理论研究者提供科学的思维方法，因此在社会科学领域得到了广泛的应用。纠纷的解决需要借助一定的方法，和这些方法相关的某些理念、原则、制度以及运作方式的综合体就构成了纠纷解决的机制，有时也被称为纠纷解决的方法或方式。

关于纠纷解决机制的概念和内容，学界有不同的理解。如有学者认为：“纠纷解决机制，是指争议当事人用以化解和处理纠纷的手段和方法。”[18] 有的学者则表述为：“一个社会为解决纠纷而建立的由规则、制度、程序和机构(组织)及活动构成的系统。”[19] 通常而言，纠纷解决机制的类型是按照主持纠纷解决过程的主体来划分的，即由当事人直接通过协商、谈判等方式解决纠纷的被称为自决机制或和解机制，主持者为调解机构的被称为调解机制，主持者为仲裁机构的被称为仲裁机制，主持者为司法机关的则被称为诉讼机制。从救济方法理论的角度也可以将这些纠纷解决机制归纳为自力救济方法、公力救济方法和社会救济方法。和解机制或自决机制就属于自力救济；诉讼机制由于是通过公权力实现纠纷的解决，被称为公力救济；相对而言，调解与仲裁由于具有社会属性而被合称为社会救济。

---

〔17〕《现代汉语词典》，商务印书馆2005年版。

〔18〕徐昕主编：《纠纷解决与社会和谐》，法律出版社2006年版，第68页。

〔19〕范愉、李浩：《纠纷解决——理论、制度与技能》，清华大学出版社2010年版，第20页。

也有学者将纠纷解决机制划分为两种模式："纠纷的解决，从其归属的最终主体来说，有两种模式：一是利用自身的力量来解决纠纷，并不需要国家介入。二是利用国家的力量来解决纠纷，自身的力量受到限制。前者为私力救济，后者为公力救济。"[20]也就是说，纠纷的解决机制可以划分为私力救济和公力救济两种模式，并不存在第三种模式即社会救济的模式。笔者认为，这种划分方法较之前面的划分方法更具有合理性。因为，调解与仲裁虽说是由第三方主持的解决纠纷的方法，但是，在这两种救济方法中当事人的意志是占据主导地位的。其中，调解自不待言，即使是仲裁，也是因为当事人首先形成了适用仲裁方法的合意，仲裁就是以这种合意为前提的；况且，在仲裁过程中，当事人合意在程序上和实体上的体现也较之诉讼更为充分。然而，从更为符合客观规律和更具有理论上的概括性和实践中的可操作性的角度看，笔者更愿意将纠纷解决机制归纳为强制性机制和合意性机制，这两种机制既可以涵盖关于纠纷解决机制的"四分法"，也可以包括纠纷救济理论的"三分法"，并且与纠纷解决模式理论的"两分法"在思路上有相合之处。

纠纷解决的强制性机制与合意性机制的划分标准是在纠纷解决过程中，在当事人和纠纷解决的主持者之间，谁拥有最终的决定权：如果是第三方拥有最终决定权，则属于强制性机制，如果是当事人拥有最终决定权，则属于合意性机制。在这里，最终决定权所针对的对象既可以是实体争议，也可以是程序性问题，但主要还是实体争议的解决。

（一）强制性机制

强制性机制以第三者在纠纷解决中拥有最终决定权为特征，一般是指法院的裁判和仲裁中的裁决。虽然在强制性机制中当事人也并非完全处于消极被动的状态，从某种意义上说，甚至可以左右裁判

[20]　汤维建主编：《民事诉讼法学》，北京大学出版社2008年版，第3页。

过程的发展趋势，但其自主性总是限于被允许的范围，而且，即使是拥有被允许自主处分的权利，其最终的决定权依然由裁判者所掌握。另外，需要进一步明确的是：在强制性机制中总是蕴含合意性因素，强制性机制并非总是单向发展的趋势，往往是第三者决定与当事人合意的混合体。

1. 仲裁

仲裁方式是一种古老的纠纷解决方式，但是，关于仲裁的性质或定位的问题一直存在争论。有学者指出："自从仲裁诞生以来，中外学者对于仲裁性质的探讨就没有中断过。学者们立足于不同的角度对仲裁的性质进行阐释，但至今尚未形成为国际社会所普遍接受的统一观点。"〔21〕在现代仲裁制度中，法律的影响不断加强，仲裁的民间性质呈现出逐渐弱化的趋势。尽管当事人的意思自治是仲裁反复强调的一个原则，但是，仲裁员的准法官身份还是令当事人多少抱有疑虑。虽然仲裁员是由当事人选任的，但是，一旦纠纷或争议被纳入了仲裁的管辖之下，当事人的自主性就必然受到一定的限制。从理论上说，仲裁权是建立在社会公众信任基础上的一种"民间性契约授权"〔22〕，仲裁机构的选择、仲裁员的选任、仲裁庭的组成方式、仲裁地点以及提交仲裁的争议事项均由双方当事人合意决定。但是应当看到，当事人的授权契约不仅对仲裁员而且对当事人自己也是有约束力的。也就是说，既然当事人选择了仲裁的方式，而且赋予了仲裁员作出最终裁决的权力，那么，这种权力就获得了合法性和正当性，无论是仲裁员还是当事人都应当受到这种权力的制约。话说回来，正是当事人的这种授权，才使仲裁能够有效地解决纠纷，否则，仲裁

〔21〕 沈恒斌主编：《多元化纠纷解决机制原理与实务》，厦门大学出版社 2005 年版，第 166 页。

〔22〕 参见乔欣：《仲裁法学》，清华大学出版社 2008 年版，第 10 ~ 14 页。

的权威性将无从确立。[23]《纽约公约》明确指出:"当事人以书面协定承允彼此间所发生或可能发生之一切或任何争议,如关涉可以仲裁解决事项之确定法律关系,不论为契约性质与否,应提交仲裁时,各缔约国应承认此项协定。"[24]这就说明,当事人之间的"仲裁协议"是确立仲裁的合法性地位的基本依据,同时也说明了仲裁权力的发生依据。

仲裁作为一种文化现象,其确立的基础是西方国家的私法文化和契约精神。私法文化的理念在于私权自治,而契约精神的精髓则是当事人自治前提下的合意,但是,无论是自治还是合意,在现代法制社会的语境下,都应当——而且事实上也是如此——表现为法律的形式,就如拉德布鲁赫所说的:"国家意志赋予私法以约束力。"[25]从这个意义上说,仲裁应当属于一种在法律规制下的解决纠纷的制度,而且其本身就是一项法律制度。事实上,早在古罗马时期的《民法大全》中就曾引述法学家保罗的论述:"为解决争议,正如可以进行诉讼一样,也可以进行仲裁。"[26]在这里,诉讼与仲裁是被相提并论的,足以说明其在法律上的重要地位。时至今日,仲裁作为一种法律制度已经受到世界大多数国家的普遍承认,许多国家都确立了仲裁法律制度,目前已有 140 多个国家加入了《纽约公约》,我国也于 1987 年加入了《纽约公约》并于 1994 年颁布了《仲裁法》。由此可见,在现代社会,仲裁作为一项法律制度应当是没有疑义的,既然如此,它也必然具有法律制度所应有的基本属性:规范性、强制性和相关规则普遍适用的效力。[27]

---

〔23〕 在当前的中国,对仲裁的合意性的强调远大于仲裁的权威性,致使仲裁的效率和社会效果受到削弱,对仲裁事业的发展极为不利。

〔24〕 联合国《承认及执行外国仲裁裁决公约》第 2 条第 1 款。

〔25〕 [德]拉德布鲁赫:《法学导论》,米健译,法律出版社 2012 年版,第 65 页。

〔26〕 乔欣:《仲裁法学》,清华大学出版社 2008 年版,第 3 页。

〔27〕 仲裁规则是当事人之间就具体仲裁程序所作出的约定,但其不得与法律冲突,本质上应视为一种法律制度。

长期以来，在我国的相关理论中，仲裁的法律地位始终难以定论。对于仲裁的性质，有人认为属"准司法性"，有人认为属"民间性"，还有人认为属"行政性"。[28] 窃以为，在这个问题上没必要坚持一己之见，因为，这些观点都无法涵盖仲裁的全部属性，它们只是强调了仲裁的某一方面的特质。其实，决定仲裁的根本属性的依据还应当是它解决纠纷的最终方式，即裁决的方式。在这一点上，仲裁与诉讼其实没有太大的区别，如果忽视了这一点，不仅不会提高仲裁的地位，反而还会削弱其权威性与公信力。因此，从纠纷解决机制的角度看，仲裁与诉讼一样都属于强制性机制，只不过仲裁的产生根据和运作方式拥有自己的独特之处，正是这些独特之处的存在使仲裁成为现代社会不可或缺的一种纠纷解决方式。

2. 诉讼

诉讼的目的在于解决纠纷，这个观点以日本学者为代表，而且也是法学界较为流行的观点。日本学者兼子一指出："诉讼是通过对具体案件适用法律，确定是否存在具体的权利义务，以此达到从法律上解决纠纷的目的。"[29] 我国民事诉讼法著名学者汤维建教授则十分详细地说明了诉讼机制与其他纠纷解决机制的区别。他认为民事诉讼的价值目标具有复合性，当事人提起诉讼往往是因为他们对同一事实的法律评价或价值衡量在认识上存在分歧，从而寻求法院的决断和选择。因此法院行使审判权，在一定意义上乃是价值选择的表现：

> 为了正当地作出价值选择，法院必须同时兼顾各种诉讼目的：既要考虑到纠纷解决的彻底性，又要考虑到如此作出的裁判对将来的导向意义，同时还要确保权利者的权利获得实现，义务者的义务得到履行。民事诉讼价值目标上

---

〔28〕 参见李政等：《仲裁法学》，中国政法大学出版社 2009 年版，第 10 ~ 14 页。

〔29〕 ［日］兼子一、竹下守夫：《民事诉讼法》，白绿铉译，法律出版社 1995 年版，第 4 页。

的这种复合性，与其他解纷机制相比，是一个极大的区别。[30]

笔者认为，诉讼作为一种以国家公权力为后盾的纠纷解决机制，无论其目的是“解决纠纷”抑或是作出某种“价值选择”，其固有的属性都是不可改变的，即诉讼所特有的强制性、规范性和程序性，正是这些属性决定了诉讼解决纠纷的权威性，而其权威性的具体表现就是法院所拥有的审判权。因此，从本质上讲，诉讼机制是一种最为典型的纠纷解决的强制性机制。

然而，以诉讼的方式解决纠纷，其具体的“结案方式”却不仅仅是裁判，调解的方式在诉讼中也占据着十分重要的地位。以调解的方式解决纠纷是我国民事诉讼的传统特色，有外国学者称：“大多数关于中国法律制度的西方观察家们都首先被调解作为中国纠纷解决机制的一个内在组成部分所打动。”[31]其实，不仅在我国是如此，在欧洲和美国，调解的方式甚至被作为一种最具“现代性”的纠纷解决方式被广泛推行，最具代表性的就是风行欧美的所谓“司法 ADR”。固然，调解的盛行或者“复兴”在一定程度上对传统的诉讼模式造成了冲击，使其不再固守“三段论”式的机械主义原则，转而以一种更加务实的姿态对待纠纷的解决。但是，这种情况并不等于诉讼机制从根本上改变了其作为最具权威性的纠纷强制性解决机制的本质属性，它只不过是一种策略的或方法上的变通而已。日本学者将诉讼外的纠纷解决看作“审判阴影下的交涉”，认为这种形式的交涉是一种“以审判为意向的谈判”，以便实现“谋求正义普遍化”的目的。[32]由此可见审判所具有的不可忽视的权威效应。再具体点说：如果没

〔30〕　汤维建主编：《民事诉讼法学》，北京大学出版社 2008 年版，第 14 页。

〔31〕　[美]史蒂文·苏本等：《美国民事诉讼的真谛》，蔡彦敏等译，法律出版社 2002 年版，第 203 页。

〔32〕　参见[日]小岛武司、伊藤真编：《诉讼外纠纷解决法》，丁婕译，中国政法大学出版社 2005 年版，第 13 页。

有法院的裁判权作为后盾，那么，法院调解——不仅仅是法院调解，也包括其他倚赖司法权支持和保障的纠纷解决机制——就会丧失其赖以生存的制度性保障，这应当是一个十分浅显的道理。此外，也有不少学者是从现实主义或功利性角度看待调解的，他们认为，在现阶段的中国，调解仍然是一种在特定的历史时期承载着特定政治使命与社会功能的社会治理机制。如有学者认为：

> 在当前特定的历史时期，法院调解制度不仅不会被废除，而且会在相当长的时期内继续发挥作用。……如果我们能够把握住法院调解制度复兴的时机，通过构建诉权对审判权的制约机制，提升法院调解的制度化程度，不仅能更好地发挥调解制度实现其社会功能的作用，而且能够促进中国司法制度的现代化转型。[33]

显然，这里所强调的依然是调解作为一种方法或策略的现实功能，其最终目的还是“司法制度的现代化转型”，而不是也不可能是以调解取代审判。

总之，无论是裁判为重还是调解为主，诉讼作为一种纠纷解决机制，其最主要的特点就是最终裁判权的国家性质或公权性质。一方面，诉讼机制赖以存在的基础是法官的最终裁判权；另一方面，这种裁判权是一种公权力，它不需要当事人授予——例如像仲裁裁决权那样。因此，从基本属性上说，诉讼是一种典型的强制性机制，而不是合意性机制。对法官最终裁判权的认识具有十分重要的意义，它是我们正确认识诉讼机制的出发点，否则，就难以把握诉讼的本质。不过，诉讼调解与诉讼和解制度的存在，特别是当事人主义理论的渲染，的确为我们理解诉讼机制的本质属性带来了一定的困扰，似乎诉讼的过程也是可以被当事人所左右的，调解与和解可以与裁判相提并论。其实，这种困扰还是对诉讼强制性机制的特性缺乏足够清晰

---

〔33〕 吴英姿：《法院调解的“复兴”与未来》，载《法制与社会发展》2007 年第 3 期。

的认识所造成的。如果稍加注意就会发现,即使是调解与和解,其在诉讼中的表现样式和其本来应有的样式也是有很大区别的。诉讼中的调解是带有强制性的,而且其对合法性的要求十分明确,并不能完全由当事人的意志所决定。即使是和解,在和解以后的撤诉行为也要经过法院的同意,甚至在法庭辩论终结后的撤诉,还需经被告同意〔34〕。因此,无论如何,法律的规范性与当事人的权利自主性在诉讼的过程中总是存在无可否认的紧张关系,而在这种关系中,法律的规范性始终保持着优势的和主动的地位。

(二)合意性机制

所谓通过合意解决纠纷,就是当事人就其争议的事项达成一致的解决方案,从而使纠纷得以解决,它所强调的是当事人之间意思或意见的一致性。作为一种纠纷解决机制,合意性机制所面对的课题是各种形式意义上的纠纷解决机制与当事人合意之间的关系,也就是合意性机制得以存在的事实根据和理论根据。为了充分说明常规性的形式意义上的纠纷解决机制与合意性机制之间的关系,有必要对这些纠纷解决机制中的合意现象加以描述和分析,进而证明合意性机制存在的客观性、现实性和必然性。

1. 和解与合意

和解是纠纷的"自我解决"的方式之一。按照汤维建教授的观点,纠纷的"自我解决"包括"提醒""唤醒""压服""对话"四种具体的方法,而"理性对话就是通常所说的'和解'"。〔35〕具体而言,和解就是纠纷当事人通过理性的对话与沟通,就争议的内容自愿达成一个解决的方案,从而实现纠纷的解决。这种所谓"理性对话",也可以表述为"协商"或者"谈判"。由于和解是在当事人之间——通常

〔34〕 参见《最高人民法院关于适用〈中华人民共和国民事诉讼法〉的解释》(法释〔2015〕5号)第238条。

〔35〕 汤维建主编:《民事诉讼法学》,北京大学出版社2008年版,第7页。

没有外力的干预——直接形成的纠纷解决方案,因此,它是最为典型的当事人之间直接合意的结果。从这个意义上说,和解也就是合意的代名词。有学者从"基于合意的纠纷解决"这一命题出发,对和解作出了如下的定义:"与纠纷具有实质关联性的主体(当事人),自愿选择或虽被强制选择,但自愿形成解决纠纷的方案或接受他人提供的纠纷解决方案的基于'合意'的解决纠纷的方式。"[36] 在这里,尽管合意只是被视为和解的基础,而不是从机制的意义上看待合意,但合意对于和解的重要性是不言而喻的。进而言之,合意不仅是和解的基础,而且也具有方法的属性,即通过合意的方法,最终实现了和解的目标。因此可以说,和解是结果,合意则是实现这一结果的潜在性机制。

2. 调解与合意

以合意的方法解决纠纷既可以是在纠纷当事人之间开展,也可以是在有第三者介入的场合开展。按照传统的观点,和解只能在当事人之间直接进行,"完全由当事人自己通过磋商求得和解"[37],合意也只有在和解的场合才有意义,因此,合意与和解似乎是同一个意思。但是,事实上,和解往往并不排除第三者的介入,而在有第三者介入的场合,和解与合意的意义就会有较大的区别。例如在调解的场合,调解是在作为调解人的第三者介入下解决纠纷的方式,调解人的介入是双方当事人共同的意愿,他可能产生自专门的调解机构,也可能是拥有一定社会地位而受到当事人敬重和信任的人。但是,在调解过程中,当事人的意志却发挥着决定性作用,如果没有当事人之间的合意,调解就不会产生实质性的解决纠纷的结果。虽然如此,作为解决纠纷的机制,调解却被看作一种独立的机制,而不是和解机制,这是因为有调解人的介入,并且调解人在纠纷的解决过程中发挥

〔36〕 唐峰:《纠纷和解研究》,中国政法大学出版社 2012 年版,第 27 页。

〔37〕 参见沈恒斌主编:《多元化纠纷解决机制原理与实务》,厦门大学出版社 2005 年版,第 55 页。

着一定的作用——有时甚至是关键的作用。总而言之,在调解机制中,合意仍然是核心的因素,这个判断主要源于当事人在调解机制中完全的自主性地位。

3. 仲裁与合意

与调解机制较为接近但又有一定区别的纠纷解决机制是仲裁机制。仲裁机制中也较多地体现了当事人的自主性,因为仲裁程序的启动取决于当事人之间的仲裁协议,而仲裁协议本身就是双方当事人合意的结果,也是当事人在解决纠纷的方式上充分行使程序权利的结果。之所以说仲裁机制与调解机制较为接近,除了当事人在仲裁协议上的合意之外,以调解作为解决纠纷的主要手段,也是仲裁的重要理念,而在仲裁调解当中,当事人的自主性也会得到较为充分的体现(详见本书第七章“合意性机制运行过程的考察”其中的“第三者促进的合意”)。但是,仲裁毕竟具有一定的强制性因素的存在,它源于当事人让渡给仲裁人的最终决定权。从这个意义上说,仲裁机制的调解与调解机制的调解相比较,在第三者介入的力度上稍有加强,但是,如果调解成功,作为调解的基础仍然是当事人之间的合意,并且,仲裁也存在当事人自行和解的方式。因此可以说,在仲裁机制中,当事人之间合意的因素也有着较为充分的体现。

4. 诉讼与合意

与调解机制、仲裁机制相比较,诉讼机制显然是较为特殊的。诉讼机制建立于国家公权基础之上,其主要特征是通过特定的程序,以裁判的形式对纠纷作出强制性解决。但是,诉讼机制当中并非没有当事人合意的因素,不仅在诉讼的原则和理念上,而且在具体的诉讼程序设置上,都包含鼓励当事人合意解决纠纷的内容。例如,我国《民事诉讼法》明确规定了调解的原则,并且专章规定了调解程序。虽然法院调解与其他非司法性质的调解(民间调解、行政调解、仲裁调解)相比较,在具体表现上存在多种差异,例如环境的特殊性和适当的强制性,但是,作为调解的基本原理及其基本原则是没有变化的,否则就丧失了调解的固有属性,也就达不到调解解决纠纷的目的。[38] 我国《民事诉讼法》第 93 条就明确规定:“人民法院审理民事案件,根据当事人自愿的原则,在事实清楚的基础上,分清是非,进行调解。”什么是当事人自愿呢? 当事人自愿的根本特征就是在调解上的自主性与合意性,包括调解程序的选择以及对实体争议的处理方案的确定。《民事诉讼法》第 96 条规定:“调解达成协议,必须双方自愿,不得强迫。”这里就特别强调了“双方自愿”的前提,双方自愿就意味着合意,因为合意的特征之一就是双向性,仅凭单方意愿是无法达成合意的。

不仅是调解制度,民事诉讼中的辩论原则、和解制度乃至“当事人主义”的诉讼模式其实都包含了合意的因素。有学者认为,诉讼的过程其实就是一个“交涉与合意”的过程,这其中包括当事人之间的交涉,也包括当事人与法官的交涉;诉讼的场合为当事者纷争的解决提供了秩序平台,促使诉讼主体采取收敛而不是恣意的行为、合作而不是对抗的态度;这才是诉讼最本真最原始的状态,这种现象可归结为诉讼主体的交涉与合意,这种交涉与合意代表了诉讼的本质。[39] 日本学者棚濑孝雄甚至提出了一种“意思自治的审判模式”。他认为,在判决形成过程中存在法律适用相对化的逻辑,当事者在适用什么样的规范解决纠纷这一问题上也具有发言权。他说:

> 当事者事先向法官进行以辩论规范为根据作出判决的积极授权。这种判决的委托实质是当事者之间在程序上的一种合意,类似于仲裁的授权。与仲裁合意的类似性还意

---

〔38〕 关于法院调解的正当性和强制性在学界有较大争议,此处暂不介入这种争论,但笔者的基本观点是应当从司法改革的整体方向来看待法院调解,而不应将法院调解与社会性调解作简单类比,从而对法院调解的正当性产生怀疑。

〔39〕 夏锦文、史长青:《交涉与合意:论诉讼的本质》,载《南京社会科学》2006 年第 9 期。笔者并不赞同“诉讼的本质就是交涉与合意”这种说法,但不否认在诉讼中存在交涉与合意这种现象。

味着以辩论规范为根据的判决委托不仅具有正当化的意义,而且反映了诉讼在本质上的一种规定。[40]

棚濑孝雄从"辩论规范"推导出当事人对法官作出的"类似于仲裁的授权"的"判决的委托",这种推论似乎有些勉强,但不可否认的是,由"辩论规范"所产生的影响必然波及法官的判决,这也就是在诉讼中辩论原则受到特别重视的原因。因此,从一定意义上说,法官的判决也可以被看作一种合意的产物。

综上所述,纠纷解决的强制性机制的根本特征就是第三者拥有最终决定权,这一特征是强制性机制与合意性机制的分水岭。虽然在强制性机制当中有些具体的方法与合意性机制似有重合之处,但这些重合之处也是附有条件的,甚至是有独特性的,因此不可以将两者混为一谈。在强制性机制当中,第三者拥有最终的决定权,这种权力具有规范性和强制性,必须得到彻底的体现,否则就难以实现裁判的正义,难以保证法律秩序的安定。但是也要看到,强制性机制的运行过程并不是完全机械的恒定过程,它并不排除适当利用可行的方法以实现解决纠纷、维护当事人自主权利的目的,其中就包括当事人合意的方式;在这种时候,强制性机制的监督与促进功能便发挥作用,从而使合意的优势得到体现,甚至产生更好的效果。总之,在和解、调解、仲裁、诉讼等纠纷解决机制中,都程度不同地蕴含合意的因素,合意可以说是普遍存在于各种纠纷解决机制中的一种不可缺少的基本元素;将这种普遍存在的基本元素从各种不同的纠纷解决机制中抽象出来,就形成了这样一个概念:纠纷解决的合意性机制。因此,合意性机制是一种并非必须依赖于具体的纠纷解决机制的具有普遍涵盖性的纠纷解决机制,它可以单独存在(和解机制相当于严格意义上的合意性机制,调解机制则属于准合意性机制),也可以内

〔40〕 [日]棚濑孝雄:《纠纷的解决与审判制度》,中国政法大学出版社2004年版,第132页。

含在其他纠纷解决机制——本书称为强制性机制——当中。合意性机制的抽象表述具有重要的理论意义和实践意义。从理论上说,对合意的价值与功能、合意的形成基础、正当性、运作方法以及与其他纠纷解决方式的关系都需要进行广泛而深入的研究,将合意性机制与其他纠纷解决机制从理论上加以区分,有利于这些研究内容的针对性和专门化,从而也可以形成纠纷解决理论的一个关注点或特殊领域,有利于纠纷解决理论的科学性和系统性发展。事实上,已经有不少学者注意到了这个学术领域,以“合意”作为主题词的论著在近些年也有明显增长。从实践上说,将合意性机制作为一种独立的纠纷解决机制看待,遵循合意的规律去解决纠纷,有助于克服阻碍合意的干扰因素,避免合意的异化,从而提高合意的概率,增强合意的效率和效能,进而不断完善和提高解决纠纷的总体机能,促进纠纷的及时、有效、合理解决。

三、民事纠纷解决与司法公正

(一)司法公正的一般认识

在现代法律语汇中,纠纷的解决已经不是一种纯粹的司法行为,我们可能会联想到各种司法以外的不同方式,例如民间性的调解与仲裁,还有行政性的协调与裁决,另外还有信访、公证等制度。但是,无论有多少种可能的方式,在崇尚法律秩序或者法治社会的今天,司法的解决方式无疑仍然是最为重要的方式。[41] 司法之所以重要,一个可能的原因是司法的方式是最具有权威性的纠纷解决方式,它以国家的公权力为背景,任何一个纠纷,经过司法解决之后,就会产生终局性效果,从而弘扬了普遍的正义,彰显了法律的尊严。然而,权

〔41〕 本书所称的司法解决,是指广义上的含有司法因素的纠纷解决方式,包括诉讼、司法调解、司法确认以及在司法监督和支持下所开展的纠纷解决过程,例如仲裁、公证等。

威性并非司法的唯一属性,如果仅仅是从权威性角度看待司法,势必将司法置于强权和专横的地位,这并不符合现代司法文明的基本理念。因此,在论及司法的权威性的同时,司法的公正性也必然是一个绕不开的话题。

什么是司法公正?这个看似平常的问题却不是一两句话能够说清楚的。有学者指出:"自从改革开放以来,法学界就对司法公正给予特别的关注,相关成果可以用汗牛充栋来形容。这一切表明,司法公正已经受到社会、政治家和法学界的共同关注。全社会瞩目司法公正本身是件好事,但它也表明司法公正出了严重问题。"〔42〕那么,司法公正究竟出了什么问题呢?一般认为,针对司法公正所出现的问题无非就是它的相反概念,即司法不公。于是,如何解决司法不公、实现司法公正就成为相关理论研究和司法实践的基本目标。纵观汗牛充栋的关于司法公正的讨论,基本上都是循着这一套路展开的,即从一般性的司法公正概念出发,进而寻求解决司法不公问题的路径。如有学者认为司法公正的基本内涵就是"要在司法活动的过程和结果中坚持和体现公平与正义的原则。在这里,司法主要指法院的审判活动;公正的含义则包括公平、平等、正当、正义等。司法公正既要求法院的审判过程遵循平等和正当的原则,也要求法院的审判结果体现公平和正义的精神";而所谓"司法公正的对象"是指"各类案件的当事人及其他诉讼参与人",包括"民事诉讼的当事人,刑事案件的犯罪嫌疑人或被告人"。〔43〕还有学者把司法公正的内涵分解为"司法制度合理、司法程序正当、裁判结论确定、法官形象端正、司法环境良好"等几个组成要素,认为司法公正的实现"是一个动静结合的过程,绝非司法者闭门造车、一己之力即可达到,它更离不开

〔42〕周永坤:《提升司法公正的路径选择——以正当程序和司法良知的关系为切入点》,载《苏州大学学报》2012年第5期。

〔43〕何家弘:《司法公正论》,载《中国法学》1999年第2期。

社会主体的认同与监督”。[44] 显然，以上观点的努力就是试图揭示司法公正的真正内涵，其基本主张是司法公正应当是“过程”和“结果”两方面公正的结合（或者“程序公正”和“实体公正”的结合）——不论是民事案件还是刑事案件，可以说，这种关于司法公正的理解是最具有代表性的，也是较为公允的理解。然而，也有学者认为，从“程序公正”和“实体公正”这种二元组合的范式无助于厘清司法公正的概念，因为，在具体的司法过程中程序和实体本来就是分不开的：

> 我们试图摆脱程序公正与实体公正、形式公正与实质公正这些相互对立的二元概念体系来讨论司法公正的意义。在这里，自然正义、伦理正义、制度正义和程序正义向我们展现出司法公正理念的多重属性和多重视角。透过不同的正义宣称，人们将权威、伦理、制度和程序等因素与正义相关联，使之成为公正的不可缺少的要素。[45]

这种观点显然认为基于“程序公正”和“实体公正”的二元组合范式对司法公正这一概念的阐释并不科学，因为它并没有揭示司法公正的真正要素，只不过是说明了一个基本事实而已。但是，它所提出的“自然正义、伦理正义、制度正义和程序正义”的“多重属性和多重视角”是否能够真正揭示司法公正的含义呢？在笔者看来，这种所谓的“多重属性和多重视角”与“程序公正”和“实体公正”的二元组合范式在方法上并无实质性差异，只不过是融入了更多的元素而已，同样是对司法公正这一概念的扩展性解释罢了。关于司法公正的讨论，顾培东教授有着一段精彩的评述：

> 在有关司法公正的理论讨论中，不少人倾向于从西方的传统法治理论资源中寻找某些逻辑化的范式或结论，以

---

〔44〕 王晨：《司法公正的内涵及其实现路径选择》，载《中国法学》2013 年第 3 期。

〔45〕 姚莉：《司法公正要素分析》，载《法学研究》2003 年第 5 期。

此作为分析当代中国司法问题的理据以及匡正或切割中国社会事实的基准。这不仅使对司法公正存在问题及其原因的分析失之表面化,甚而情绪化,缺少应有的理论解释力和说服力。同时,也使相关建议与主张显得过于简单和片面,难以契合司法的实际运作,缺少必要的建设性和实践性。[46]

在顾培东教授看来,对司法公正的认知与评价应当把"逻辑化标准和经验性标准""个案评估标准与司法总体状况评价标准""专业性评价标准与社会化评价标准"结合起来,"进行这样的梳理,特别是注意到不同评价标准的认知角度及关注重点的差异,对于更为全面、清晰地理解在司法公正的认知和评价方面的复杂性无疑是必要的"[47]。应当说,顾教授这一分析是较为中肯的,而且,他所提出的几个标准与以往关于司法公正的讨论相比较在方法论意义上实现了一定的突破。他不是满足于司法公正的概念或原理在理论上的自洽性,而是更加关注这一讨论的实践性价值和社会性意义。但是,窃以为,这里的司法公正仍然属于概括意义上的或抽象意义上的司法公正,而不是现实社会中具体存在的司法,以及与这种现实的司法相适应的司法公正。以往关于司法公正的讨论,基本上都是围绕着高度概括和高度抽象的司法现象和司法公正命题而展开,由此得出的结论或许具有逻辑上的合理性与自洽性,但它所回答的也只是一般性的理论问题,而难以解决实践中的困惑与需求,这或许是在司法公正的认知和评价标准上难以达成一致的症结所在。

人们常说"公正是司法的生命线"。司法必须公正,或者说,司法应当是公正的,对于这个命题,人们似乎没有太多疑义,诚如学者所说:"司法公正是司法活动的生命,司法机关不能保证其公正性,也就失去了存在的社会基础。"[48]在实践中,司法机关往往会不遗余

〔46〕 顾培东:《当代中国司法公正问题研究》,载《思想》2016 年第 2 期。

〔47〕 顾培东:《当代中国司法公正问题研究》,载《思想》2016 年第 2 期。

〔48〕 谭世贵主编:《中国司法改革研究》,法律出版社 2000 年版,第 31 页。

力地塑造自己的公正形象，“公正是司法的生命线”这一命题也会在很大程度上唤起人们对司法的信任和预期。但是，愿望并不代表现实。人们可能没有想过，恰恰是这样一个内涵上其实并不十分清晰的命题造成了司法运行中的种种困扰，特别是当预期中的司法公正未能实现时，反而会使人们对司法丧失信心，继而对司法公信力造成伤害。为了实现司法公正，我们可以设计种种可能的路径和标准，甚至可以不断地制定各种制度和司法行为规范。但是，可以断言：在错综复杂的现实环境中，你或许可以无限地接近于公正，但你永远不可能达到公正的终极境界。换言之，理论上的司法公正正如“正义”这个概念一样，更像是一个抽象的哲学命题，不排除先验性思维和逻辑推论的正确性，但是，现实中的司法公正却是对生活世界的切实体验，离开了对现实社会和具体生活环境的深入考察，是不可能理解其中的真谛的。[49]

研究司法公正还要从对司法的认知开始。何谓司法？从字面上看，司法就是特定的主体执掌法律或执行法律，使法律得以贯彻和施行的行动。由于行动必须依赖一定的主体，因此对司法的理解也必须联系相关的主体才能获得确切的认知。关于司法的主体，学界有着不同认识，但大体可以分为泛义的理解、广义的理解和狭义的理解。泛义上的司法主体包括一切负有执行法律的职责或依据法律处理相关事务的主体，根据这个理解，法官、检察官、律师、公证员、仲裁

---

〔49〕 学界一般认为“公正”和“正义”是同一个概念，但严格说来二者应当是有区别的。有学者指出：“正义必然是善的，是对人类天生具有的需求和权利的满足，而不正义则是恶的，是对人类天生需要和权利的侵犯。而公正或公平主张的只是‘等利害相交换’的‘应得’或平等，并不包含更高的道义原则。……在多数情况下，公正是与正义一致的，这是为什么人们常常把公正与正义相混淆的原因。在英文中，Justice 也具有公正和正义等多重含义。但是并非在任何情况下，公正的都是正义的。例如在复仇或报复的情况下，片面地要求公平往往会损害双方的利益，而成为非正义的。”参见黄斌：《正义辨义》，载《探索》2002 年第 3 期。

员、调解员都可以说是司法人员，他们在相关职业或工作范围内所开展的活动都是司法活动。[50] 显然，这种泛义上的理解仅仅是建立在某种与法律相关的职业的基础之上，并没有从司法权本身的属性角度考虑问题。从司法权的属性上看，它只能是一种国家权力，即公权力，而不是任何一种民间机构或个人可以行使的权力。因此，为了理解司法的真正含义，对其主体范围作出一定的限缩是很有必要的。学术界对司法这一概念较为严谨的定义包括广义上的理解和狭义上的理解，这两种理解都是建立于司法权的专属性的基础之上。在我国，由于司法权由人民法院和人民检察院所享有，故广义上的司法包括人民法院的审判活动和人民检察院的法律监督活动。但是，由于审判权由法院独立行使，法院具有适用法律、依法解决具体的争议和纠纷的职能，所以，"从狭义上理解司法仅指法院的裁判活动"[51]。

笔者认为，对司法这一概念的理解，至少应从两个方面切入，一个是它的性质，另一个是它的功能。从性质上讲，司法权是一种国家权力，只能由特定的国家机关拥有，司法的主体及其职责是一种法律制度，司法机关依据法律的规定拥有司法权，并依法行使司法权；司法的程序是一种法律程序，而司法的决定则是具有法律效力的决定，必须不折不扣地贯彻执行。对司法作泛义上的理解并不能体现司法的国家权力属性，更不能解释司法程序的严肃性和司法决定的终局性。因此，对司法这一概念作限缩性的理解是符合这一概念的本质属性的。鉴于我国关于司法权配置的法律制度，广义上的司法包括法院的审判活动和检察院的法律监督活动，狭义的司法仅指法院的裁判活动，这一判断应当说是符合法律本意且具有理论上的合理性的。但是，对司法的这种理解并不全面，它偏重于揭示司法的性质及其主要职责，却难以说明司法的功能。如果对司法的功能缺乏必要的认识，则司法的概念只会停留在抽象的或理论的层面，对于司法在

[50] 参见左卫民主编：《中国司法制度》，中国政法大学出版社 2002 年版，第 4 页。

[51] 参见王利明：《司法改革研究》，法律出版社 2001 年版，第 6 页。

实践中的种种现实表现仍然难以作出准确的理解和评判。

从功能上看,司法权首先是国家公权力的表现,即国家通过司法的运行来保证法律的实施,进而实现国家政权的巩固和社会治理的目的。但是,司法并不总是以一种单一且固定的模式运行的。从司法运作的内容上看,至少可以将司法分为刑事司法与民事司法两种不同性质的类型。这两种不同类型的司法在基本目标、理念和运作方法上都有很大的区别,因此对所谓司法公正的评价也应当从不同司法的性质出发而设立不同的标准。

刑事司法的基本架构是国家公诉机关运用公权力追究被告人的刑事责任,相对于被告人而言,公诉机关占据绝对的优势地位,在公诉机关和被告人之间完全不存在平等对话的机制。正是由于这个原因,在刑事司法的证明制度中,公诉机关所承担的证明责任要远远大于被告一方,“非法证据排除”“疑罪从无”“被告不得自证其罪”等刑事司法原则才得以衍生并确立。在这样的架构之下,司法的公正只需要做到确保证据的确凿以及根据确凿的证据对被告人定罪量刑,并保证无证据证明有罪的人不受法律的追究。进而言之,在刑事司法中,对司法公正的要求及其相应的法律规范是较为明确的,其衡量标准也较易于为普通人所理解,只要司法机关严格依法行事,刑事司法的公正性的可信度和现实性就应该是有保证的,这个要求在司法实践中的具体体现就是程序的严格规范和证据的无懈可击。[52]但是,刑事司法的公正性逻辑在民事司法中却不能得到完全的实现,甚至有时候是完全不能实现的。民事司法的特殊性决定了民事司法公正性的特定含义,只有从民事司法的特有理念和特定规律出发才能正确理解民事司法的公正性。民事司法以解决民事纠纷为己任,其基本的司法格局是当事人双方完全平等的诉讼地位和法院运用司法规则在当事人之间寻求平衡,或者行使司法权对当事人之间的纠纷作出强制性裁判。在民事司法中奉行的是“谁主张,谁举证”的原

〔52〕 刑事司法实践中存在的冤假错案属于技术性错误或者人为造成的,另当别论。

则,当事人之间的胜负结果取决于当事人自身的举证证明能力,证明的标准以"法律真实"作为基本要求,而不是客观意义上的证据确凿的标准。更何况,在民事司法中调解方式的大量运用也更多地体现了对当事人合意解决纠纷的鼓励,而不是一味强调通过司法裁判追求一个非黑即白的结果。因此,以刑事司法的理念对接民事司法,或者以民事司法理念看待刑事司法,都是既不符合事实也不合乎逻辑的,笼统地强调司法公正,对刑事司法而言或许没有太大的障碍,但对民事司法而言却有些勉为其难了。

(二)民事司法公正性的理解

司法并不是赤裸裸的暴力,它应当是制度与理性相结合的产物,并且是以人类最一般的价值观念作为其运行效果的评价依据的,即司法的正当性和效用性不是以司法者的自我标榜为依据的,而是以社会公众的评价为依据的。因此,司法所追求的目标与社会公众对司法所寄予的希望应当是一致的,所谓"司法公正"这一概念也应当建立在社会公众对司法的普遍性认识和最一般要求的基础之上,借用一句官方话语,就是司法要"让人民群众满意"。民事司法的特殊性决定了民事司法公正性的特定含义,某个民事司法的决定是否公正,不是取决于作出这个决定的法官的自我判断,也不是取决于某一方当事人的单方评价,而是取决于这个司法决定在多大程度上为双方当事人所接受,在多大程度上切实化解了民事性质的纠纷。有学者指出:

> 司法公正是实践理性,不是从理论到理论的推理,不能使其凌驾于现实之上,成为一个空中楼阁。司法公正在正视诉争客观存在的前提下,应当能够妥善解决现实中的诉争问题,回应公众质疑,成为一种可以实现的公正。[53]

不得不说,对于民事纠纷的解决而言,这种见解是颇为确当的。

---

〔53〕 吴建国:《司法公正的民意之维》,载《华中科技大学学报》2014 年第 5 期。

或许有人说:司法的公正性难道不是以法律规定作为衡量标准的吗？的确,在一般人的概念中,司法决定是否公正的衡量标准就是看它是否符合法律的规定,合法性是司法公正的基本要求,所以,我们会要求法官严格遵守法律,“依法裁判”。其实,这个一般性的判断并不严谨。因为,所谓“合法性”本身并不是一个客观性判断,而是一个主观性判断,法律本身并不能自动地输出公正,而是要靠人的主观意识对适用法律的结果作出是否公正的判断。法律规范的特点之一是它的概括性或普遍性,它所假定的情形是对一般现象的高度抽象,而不是对个别现象的具体描述,因此,法官对法律的适用必须要经过一个从一般到个别的识别和转换过程,直到他主观上确信对法律的理解和适用符合公正的要求。尽管如此,从当事人的角度来看,因为他们所处的立场不同,对一个司法裁判的公正性仍然可能存在不同的评价,虽然他们的评判标准依然是这个司法裁判所适用的同一个法律规范。因此,以合法性作为司法公正的评判标准,就一般性的司法理念而言固然是应当提倡的,并且对于确保法律尊严和树立司法权威意义重大,但是,当“合法性”作为公正性的前提时,对这个前提的真实性就不能不持有谨慎的态度,即我们不能轻率地对一个司法结论作出合法或不合法的评判;我们可以说公正的裁判一定是合法的裁判,但我们却不能保证合法的裁判都一定是公正的裁判。

民事司法的目的就在于妥善地解决当事人之间的纠纷,公正性可以是司法追求的目标,但如果当事人之间的纠纷并未得到妥善的解决,那么,这种目标就失去了实际的意义,而仅仅是一个空洞的符号。不仅如此,当事人之间纠纷的解决还应当着眼于其良好合作关系的修复和维系,如果因为纠纷的解决而导致当事人之间的关系更加紧张,甚至反目成仇,那么,就不能说是实现了民事司法的目的。而这个目的的实现,仅以司法的公正性显然是难以涵盖的。为了正确理解民事司法的公正性要求,有必要认识民事司法本身的基本特征:

1. 当事人之间的协同性

民事司法以民事诉讼为基本表现,而当事人则是民事诉讼的基本要素之一。当事人包括原告与被告,因诉讼的启动始于原告的起诉,故有"无原告即无诉讼"之说。传统民事诉讼理论强调当事人之间的对抗性,认为两造之对抗构成民事诉讼的基本模式,由此将诉讼的场合描述成没有硝烟的战场,以"攻击"和"防御"比喻两造之间的紧张关系。诚然,就当事人的立场而言,以对抗性定义当事人之间的关系并无不当,任何一个诉讼在开始之际两造之间均会呈现出势不两立的态势,甚或欲置对方于死地而后快。然而,就司法的立场而言,其所应秉持的态度则是当事人之间的协同性,无论两造之间的关系如何紧张,在司法的环境下均应保持高度的克制与理性,法官的责任是缓解或消弭两造之间的对抗关系,而不是激化这种关系。因此,民事司法应当强调当事人之间的协同性,而不是他们的对抗性,因为对抗无益于纠纷的解决,甚至会造成两败俱伤,这并不符合民事诉讼的基本目标。[54]

2. 司法目的的效益性

民事司法以实现社会效益的最大化为基本目的,其中一个最为显著的指标就是民事纠纷的实质性解决,其次则是最大限度地减少人力、财力和时间资源的消耗。在民事诉讼中,当事人为了取得胜诉的结果可能会作出巨大的牺牲,甚至鱼死网破也在所不惜,但是,对于司法而言,却不应鼓励这种盲目的而又缺乏理性的追求。正是由于这个原因,民事诉讼目的的"纠纷解决说"才得到了学术界和实务界的广泛认同。[55] 民事司法的这种目的性,与刑事司法有着根本的区别。虽然从一般的意义上说,司法的目的尚包含社会的稳定和政权的巩固,甚至从抽象的意义上讲还包括正义或公正价值的体现,但是,如果将民事司法的目的上升到一般性原则和抽象价值的程度来

〔54〕 参见唐力:《辩论主义的嬗变与协同主义的兴起》,载《现代法学》2005 年第 6 期;肖建华:《构建协同主义的民事诉讼模式》,载《政法论坛》2006 年第 5 期。

〔55〕 参见汤维建主编:《民事诉讼法学》(第 2 版),北京大学出版社 2014 年版,第 13 ~ 14 页。

认识,恐怕不仅无助于民事纠纷的解决,甚至会模糊民事司法与刑事司法的界限,从而妨碍民事司法自身功能的正常发挥。

3. 判定结论的平衡性

对于民事诉讼,法官不得拒绝裁判,即任何一个诉讼案件,法官都必须作出结论性判定,即使这个案件的事实难以查清或者无明确的法律规定可以依循。如何做到这一点似乎是个难题,其实,民事诉讼的证据规则早已给出了相关的操作方法。根据民事诉讼的证明标准理论,在当事人双方都缺乏充分证据的情况下,法官亦可根据双方所提供证据证明力的大小对案件事实形成"高度可能性"的内心判断,从而判定证据证明力较大的一方当事人胜诉;即使案件事实最终还是难以查清(案件事实处于"真伪不明"状态),也可以根据证明责任分配规则,由提出主张的一方当事人承担因不能证明其主张成立的不利结果。[56] 应当说,民事诉讼的证明标准理论和证明责任分配规则的巧妙设计,为法官处理复杂疑难的案件提供了十分得力的工具,但不可否认的是,由此形成的裁判结果并非是建立在案件事实"证据确凿"的基础之上,而是一种法律技术运用的结果。这一结果并不一定符合"客观真实"的一般要求,而是利用证据规则的杠杆在当事人的争执之间寻求平衡的结果,这种平衡的结果与当事人所期待的"公正性"往往是有一定距离的。

上述民事司法的三大特征决定了民事司法的价值观和方法论,也决定了民事司法公正性的特有含义。在民事司法中,原告与被告的利益诉求永远是互相对立的,并且各方都认为自己掌握着真理的权柄。原告起诉时会要求法院主持公正,被告也会希望法官作出公正的裁决,所谓"公说公有理,婆说婆有理",当一方认为结果"不公正"时,就会引起强烈的抵制和抗争,要么到处上访,要么不断申诉,甚至以命相争。在这种情况下,任何关于公正的辩解都会显得苍

---

〔56〕 参见最高人民法院《关于适用〈中华人民共和国民事诉讼法〉的解释》(法释〔2015〕5号)第90条。

白无力，公正这条“生命线”也就濒于崩溃了。实践的教训是沉重的，但是我们并没有从这些教训中警醒：对于民事司法而言，抽象意义上的司法公正只能是一种无法兑现的美丽承诺。正如学者指出的：

> 公正作为“法律理想”和“法律评价”，具有一般意义上理念与评价的特征，作为主观意识，它的评判标准具有不确定性和难以把握的一面，而且在实现公正的操作方面也有其不可克服的局限性。[57]

那么，离开了“司法公正”这一普遍性理念的支撑，民事司法的权威性何以树立？民事裁判的公信力又从何而来呢？其实，对这一问题的认识长期以来是本末倒置的。司法的公正性来自它的权威性，而不是相反；裁判的公信力来自它的既判力，而不是观念上的公正性。我们说一个裁判具有“法律效力”，是因为它符合法律规定或法律原理，它是经过严格的法律程序而形成的，而不是因为它具有绝对的公正性。长期以来，我们的学术努力其实都是循着这一方向发展，但遗憾的是，那种运动口号式的“司法公正”把这一切努力都统统湮没了，其后果不仅严重阻碍了司法权威的树立，而且也使社会大众产生了不切实际的幻想。

总之，司法公正作为司法者所奉行的一项准则固然无可厚非，但这种理想化的准则不可能成为现实的司法运行规律和具体的司法运行机制的替代品，更不可能成为一切司法行为的最终衡量标准。民事司法以解决民事纠纷为要旨，如果民事纠纷不能得到妥当的解决，一切的“公正”都只能是纸上谈兵，并不具有实际的意义。因此，在具体的司法运作过程中，与其煞费苦心地追求司法的公正性，不如多一点关注特定司法场域的不同规律和可行机制，或许这才是所谓公

---

〔57〕 董皞：《司法功能与司法公正、司法权威》，载《政法论坛》（中国政法大学学报）2002年第2期。

正的真谛所在。民事司法不是也不应当是以实现绝对意义上的公正或正义作为自己的基本追求,它所应当关注的是民事纠纷的实际解决,并随着民事纠纷的解决,实现社会效益的最大化,包括当事人利益的最大化,这一点,应当成为民事司法的一个基本理念。

第二章　合意概念的溯源

一、基本语义分析

合意这个概念究竟起于何时,史料文献中的记载并不明晰。在中文古籍中,"合"字发源很早,属会意型文字,而且一直以来其字形基本无明显变化,甲骨文、金文和篆文大体相同,"会器盖与器体相扣合之意"[1]。《说文解字》对"合"的解释采会意之法,云:"合口也。从亼、从口。""亼"(读音"jí",古同"集")这个字的解释倒很详细:"三合也。从人、一,象三合之形。"可见这是一个象形字。至于"意"这个字,则是一个会意兼形声字,篆文从心、从音,"用心音会心思之意"[2]。现今"合意"一词的本意多解释为"合乎心意,中意"之意[3],其作为法律术语则表示"意思合致"或"意思表示一致"[4]。但据笔者考察,古人表"意思合(和)致"之意却一般不用合意一词,而多采用"协"字,如《尔雅注疏》有云:"勰、燮,和也","众之同和也"[5]。可见,至少在秦汉以前,合意这个词应该是不存在的。在晚清文书中,可偶见"合意"一词,但在表意上与现世亦有不同。如清道光三十年的一份"劝和家庭民事纠纷合同约"中就有"合意"一词,

---

[1] 谷衍奎编:《汉字源流字典》,华夏出版社 2003 年版,第 205 页。

[2] 谷衍奎编:《汉字源流字典》,华夏出版社 2003 年版,第 769 页。

[3] 莫衡等主编:《当代汉语词典》,上海辞书出版社 2001 年版。

[4] 参见江平、米健:《罗马法基础》,中国政法大学出版社 2004 年版,第 327 页。

[5] "勰"为"协"的古体,本意为"共同"。参见谷衍奎编:《汉字源流字典》,华夏出版社 2003 年版,第 235 页。"燮",读音 xiè,谐和,调和之意。

但这也是在两兄弟不和,经"族戚相劝"之后,两兄弟又重新和好,以致"合移同居,同心合意"。[6] 在《词源》中亦可见"合意"一词,不过其解释为"合于心意",并非"意思合致"之意。由此可知,现代意义上的合意一词在古文中是难觅其踪了。之所以如此,与中国古代的法律观念、制度以及诉讼文化有密切关系(关于这一内容在本书第四章"合意性机制的历史类型"中的第二节"压制型合意性机制"中还有详述)。根据以上考察,窃以为,现代意义上的合意一词并非产自本土,而是一个外来语,与源自西方国家的契约制度密切相关,因此,要了解现代意义上合意的本来含义,不能不溯及契约(合同)制度。

契约(合同)是典型的合意的产物。根据民法上债的发生原理,合同之债本质上就是一种合意的结果,王利明教授指出:"所谓合同成立,是指订约当事人就合同的主要条款达成合意。"[7]具体而言,一个合意的形成一般要经过"要约"与"承诺"两个阶段,最终实现"当事人意思合致"。可见,合意是契约的前提,没有合意就没有契约(合同)。

合同由合意而生,换句话说,合意是合同的前提或基础,这个原理早在古罗马时代就已经得到了明确的体现。周枏先生指出:

> 从本质上说,契约是双方当事人的合意。双方当事人以发生、变更、担保或消灭某种法律关系为目的的协议,就叫契约。在罗马法上,不仅私法上有契约的概念,公法和国际法上也有这个概念。[8]

古罗马五大法学家之一盖尤斯在《法学阶梯》中明确指出:"在

---

〔6〕 参见春杨:《晚清乡土社会民事纠纷调解制度研究》,北京大学出版社 2009 年版,第 66 页。

〔7〕 王利明主编:《民法》,中国人民大学出版社 2000 年版,第 341 页。

〔8〕 周枏:《罗马法原论》,商务印书馆 2001 年版,第 705 页。

买卖、租赁、合伙、委托中的债是通过合意（consensus）而形成的。”[9]在后世各国的立法中，关于契约的合意性大都持一致的表述。如《法国民法典》对契约的定义为：“契约为一种合意，依此合意一人或数人对于其他一人或数人负给付作为或不作为之债务”；《德国民法典》第305条规定：“以法律行为发生债的关系或变更债的关系的内容者，除法律另有规定者外，必须有当事人双方之间的契约。”但该法对订立契约的要约和承诺所作的规定却清楚地表明了合意的必要性，即只有对要约内容的完全同意，才是有效的承诺，正如萨维尼所指出的：“契约之本质在于意思之合致。”[10]在中国，古代社会“重刑轻民”、“重农抑商”，虽然契约的形式客观上是存在的，但对契约的合意本质并无明确的揭示。至近现代以来，随着西方法律制度和法学思想的引进，契约的合意性才逐渐得到体现和彰明，不过，这种合意性在具体的表达上却有着不同的方式，如“意思合致”“协议”“意思表示一致”等。我国台湾地区“民法”的“债编”中即规定：“当事人互相表示意思之一致者，无论其为明示或默示，契约即为成立。”（第153条）而我国《民法总则》第134条规定：“民事法律行为可以基于双方或者多方的意思表示一致成立，也可以基于单方的意思表示成立。”我国《合同法》第2条规定：“本法所称合同是平等主体的自然人、法人、其他组织之间设立、变更、终止民事权利义务关系的协议。”可见，对于契约的合意性，从立法例来看，我国大陆地区和台湾地区均持“意思表示一致”的原则（经单方作出意思表示即成立的合同属特定形式的合同，如赠与合同），而这种意思表示一致的表现形式则为协议。王利明教授指出：

> 协议一词，在民法中有时作为合同的同义语，也可以指当事人之间形成的合意。由于合同是两个或两个以上的意

---

〔9〕［古罗马］盖尤斯：《盖尤斯法学阶梯》，黄风译，中国政法大学出版社2008年版，第177页。

〔10〕参见郑立：《论合意（协议）是合同理论的基石》，载《法学家》1993年第4期。

思表示一致的产物，因此当事人只有在平等、自愿基础上进行协商，才能使其意思表示达成一致，如果不存在平等自愿，也就没有真正的合意。[11]

可见，在我国的民法理论中，关于合同的合意性也是得到普遍承认的，只不过在立法中没有直接使用这个称谓罢了。从合意与合同（契约）之间的密切关系可以得知，合意的概念与合同的概念具有同样古老的渊源关系，因此可以说，合意这个概念是从合同原理的阐发和界定中被发明并传承下来的。

那么，合意一词究竟传达了一种什么样的意念，其确切的含义究竟是什么？

首先，关于合意的本质特征，学界主要有两种相反的主张和解释，即主观主义的合意与客观主义的合意。我国台湾地区学者有如此解释：

> 合意者，乃二或二以上当事人意思表示之一致之谓也。……法律上所认之合意，乃客观之合意，而非主观之合意。换言之，法律只认表面上有无合意之事实，不问双方当事人之内心如何。故所谓合意非内心之合意，乃系事实上之合意，事实上之合意，可以行为推定。易言之，当事人之合意与否，非以其意思而定，而以其表示为准。[12]

王泽鉴先生也认为："所谓合意，终究言之，系指经由解释所认定的'表示内容的一致'，而非指内心意思的一致而言。"[13] 显然，这种解释所持的观点是客观主义的合意，即合意是否存在，无须细究当

---

〔11〕 王利明主编：《民法》，中国人民大学出版社 2000 年版，第 329 页。但笔者认为，"协议"即"合意"是现代法律语言中约定俗成的表述，在我国古代，"合意"一词并无现代的含义，在古代文书中，合意的意思多以"协"字表达，参见前文。

〔12〕 《云五社会科学大辞典》（法律学分册），台湾商务印书馆 1977 年版，第 99 页。

〔13〕 王泽鉴：《债法原理》，北京大学出版社 2009 年版，第 148 页。

事人的内心活动如何,而只看其外部行为,即意思表示,只要当事人作出了“承诺”或“同意”的表示,即可视为已经达成合意。另据学者考察,《德国民法典》与《法国民法典》对合意的本质有着不同的表述:“《德国民法典》是从法律行为的角度来界定契约的,……立法者偏重于当事人意思表示于外部的客观行为”,而《法国民法典》由于把“负担债务当事人的同意”作为契约有效成立的要件之一,因此,这种合意“不仅包括表意人意思表示的外部行动,而且也包括表意人的内心的真实意思。如果债务人同意系由于误解或欺诈、胁迫的结果,则法律不认为其同意已有效成立”。〔14〕 不过,综合而言,关于合意的本质特征持客观主义观点的为大多数,基本都以“意思表示”的一致性作为判断合意的基本标准。如《牛津法律大辞典》将“合意”解释为:“谈判的双方,特别是订立合同的当事人之间意见一致的状态”;〔15〕由我国学者编辑的《民商法学大词书》的解释为:“当事人之间意思表示一致,包括双方都具有达成某种协议的意思表示,但其具体意图、目标不同、方向交叉的合意与双方或多方意思表示一致、具体目标相同、方向平行的合意。”〔16〕同时,我国台湾地区和大陆的民事立法例所取的立场均为客观主义立场。

其次,关于合意的语义表达,在中文和外文(以英文为例)之间也存在一定的差别。中文的合意,字面含义为“意思合致”,法律上的解释一般为“意思表示一致”,着重强调行为上的意义;“合意”与“协议”虽可互作诠释,但二者的区别也是显而易见的。但英文对合意一词的表达就要复杂一些,如:“consent”“consensus”“agreement”都有合意的意思,可见,“合意”与“同意”在英文中并无明显区别。但笔者认为,就合意的本意而言,准确的意思是指意见的一致性,而同意是对他人意见的一种态度,并不是指双方意见的一致,故“con-

〔14〕 郑立:《论合意(协议)是合同理论的基石》,载《法学家》1993 年第 4 期。

〔15〕 《牛津法律大辞典》,光明日报出版社 1988 年版,第 198 页。

〔16〕 江平、王家福主编:《民商法学大辞书》,南京大学出版社 1998 年版,第 327 页。

sensus”似较为恰当。“consensus in idem”作为“合意”的诠释见于《牛津法律大辞典》,该词典将“consent”解释为“同意”而不是“合意”:“指默认某思维判断或决定实施该判断的人的意志。同意总是意味着对认为合乎需要的判断、考虑随意作出默认的自由。只有在人们不是因愤怒而盲目,不是醉态、无知或受欺骗,并且以不存在胁迫和欺诈为前提,才有着自由的同意。”[17] 显然,这个解释相较于“合意”而言,在内涵和外延上已经相去甚远。

二、相关概念辨析

(一)合意的相关概念

由以上关于合意一词的来源和基本语义的分析不难发现,合意这个概念在实际运用中常常和其他一些意义相近的概念相互缠绕,有时甚至可以互相取代。但是,它们之间的微小区别在特定的语境下却有着完全不同的意义,正所谓“差之毫厘,谬以千里”,因此,有必要对它们在不同语境下的含义加以辨析。

1. 合意与协议

与“合意”最为接近的概念是“协议”这个概念,它们常常可以互相取代,但有时又具有不同的内涵。例如,如果说“在当事人之间达成了合意”,也可以说成“在当事人之间达成了协议”,这种表述通常是指就某一事项经过协商形成了意见一致的结果,这是“合意”和“协议”的共同之处。但是,二者也是有区别的。“在当事人之间达成了合意”既可以指就事项的全部内容经当事人协商一致形成了正式的结果,也可以指就某一个具体的问题形成了暂时的一致意见;而相比之下,“在当事人之间达成了协议”就要正规一些,一般是指就事项的全部内容形成了正式的结果。而且,合意不一定要形成正式的书面文件,它可以是“备忘录”或者是“会议记录”,但协议一般是

---

〔17〕《牛津法律大辞典》,光明日报出版社 1988 年版,第 198 页。

正式的书面文件,常见的有"关于……的协议"或者"……协议书"。因此,"协议"这个概念有两种不同的属性,一个是与"合意"相同的属性,表示"协商一致"的状态,另一个则是经协商一致所形成的正式书面文件的属性。就第二个属性而言,"协议"与"合同"或"契约"又形成了共性,只不过不如后者显得正规罢了。如此看来,"协议"这个概念可以说是一个中性的概念,具有较为广泛的用途,在学术研究和生活实践中拥有较高的出现频率。如有学者在考察"合同"这一概念时就如此表述:"合同是当事人协商一致的产物或意思表示一致的协议",但同时,又认为"合同是合意的结果"。〔18〕这就不免令人产生疑惑:合同究竟是以"意思表示一致"为前提还是以"合意"为前提?笔者认为,之所以会存在如此的疑惑,与大陆法系学者对合同性质的认识有关。如前所述,大陆法系学者一般认为合同是当事人"意思表示一致"的产物,这里所强调的显然是"表示上的一致性",它与"意思上的一致性"明显不同。为了区分这种不同,学者们将合意限定为"表示上的合意",即"客观上的合意",但是,这种区分或许过于微妙,以至于出现了"合同是合意的结果"这种似是而非的表述。但这种情况在英美法系学者那里似乎并不是个问题,因为他们认为合同就是一种允诺,〔19〕无论当事人的内心意思如何,也无论是否存在"意思上的一致性",只要一方对另一方的要约作出了承诺,有效的合同就形成了。因此,合同可以是合意的结果,也可以不是合意的结果。从这个意义上说,"合意"在"协议"的第一个属性即"协商一致"的属性上是有重合的,因此可以互相取代;而在"协议"的第二个属性即与合同重合的属性(对要约的承诺)上却有不相容之处,应当谨慎对待。

另外,合意与协议在行为意义上还存在密切联系。通常意义上,合意的过程也就是协议的过程(也称为"协商"),但是严格来说,二

---

〔18〕 参见王利明主编:《民法》,中国人民大学出版社2000年版,第329页。

〔19〕 参见王利明主编:《民法》,中国人民大学出版社2000年版,第328页。

者还是有所不同的。作为行为而言,合意与协议在先后顺序上是有差别的,合意主结果,而协议主过程。从结果看,如果达成了合意,可以说这个过程是一个合意的过程;如果未能达成合意,也可以说是一个协议的过程。因此,行为意义上的协议不要求一定有结果,而合意则要求结果的实现。所以,在日常生活中,协议(协商)是经常性的,任何一个双方希望达成一致的事件都可以进行协议,但要真正达成合意,可能还需要经过一定的努力。

2. 合意与同意

另一个与"合意"较为接近的概念是"同意"这个概念。按照《现代汉语词典》的解释,同意即"对某种主张表示相同的意见"[20],显然这是对他人主张的一种态度,具有时间上的先后顺序,应该是在他人的意见提出之后才会发生。但在生活实践中,同意与合意常常出现混淆,一种常见的说法是:如果一方对另一方提出的方案或意见作出同意的表示,那么就意味着双方达成了合意。然而,这个看似合乎逻辑的判断真的无懈可击吗?

按照合意的本质要求,必须是双方当事人的"意思表示一致","同意"也可以说是一种意思表示,但这里还存在一个意思表示是否真实的问题。关于意思表示真实性的效力认定,在民法理论上历来存有争议。意思表示真实固然对当事人形成法律上的约束力,但是,意思表示不真实,却不一定不会对当事人形成法律约束力:"意思表示不真实,并非法律行为无效的必然原因。"[21]王利明教授将意思表示不真实的情形做了以下的归纳:第一,意思与表示不一致,即行为人的内心意思与外部的表示行为不一致,主要有"真意保留""虚伪表示""隐藏行为""错误""讹传"等情形;第二,意思表示不自由,主要有"欺诈""胁迫""乘人之危"等情形。一般认为,上述第一类情形的意思表示应当区分具体情况,而不能一概认为无效;而第二类情

〔20〕《现代汉语词典》,商务印书馆 2005 年版。

〔21〕王利明主编:《民法》,中国人民大学出版社 2000 年版,第 107 页。

形则是法律明文规定的无效的情形。[22] 笔者认为,上述第二类情形显然不属于“合意”要求的意思表示,应当完全予以排除;而第一类情形是否具有“合意”的属性,还应考虑表意人的表示方式,即表意人是主动提议还是附和同意。提议和同意是两种不同的意见表达方式,提议者往往占据主动地位,而同意者则往往处于被动地位,其所处地位的不同对可能发生的结果也会产生决定性的影响。根据社会心理学的研究,在特定的外界影响之下,一个人有可能不自觉地产生“内心顺从”,这种影响取决于影响者的数量、实力以及与被影响者的接近性。例如警察在讯问犯罪嫌疑人时,通过一定的策略有可能使一个无辜的人相信自己确实是有罪的。[23] 因此,从意思表示的真实性来说,作出“同意”表示的一方可能是在各种因素的影响下,经过比较、权衡并结合自己的经验和判断所作出的一种被动的决定,他所表达的意思确实是出于自己的“表示”,却未必是出于自己真实的意愿。如在现实生活中,人们往往会因为一个仓促的决定而在事后感到后悔,就很能说明这个道理。因此,当人们说出“我同意”时,未必就是其真实意愿的表达,也未必是和提议者之间达成了真正的合意,只有透过其表示同意的背后因素的分析和判断才能作出接近真实的结论。[24]

(二)合意的基本形态

由前文对合意概念的考察可以得知,关于合意的表现形式绝非只限于一种单纯的解释,虽然“意思表示一致”这种表达方式一般不

---

〔22〕 参见王利明主编:《民法》,中国人民大学出版社 2000 年版,第 105 ~ 107 页。

〔23〕 心理学家在这里举出了“屈打成招”的例子,但综合来看,所谓“屈打成招”并不是指刑讯逼供,而是指运用了带有一定压力和诱导性的方法。参见[美]斯蒂芬·弗兰佐:《社会心理学》(第 3 版),葛鉴桥等译,上海人民出版社 2010 年版,第 291 ~ 293 页。

〔24〕 真正合意的达成除了意思表示的“真实性”之外,还包括“自主性”和“公平性”等必要因素,这部分内容在下文将有论述。

会产生语义上的歧义，但是，在不同的场合和语境下，“意思表示一致”却极有可能包含其表达的意思与主观愿望并不一致的内容。为此，将合意的表现形式进行类型化的归纳与分析，从不同的角度观察合意的表现形式，进一步明确合意的不同类型是很有必要的。下面，笔者将就合意的几种相对存在的类型加以分析。

1. 主观的合意与客观的合意

这种划分的标准是从第三者立场判断合意是否成立的依据，即判断合意是否成立，是依据主体内心的真实意愿，还是仅仅依据主体的外部表示。以主体内心意愿为依据即为主观的合意，以主体外部的表示为依据而不考虑其内心意愿，则为客观的合意。如前所述，在民法学理论上，主流的观点是持“合意的客观主义”主张，认为法律只承认“表面上有无合意之事实”，而“不问双方当事人之内心如何”。不错，从法律规范的基本属性来看，它所规制的只能是人们的外部行为，至于人们的内心活动显然不属于作为“行为规范”的法律的范畴，正所谓：“法律所涉及的是人类的外部表现和活动，通常它对人类的内心动机不感兴趣。”〔25〕但是，让笔者感到疑惑的是：如果一种外部的表示与当事人的内心愿望并不一致，那么，这种合意是否具有正当性和可靠性呢？尽管法学家们可以从法律的基本属性对这一问题作出惯常的解释，但是，这种关于合意只看外部表现而不顾及内心意愿的解释不仅有悖于逻辑规律，而且也会埋下无穷的隐患。因此，笔者认为，将这种关于一般法律行为的思维模式套用于关于合意行为的认知未免存在武断之嫌。这种认知没有意识到，合意行为不仅仅是一种实践理性主导下的法律行为，同时也是一种道德行为，从道德理性的角度观察和认识合意行为的价值和意义不仅是必要的而且是可欲的。事实上，关于民事法律行为效力的成立要件之一就是“意思表示真实”，而意思表示是否真实仅从当事人的外部行为表

〔25〕［美］彼得·斯坦、约翰·香德：《西方社会的法律价值》，王献平译，中国法制出版社2004年版，第6页。

现是难以作出准确结论的,必须综合多方面的因素加以分析和判断。在这一点上,我国《民法总则》采取了十分谨慎的态度,如《民法总则》第142条规定:"有相对人的意思表示的解释,应当按照所使用的词句,结合相关条款、行为的性质和目的、习惯以及诚信原则,确定意思表示的含义。"

2. 确定的合意与推定的合意

从合意的确认方式划分,可以将合意分为确定的合意和推定的合意。确定的合意即双方当事人都作出了明确的合意表示,双方意思的一致性确定无疑;而推定的合意则是根据当事人的行为所作出的一种判断结论。确定的合意与推定的合意也反映了合意的明确程度,因此也可以称为明示的合意与默示的合意。这种情形在合同的订立中有着显著的表现。在合同条款中,当合意性的表述不是很明确时,也可以根据合同条款的具体内容或者相关事实推定当事人的意思表示。例如,在加工承揽合同中,关于合同标的物的款式和色泽在合同中并没有作出明确规定,但是,承揽人是按照定作人交付的样品或图纸进行加工生产的,或者在承揽人交付产品后的限定期内定作人并未提出任何异议,便可以推定双方在标的物的款式和色泽上是达成了合意的。这种推定的合意还可以用于合同订立中以行为作出承诺的情形。在一般情形下,受要约人只有在规定的期限内作出了明确的承诺,合同才算成立,"逾期的承诺在民法上被视为一项新的要约"[26]。但是,如果交易习惯或者要约的内容并不禁止以行为作出承诺,而受要约人如果在规定的期限内以具体的行为作出了承诺,则也视为一种有效的承诺,这也就意味着双方的合意是成立的。诚然,合同的订立是一种典型的法律行为,推定的合意在合同订立中的意义是毋庸置疑的。但是,笔者注意到,推定的合意在合同订立中的意义是建立在必要的限定条件之上的,例如相关的事实、交易习惯以及符合要约的诸种条件等。但这种合意的推定并不具有普世的意

---

〔26〕 参见王利明主编:《民法》,中国人民大学出版社2000年版,第353~355页。

义,在某些特定的场合,当合意失去了客观存在的限制性条件,而只能以当事人的内心意愿为根据时,推定的合意的正当性就是值得怀疑的。因此,在纠纷解决的场合,应当慎行推定的合意。

3. 交叉的合意与平行的合意

这种合意的划分具有显著的技术性意义,即它是根据合意双方的目的和合意愿望的趋向所作出的划分,这种划分有利于把握合意形成的时机、策略和方法。交叉的合意即合意双方的目的或期望的目标是不一致的,甚者是完全相反的,但是,经过权衡利弊和反复交涉之后,双方最终在某个节点上达成了一致,形成了合意。例如商品买卖双方的合意,买方的目的是以尽可能低廉的价格获取卖方的商品,而卖方的目的则是通过其商品的出售获得尽可能多的利润,如果经过讨价还价,最终确定了一个双方都认为满意的价格而完成交易,也就说明双方达成了合意。再如在刑事"辩诉交易"中,控方的目的是通过被告人的认罪减轻其为严格证明责任所付出的时间成本和经济成本,并期望取得最好的社会效益,而辩方的目的则是希望以适当的代价为被告人获得免除或减轻刑罚的利益。有学者指出:

> 在辩诉交易过程中,控方所做的让步就是对被告人作出降格指控、撤销部分指控、向法官建议从轻量刑的决定,以换取被告人对犯罪行为的承认,由此带来的证明责任的卸除和证明标准的降低,以及诉讼效率方面的利益。被告人则以认罪换取检察机关减轻指控或从轻量刑建议的利益。〔27〕

可见,交叉的合意在目标与合意趋向上具有逆向性和对立性,其合意失败的风险较大,但合意一旦形成,双方各自的预期利益也会得到实现。与之相反,平行的合意在目标上和合意趋向上是一致的,其

〔27〕 刘少军:《刑事审判中的对抗与合意》,中国人民公安大学出版社2009年版,第151~152页。

中合意趋向的一致性取决于目标的一致性。由于双方的共同点较多,因此也较易于形成合意。例如在各种类型的合作合同中,合作双方的目的和合意趋向是一致的,只是在具体的操作细节和实现方法上需要共同协商取得一致意见。这类合意的双方一般具有共同的利益和合意形成的共同趋向,因此也较易于达成共识。需要注意的是,交叉的合意与平行的合意并非总是孤立现象,而是存在互相转化的可能。合意目的互相对立的双方经过交涉、谈判、协商或者第三者斡旋之后有可能逐渐消除对立,形成更多的共同点,从而使合意朝着平行方向发展;平行的合意也有可能因为利益的冲突难以协调而出现互相对立、僵持的状态,最终却形成了存在“保留条款”或者附条件的合意。但无论如何,只要合意能够最终达成,从当事者各自的角度来看也就意味着其合意目的的全部或者部分的实现。从这个意义上说,无论是交叉的合意还是平行的合意,其结果总是蕴含一种双赢的契机。

4. 积极的合意与消极的合意

或许由于合意对于争执双方的分歧和矛盾具有弥合与化解的功能,最终能够实现双方共赢的结果,所以人们对合意的方式总是青睐有加。但是,人们所看到的往往是合意的结果,而不是合意的前提和过程。从结果上看,合意总是给人一种温和妥当的感觉,但是,在这种温和与妥当的背后却有可能潜伏着难以觉察的危机,一旦出现了一定的诱因,这种危机便有可能爆发,从而造成与合意的初衷相反的后果,例如协议虽然达成却不能被顺利执行这种常见的现象。要想对这种现象从理论上加以揭示,就有必要关注合意的前提和过程,也就是合意形成的积极因素与消极因素。积极的合意与消极的合意是根据合意过程中当事者的主观态度进行划分的。在积极的合意中,当事者的主观态度是主动的、合作的,因此,合意的结果一般也能得到顺利的实现;而在消极的合意中,当事者的主观态度则是抵触的、迁就的,因此,虽然最终达成了合意,这种合意的基础却不够牢固,难以保证其顺利实现。由此可以得出结论:合意并非总是温和、妥当的，合意的结果对于当事者而言可能十分满意，但也可能心存不满却勉强接受。这就提醒我们在对合意结果进行判断时，应当结合合意过程中当事者的主观态度，包括成因和动机进行分析，以期对合意结果作出一个客观的评价。

第三章　合意性机制的基本问题

一、“合意”与“合意性机制”的区分

如前所述，合意这个概念最初是来自民法上的合同关系理论，但是，和请求权、处分权、形成权等概念一样，它们往往是实体法和程序法共同使用的概念，虽然在不同的法律部门中其内涵和外延也存在一定的区别。本书所论述的合意属于纠纷解决的合意，它与程序法上的合意或者“诉讼法上的合意”既存在密切的联系也有一定的区别。因此，对合意这个概念的把握，首先需要区分实体法上的合意与程序法上的合意，在此基础上还有必要进一步将程序法上合意与纠纷解决的合意加以区分。纠纷解决的合意蕴含于各种形式的纠纷解决机制之中，对各种形式的纠纷解决机制中的合意因素加以整合、抽象，便形成了纠纷解决的合意性机制这个概念。因此可以说，纠纷解决的“合意”与“合意性机制”是内容与形式、目的与手段的关系，对纠纷解决合意的研究必然离不开对纠纷解决合意性机制的研究，反之亦然。因此，在纠纷解决的合意性机制这个命题中，对合意本身的研究就具有理论上的必要性。

实体法上的合意的情形十分普遍，除了合同关系是一种典型的合意之外，诸如家庭财产的分割、相邻关系的处理、典当、抵押的形成以及民事责任的承担等等，都可以建立在合意的基础之上。这是因为，民事权利从本质上讲是一种私权利，而私权利是可以由权利人自由处分的，即所谓“私权自治”。实体法上合意的表现形式是“意思表示一致”，只要当事人在行为上作出了一致的意思表示，一种特定

的法律关系即可成立。当然,某些权利和关系是禁止通过合意进行处分的,如生命权、健康权、身份关系以及须经国家主管机关授权或批准的企业经营权和企业经营范围等。

程序法这个概念是与实体法相对而言的,一般认为,诉讼法是典型的程序法,但并不等于程序法的全部。有学者指出:"民事诉讼法是民事程序法的主要组成部分,在民事程序法中起主导作用。"[1]从这个表述可以看出,程序法并不仅仅是民事诉讼法的专有概念,除民事诉讼法之外的其他法律规范——包括民事实体法律规范——都可能含有程序规范的内容。因此,所谓程序法上的合意,是指所有与法律程序相关的合意,而不仅仅是指诉讼法上的合意。例如,签订一个合同是否要进行公证就是一个程序性问题,夫妻协议离婚需要签订离婚协议并到婚姻登记机关进行登记,也是一个程序问题,虽然这些问题并不涉及诉讼,但它们都属于程序性合意。

与程序法上的合意最为接近的也是最容易混淆的是诉讼法上的合意,这是因为诉讼法本身也是程序法,而且是程序法中的主要部分。但是,诉讼法上的合意不仅包含程序性内容,也包含实体性内容。诸如合意管辖、合意选择适用的程序、合意确定证据方法、诉讼上和解等等。有学者指出:

> 民事诉讼中的合意,是指当事人之间达成的以直接或间接发生民事诉讼法上效果为目的的契约。其不同于民事合同之处主要在于:第一,民事诉讼合意的客体既包括实体权益,又包括程序事项,比私法上的契约范围要广;第二,民事诉讼合意的约束力不只局限于当事人之间,而且可能及于法院和其他诉讼参与人,对诉讼进程和结果能产生相应的影响。换言之,民事诉讼合意在一定程度上构成对法院

[1] 江伟主编:《民事诉讼法》,高等教育出版社2000年版,第17页。

审判权的限制和制约。[2]

另有学者更为直接地认为:"民事诉讼中的合意性纠纷解决机制系指民事诉讼中,当事人基于双方的协商、合意决定程序问题以及实体性问题并进而解决纠纷的一种机制。"[3]这就说明,诉讼法上的合意是就部门法的角度而言,而程序法上的合意是就广义上的程序法规范的角度而言,二者的角度不同,涉及合意的范围也有所不同。当然,其中也存在部分交叉和重叠的内容。

值得注意的是,由于诉讼法上的合意包含了实体性和程序性的双重内容,因此与纠纷解决的合意似乎是同一个意思。但实际上,与诉讼法上的合意相比,纠纷解决的合意不仅范围不同,而且在具体内容和表现方式上也存在较大的差异。纠纷解决的合意除了诉讼法上合意之外,还包括其他纠纷解决机制中的合意,而每一种纠纷解决机制中的合意从内容到形式都有一定的区别,这也是纠纷解决的合意性机制这一命题的事实性根据。

纠纷解决的合意这一概念的主旨或核心思想就是"纠纷的解决",其重点在于"解决"二字。换句话说,纠纷解决的合意的主要目的就在于纠纷解决结果的实现,如果不是围绕着这样的目的,如果纠纷没有获得最终的解决,那么就不能称为纠纷解决的合意。但是,由于纠纷的解决过程必然要涉及程序事项的安排,因此,也不能排除程序法意义上的合意。因此,纠纷解决的合意是综合了实体法和程序法两个法律范畴的合意。诉讼法上的合意虽然也包含实体意义上的纠纷解决,但毕竟是囿于"诉讼"这样的氛围,它可能涉及实体性争议的解决方案,但并不一定意味着纠纷的彻底解决。因此,纠纷解决的合意与诉讼法上的合意的重大区别就在于:前者注重的是纠纷解

〔2〕 王杏飞:《和谐社会语境下的诉讼合意——以民事诉讼为视角的分析》,载《华东政法学院学报》2006 年第 3 期。

〔3〕 张嘉军:《和谐社会与民事合意性纠纷解决机制》,载《理论探索》2007 年第 4 期。

决结果的实现,追求纠纷的实质性解决,而后者注重的是公共秩序维护和私法利益实现二者之间的平衡,两者的侧重点是有所不同的。[4] 但是,不能排除的一种现象是,在诉讼法上的合意中,也可能蕴含纠纷的实质性解决这样的可能性,例如,当事人之间的自行和解(实践中也称"庭外和解"),或者经法院调解后在当事人之间达成了实质意义上的合意的情形。不过,这种情形并不属于诉讼法上合意的本来含义,而是诉讼中的"合意性机制"促成的结果。有学者指出:"合意性纠纷解决机制具有快速化解纠纷、切实解决纠纷等功能,合意性纠纷解决机制的这些功能尤其有助于社会的和谐与稳定。"[5] 这里所强调的显然是合意性机制的价值和功能,也就是在诉讼机制中存在的合意性机制所发挥的作用,而不是诉讼机制本身所产生的必然结果。

合意性机制这个概念是和强制性机制相对而言的,通过合意的方法解决纠纷的机制就是合意性机制,反之,通过强制的方法解决纠纷的机制就是强制性机制。不过,在具体的纠纷解决实践中,合意性机制与强制性机制并不总是处于非此即彼的对立状态,在一定的条件下,这两种不同性质的机制之间也可能会互相转化。关于这一点,在日本学者棚濑孝雄对纠纷解决过程的类型化分析中有着很好的体现。棚濑孝雄认为,纠纷解决的过程可以分为方向相反的两种类型,它们以两条相互独立的基轴来构成。第一条基轴按纠纷是由当事者之间自由的"合意"还是由第三者有拘束力的"决定"来解决而描出,第二条基轴则表示纠纷解决的内容(合意或者决定的内容)是否事先为规范所规制这一区别。把这两条基轴组合起来,就可构成现实纠纷解决过程类型的坐标图(见图 3 - 1):

---

〔4〕 例如诉讼中的调解不仅要体现"自愿"原则,还要遵循"合法"原则,这是诉讼上调解与诉讼外调解的重要区别之一。

〔5〕 张嘉军:《和谐社会与民事合意性纠纷解决机制》,载《理论探索》2007 年第 4 期。

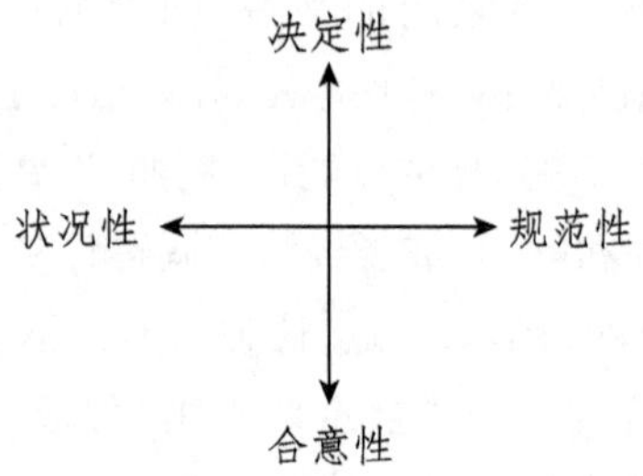

图3-1　纠纷解决过程类型

在这个坐标图中,“决定性”的纠纷解决是建立在第三者拘束力的基础之上的,而“合意性”的纠纷解决则是建立在当事者之间的自由意志基础之上的,两者所追求的目的与方向显然是具有相对性的;同时,这个坐标图也表明,纠纷解决的方式(“决定性”与“合意性”)必然要受到“状况性”和“规范性”的制约和影响。棚濑孝雄特别指出:

> 所谓根据合意的纠纷解决,指的是由于双方当事者就以何种方式和内容来解决纠纷等主要之点达成了合意而使纠纷得到了解决的情况。……但是,如果把所有根据合意的纠纷解决都看作建立在当事者自由合意基础上的一种交涉过程,就会导致忽视这种纠纷解决过程中内在的规范性契机的错误。在现实的合意过程中,总存在规范性的契机……。[6]

将现实生活中的纠纷解决过程以合意还是决定、状况性还是规范性的类型来加以截然区分是不可能的。这些因

〔6〕［日］棚濑孝雄:《纠纷的解决与审判制度》,中国政法大学出版社2004年版,第10～11页。

> 素总是混合在一起，而且混合的程度随纠纷当事者、利害关系者以及社会一般成员的利益所在、他们相互间的力量对比关系、与其他纠纷解决过程的关联情况等状况的不同而多种多样。〔7〕

这里显然强调了“合意性”与“决定性”之间的关系。纠纷的解决并不总是按照一个固定的模式朝着一个确定的方向发展，合意当中“总存在规范性的契机”，而“决定”的内容也会受到多种因素的影响，所以，作为纠纷解决机制来说，合意性机制与强制性机制常常处于混合状态，在特定情况下，甚至可能互相转化。这就进一步说明，对于实践中存在的纠纷解决机制，如果以合意性机制和强制性机制做硬性的划分，可能并不符合这两种标准建立的初衷，因为这两种属性常常是混为一体的。但是，从概念上区分合意性机制与强制性机制却是完全有可能的，而且也符合相关理论研究的规律性和必要性。

由以上分析可知，纠纷解决的合意包括程序法意义上的合意和实体法意义上的合意，或者称为过程的合意和结果的合意。程序法意义上的合意是指包括诉讼机制中的合意在内的所有纠纷解决机制中的合意，它们共同构成了纠纷解决的合意性机制；而实体法意义上的合意只有在合意性机制中才能真正实现，它与合意性机制是内容与表象、目的与手段的关系。因此可以说，纠纷解决的合意是指纠纷当事人通过合意性机制自主地达成解决纠纷的方案，使纠纷得到实质性解决的情形；而纠纷解决的合意性机制则是促使当事人自主地达成纠纷解决方案的程序性安排，包括调解、协商、谈判等具体的运作过程。纠纷解决的合意主要是一种实体性、结果性判断，但这种结果的形成离不开具体的程序性运作，它们在具体的实践中常常处于混合状态，只有通过理论的抽象才能发现合意的这种特性，这就为合

---

〔7〕［日］棚濑孝雄：《纠纷的解决与审判制度》，中国政法大学出版社 2004 年版，第 14 页。

意性机制命题的必要性与合理性提供了充足的理由。

二、合意性机制的理论范畴

在人文与社会科学理论研究中,确定研究对象的理论范畴是首先需要完成的任务。从哲学的角度看,所谓范畴就是反映事物本质属性和普遍联系的基本概念,是人类理性思维的逻辑形式。[8] 范畴本身也是一种概念,但是,它是更为抽象和概括性更强的概念。如果说概念的形成和运用是进行理论研究的必要方法,那么范畴的建立就是由一系列概念而组成的理论体系形成的标志,只有在范畴的规定之下,才能从事各种既定的理论思维和理论研究,"如果在认识过程中没有产生新的概念、范畴,那就意味着对客体的认识还停留在感性阶段,还没有进入理性思维阶段,还谈不上理论活动和理论表现"。[9] 对纠纷解决中合意现象的研究同样需要解决理论范畴的问题,即它所关系到的一系列具有独特性内容的概念体系,以及这些概念相互之间的区别和联系。只有这样才能正确把握纠纷解决中的合意这种客观事物的本质属性,揭示它的运作机理,并从理论的高度对它的价值和功能作出评判。概言之,纠纷解决中合意的理论范畴就是关于纠纷解决中的合意所要研究的对象和内容,这些对象和内容决定了纠纷解决中合意的研究范围和主要任务,从而形成了纠纷解决中合意的基本理论体系。鉴于纠纷解决中合意这个概念从属于一般性合意这个上位概念,故它所涉及的概念体系与一般性合意所涉及的概念体系具有部分重合性。但是在纠纷解决的特殊语境下,其内涵与外延却表现出与一般性合意不同的特点,正是这些特点构成了纠纷解决中合意的基本的范畴体系。本书拟从纠纷解决中合意的价值和意义、目的与动机、内容与形式以及合意的正当性基础四个方

[8] 参见《中国大百科全书·哲学卷》,中国大百科全书出版社 1987 年版,第 200 页。

[9] 张文显:《法哲学范畴研究》,中国政法大学出版社 2001 年版,"绪论"第 2 页。

面构筑纠纷解决中的合意性机制的理论范畴。[10]

（一）合意的价值和意义

从哲学的意义上说，价值是客观事物和社会主体之间的一种关系范畴，它反映了人与外部世界之间的需要与满足的关系，"'价值'这个普遍的概念是从人们对待满足他们需要的外界物的关系中产生的"[11]。尽管人们对价值的定义莫衷一是，既有客观性定义又有主观性定义，但是，任何一种事物的存在总是基于它的价值基础，这一点是不容置疑的。就如黑格尔所言："存在即合理。"合理性是事物存在的根据，也说明了该事物具有存在的价值。合意既是人类社会长期存在的一种现象，那么它就必然反映了人类社会与这种现象之间的某种需要与满足的关系，对这种关系的认识也就成为研究合意现象的理论前提和逻辑起点。只有对合意的价值和意义有一个明确的认识，才能自觉地而不是被动地、积极地而不是敷衍地去进一步探讨有关合意的相关理论问题。

从一般意义上说，合意的价值主要体现在人与人之间的关系方面，是人和人之间交往与合作的基础和桥梁。因此可以说，合意的价值就在于人的结合，包括人的思想的结合与物质的结合，而这种结合将会产生一种单个的人所难以达到的效能。当然，这种效能既可以是"正能量"，也可以是"负作用"；既可以产生"善"的效应，也可能造成"恶"的后果。但是，对于纠纷的解决而言，合意的价值却只能作正面的评判。如前所述，本书对纠纷所持的基本态度是否定性的，认为纠纷会导致人际关系的对立，并造成社会资源的巨大浪费和社会秩序的失衡。从这个立场出发，纠纷的解决就是一种消除矛盾和对立并避免或挽救社会失衡局面的善的举措，犹如治疗疾病的一剂良方。因此，对于能够使纠纷得以顺利解决的合意采取正面的价值

---

〔10〕 如无特别说明或提示，下文所称"合意"均指纠纷解决中的合意。

〔11〕 《马克思恩格斯全集》（第19卷），人民出版社1963年版，第406页。

评判是理所当然。具体而言，在纠纷解决中，合意的价值和意义可作如下的归纳：

1. 及时、彻底地解决纠纷。综合所有关于纠纷解决的理论命题，其所追求的直接目标无非就是及时、彻底地解决纠纷。及时是就其效率而言，所谓“迟到的正义非正义”（西方法谚）便是及时性的生动脚注。直观地看及时性，似乎只是个时间长短的问题，其实，这里面还包含着对实体争议处理方案的选择与取舍，因为实体争议的处理方案能否尽快形成直接关系到纠纷能否及时解决，甚至是纠纷及时解决的决定性因素。彻底是就纠纷解决的程度而言的，纠纷的解决犹如治疗疾病，务求根治，不留后患，使当事人从内心里接受解决的方案，杜绝一切引起新的纠纷的可能。所谓“最差的和解胜过最好的判决”（西方法谚），或许道理就在于此，因为和解是建立在合意的基础之上，而判决则是外部强加的纠纷解决方法，前者较之于后者更易于为当事人所接受和自觉履行，从而彻底地解决纠纷。因此，综观纠纷解决的一切方法，要想实现及时、彻底地解决纠纷，合意无疑是最好的选择。

2. 积极地维系合作关系。合作是人类生存的最基本前提，也是人类本能的需求。人类不同于动物的最大区别之一就在于人类具有分工与合作的意向和能力，因此才有了人类社会和人类社会的交易规则。而纠纷一旦出现，便会使以合作为基本需要的社会生态遭到破坏，使人们不得不面临着舍弃还是维护合作关系的选择。俗话讲，多一个朋友多一条财路，对于商业活动而言，维系广泛而友好的人脉关系是每一个商人奉为圭臬的为商之道。从这个意义上说，舍弃合作就意味着一次经营的失败。因此，在纠纷发生之后，寻求一种既不伤和气又能够顺利解决纠纷的方法无疑是最佳的选择，而这种选择的实现就有赖于合意的形成。合意之所以能够不伤和气，关键之点还不在于气氛的平和，而在于效率的提升和双方利益的最大化。效率和利益是相辅相成的，这个经济学的基本原理在纠纷解决的场合亦有着生动的体现。

3. 充分地体现私权自治。私权自治作为私法上的一个基本理念,本来是就实体法上私权利的处分方式而言的。但随着人类法治文明的发展,私权自治的领域逐渐扩展到私权利的实现方式,即权利主体自治的内容不仅是指实体权利本身,而且还包括实体权利得以实现的保障机制,其中就包括权利主体以自己所选择的和所能控制的方法自主地解决纠纷。有学者将这种自主性称为一种权利,认为自主地解决纠纷是一种人权,也是人类社会文明的一个重要标志。此言可谓别有见地![12] 如果循着这种思路继续深入追究:纠纷解决中的私权自治究竟是如何表现的,它又是以什么作为理论支撑和实践保证的?敝以为,从真正意义上的纠纷解决而言(区别于形式上的解决),无论如何也摆脱不了合意性机制的作用。合意之所以能够满足纠纷解决的私权自治,就在于合意是当事人自己意思的自主表达,这是一种自我治理,同时也是一种权利的体现。

4. 有效地弥补司法不足。司法作为一项国家的权力,其首要的目的在于保障法律的实施,维护法律的权威,从实质的意义上说,纠纷的解决并非司法的一般性目的,而是司法产出的一种产品。司法的目的性和纠纷解决的目的性在这里发生了冲突。纠纷主要是私权领域的现象,纠纷的解决对于私权主体而言具有实质性意义,它关系到私权主体的生存状态和利益得失。但是对于司法而言,纠纷的解决首先在于维护法律秩序,其次才是私权主体权益的实现。加之司法严格的程序性和对一般性的正义或公正价值的追求,使纠纷解决的及时性与彻底性难免受到削弱或忽视。正是这个原因导致了司法对于私权利救济方面的缺陷与不足。不少学者认为,司法的不足是因为司法资源的稀缺,此说固然反映了客观现象的事实,但是,资源的稀缺只是一个相对的概念,并非司法不足的根本原因。正因为司法的目的性与纠纷解决的目的性存在差异,所以,在纠纷解决方面,

---

〔12〕 参见贺海仁:《谁是纠纷的最终裁判者——权利救济原理导论》,社会科学文献出版社 2007 年版,第 17 页。

司法的不足并非是偶发性和临时性的，而是带有必然性的，这是由司法的性质和目的性所决定的。因此，纠纷解决的最佳方式就是通过合意性机制在纠纷当事者之间达成合意，而不是首先寄望于司法的救济。有学者指出：当事人在寻求公力救济前，往往会考虑私力救济，只有在私力救济难以奏效的情况下，才会借助于其他方法，这种对纠纷解决方式的选择符合纠纷解决的目的性和规律性要求。[13]

(二)合意的目的与动机

目的和动机是人的外部行为的内在原因，要想对人的行为作出合理的解释，就不能不考察行为个体的目的和动机。在心理学中，动机与目的是一对既紧密联系而又有所区别的概念，它们对人的外部行为而言有时具有一致性，“对某一事物的反映，就其对人的推动作用来说，是活动的动机；就其作为活动所要达到的预期结果而言，又可以是活动的目的”[14]。但是，在很多比较复杂的情况下，动机与目的却并不总是一致的，同一个动机可能通过不同的目的表现出来，同样的目的也可能出于不同的动机。但无论如何，动机都是较为深层的主观原因，它发源于个体为了满足某种需要而产生的愿望或意念，“它体现着所需要的客观事物对人的活动的激励作用，把人的活动引向一定的、满足他需要的具体目标”[15]。而目的却是较为现实的心理活动，它是个体在内心动机和客观条件之间进行权衡与选择的结果。同样的原理我们还可以在刑法学关于犯罪动机和犯罪目的的界定中得到证明，如行为人的动机是获得钱财从而过上奢华的生活，但其目的是通过非法手段占有他人的财产。

动机与目的相互关系在纠纷解决的合意当中具有十分重要的意义。合意的主要特征就是当事人之间围绕着双方的纠纷或争议达成

---

〔13〕 参见徐昕：《论私力救济》，中国政法大学出版社 2005 年版，第 143 页。

〔14〕 曹日昌：《普通心理学》，人民教育出版社 1980 年版，第 421 页。

〔15〕 曹日昌：《普通心理学》，人民教育出版社 1980 年版，第 421 页。

一致的意见或解决方案。因此,仅从表象来看,当事人之间的一致性似乎构成了合意这一事物的唯一属性。但是,如果进一步追究这种一致性背后的深层次原因,即当事人的心理层面的活动内容,或许还会得出不同的结论。例如,达成合意的真实原因是否出于相互的完全沟通和理解以及对合意的后果是否有着足够理性的预估?抑或一方当事人仅仅是为了摆脱眼下的困境或者是由于来自外界的逼迫而不得不作出妥协和让步?甚至于是否存在双方当事人事先的串通,以非法侵占他人的利益为目的而达成了合意?因此,合意虽然总能在理论上给人带来一种祥和而妥当的感觉,但并不能排除在不同的动机与目的支配下可能出现的与这种理论上的推测相反的状况。这就不能不认真考察合意的真实性与虚假性这一命题。因此,合意的目的与动机便成为合意性机制理论需要研究的范畴之一,它们对当事人合意的态度和最终效果都将产生实质性的影响。[16]

(三)合意的过程与形式

合意的过程,也就是合意的不同阶段,包括合意的发动、合意的进行和合意的形成。合意虽然总是具有结果性的特征(确定的意见或方案),但这种结果是不会凭空产生的,它必然有一个渐进的形成过程。从法律层面讲,这个过程或可称为"程序",而从实际运行的角度看,也可以说这个过程属于一系列技术或方法的总和。季卫东教授曾经对调解过程的程序性有过细致的分析,他指出:"调解是最典型的非正式解纷方式,具有反程序的外观,但是实际上,它在程序法的发展中发挥了相当大的作用,并且包含着自身程序化的契机。"[17]合意的过程虽然与诉讼中的"程序正义"理念不可相提并论,但不等于它不可以具备制度化的运作方式。与严格的诉讼程序

---

〔16〕 参见赵旭东:《民事纠纷解决中合意形成机制的检讨与反思——以当事人视角下的合意为中心》,载《法学家》2014 年第 1 期。

〔17〕 季卫东:《法治秩序的建构》,中国政法大学出版社 1999 年版,第 29 页。

相比,这种制度可能不那么严谨和周详,而是具备更多的灵活性和机动性。但与其说这是它的不足和缺陷,不如说这正是它的长处与特色,因为它是由合意方式的特点和规律所决定的。毋庸讳言,虽然我们在合意的制度化方面做了很多努力,但相关的程序化建构还不够完善,这方面的意识和理论还有待进一步加强和深化。

合意的形式是指合意过程的表现方式,也是生活实践中人们对合意的最为感性和普遍的认知,例如谈判、协商、调解、和解等等。但是,因为合意的过程实质上包含了程序性和实体性两个方面的内容,故关于合意的形式的一般认知实际上是不全面的,它们只是关于合意的一般表现形式。概括地讲,凡是由当事人自主决定的解决纠纷的方式和结果都属于合意的形式,因此,除了谈判、协商、调解、和解之外,还可以包括仲裁、官方介入、邻里调停等方式,[18]以及通过这些方式所形成的最终一致意见或解决方案。合意的表现方式是多种多样的,但大体上可以分为直接合意和第三方促进合意两个大类。谈判、协商、和解一般属于直接合意的方式,而调解(调停)、仲裁、官方介入则一般属于第三方促进合意的方式。但是,应当指出,第一,所谓直接合意,在很多情况下其实不排除第三方的作用,而第三方促进合意也不能忽视当事人的自主意志,它们事实上经常处于交互作用的状态;第二,每一种合意的具体方式往往并不是孤立地运行的,它们之间的相互作用往往会产生良好的效果。正如学者指出的:

> 实际上,大量的谈判(交涉)往往都是有第三者参与的,因此,也可以把谈判(交涉)分为相互的谈判(simple bilateral negotiation)和第三者促成的谈判(supported negotiation)。后者与调解已难以严格区别。但这里的第三者,往往并非以权威调解者身份出现,通常只是起协助、见证作用

---

〔18〕 官方介入包括行政机关和司法机关的介入,例如行政调解、司法调解;邻里调停是指正式调解机构以外的调解,这里借用了“调停”这种提法,以示区别于正式调解机构的调解。

或作为一方当事人的代理人。只要合意的达成实质上是由双方当事人自行完成的,就属于谈判(交涉)的范畴。[19]

合意的过程与形式是与合意实践关系最为密切的范畴,也是从事纠纷解决的实务工作者最为关注和经常探讨的问题领域,关于研究合意的方法和技术的著作和文章的大量出版和发表就充分说明了这一问题。从某种意义上说,合意性机制的价值和意义唯有通过合意的过程和形式才能表现出来,忽视了合意的过程与形式就无从了解合意性机制的实质性问题,对合意现象的研究或者是评判也就成了空中楼阁。因此,合意的过程与形式也就必然成为合意性机制的理论范畴的重要组成部分。

---

〔19〕 范愉等:《调解制度与调解人行为规范:比较与借鉴》,清华大学出版社 2010 年版,第 9 页。

第四章　合意性机制的历史类型

合意作为纠纷当事人双方达成一致意见的一种纠纷解决机制，在人类社会发展的历史上可谓源远流长，而且绵延不绝。从史前原始社会到现代法治社会，在各种纠纷解决的方式中，合意性机制始终占据着一席之地。但是，由于不同社会的经济、文化、政治和法律制度发展的程度与性质的差异，合意性机制在表现方式和具体内容上也存在较大的区别。在低级形态的社会中，纠纷的解决方式也较为简单，合意性机制大体上是一种自然发生的互动交涉方式；而到了高级形态的社会，随着政权统治的建立和法律制度的形成，纠纷的解决方式渗入了国家（统治者）意志的因素，合意性机制也就不能不受到一定的制度约束和特定意识形态的潜在影响。鉴于本书所研究的对象属于人类社会带有普遍性和连续性的社会现象，与历史学的分期和断代方法并无直接关系，故本书仅以合意性机制较为典型的表现为视角，按照合意性机制在历史上曾经有过的表现形态，将其分为三种类型，即自发型合意性机制、压制型合意性机制与自主型合意性机制。这三种合意性机制的历史类型与社会发展的历史形态之间并非一一对应的关系，但基本上循着一种从低级到高级的阶段性演进的路线变化发展。

一、自发型合意性机制

首先是自发型合意性机制。自发型合意性机制是指合意方式的选择和开展是自然发生的，没有特定预设的理念和外力干预，意在说明合意的方式是人类解决纠纷的一种固有的、本能的机制，具有必然性和持续存在的内在驱动。自发型合意性机制是随着人类社会的形成而自动出现的,原始氏族社会的合意性机制就是自发型合意性机制的典型代表。

原始社会是人类的幼年时期,虽然其从人类智力水平、行为模式和文明程度方面来说均处于低级状态,但是,正是这种原始的状态才恰恰反映了人类最基本的生存需求和本能的交涉欲望,也正是这种生存需求和交涉欲望构成了合意性机制的最基本的因子,它们对人类社会的发展,特别是对人类社会发展进程中不得不面对的纠纷的解决发挥着最原始的催生与推动作用。但是,作为人类社会的群体性行为,任何需求和交涉必然要通过一定的社会性规范才能实现,原始氏族社会的"氏族法"可以说就是这种社会性规范的最初形态。

在原始社会,初民们所赖以生存的物质条件极为有限,生活资料的获取成为日常性的第一需要,早期的原始人"未有火化,食草木之食,鸟兽之肉,饮其血,茹其毛,未有麻丝,衣其羽皮"〔1〕。在向大自然索取食物的过程中,原始人才逐渐学会了使用火和简单的工具。摩尔根在《古代社会》一书中将原始社会分为蒙昧时期和野蛮时期。〔2〕蒙昧时期的原始人主要以渔猎为生,为了获取猎物,火和弓箭得以发明;野蛮时期的原始人则发明了制陶术和灌溉农业,开始饲养动物,并学会了用土坯和石块建造房屋。恩格斯将此概括为:"蒙昧时代是以获取现成的天然产物为主的时期;人工产品主要是用作获取天然产物的辅助工具。野蛮时代是学会畜牧和农耕的时期,是

〔1〕《礼记·礼运》。

〔2〕摩尔根将原始社会称为"古代社会"以区别于"文明社会","文明社会"以"标音字母的使用和文献记载的出现"为标志,又分为"古代文明社会和近代文明社会"。参见[美]摩尔根:《古代社会》(上册),杨东莼等译,商务印书馆1977年版,第9~11页。恩格斯指出:"摩尔根是第一个具有专门知识而尝试给人类的史前史建立一个确定的系统的人;他所提出的分期法,在没有大量增加的资料认为需要改变以前,无疑依旧是有效的。"参见《马克思恩格斯选集》(第4卷),人民出版社1995年版,第18页。

学会靠人的活动来增加天然产物生产的方法的时期”,[3]“直到野蛮时代低级阶段,固定的财富差不多只限于住房、衣服、粗糙的装饰品以及获得食物和制作食物的工具:小船、武器、最简单的家庭用具。天天都要重新获得食物”。[4]

在这种生产力极端低下的情况下,原始社会也不存在供养一个特殊的社会管理机关的多余的产品——那时也不需要这样的管理机关,他们的社会组织形式是以家庭血缘关系为基础的氏族团体。摩尔根说:“氏族是人类最古老、流行最广的制度之一,这种制度同人类的进步过程密切相应,对后者产生过强烈的影响。”[5]摩尔根发现:“在易洛魁人中,每个氏族所有的成员在人身方面都是自由的,都有互相保卫自由的义务;在个人权利方面平等,首领和酋帅都不能要求任何优越权;他们是靠血缘关系结合起来的同胞。自由、平等和博爱,虽然从来没有明确规定,却是氏族的根本原则。”[6]恩格斯评价道:

> 这种十分单纯质朴的氏族制度是一种多么美妙的制度呵!没有大兵、宪兵和警察,没有贵族、国王、总督、地方官和法官,没有监狱,没有诉讼,而一切都是有条有理的。一切争端和纠纷,都由当事人的全体即氏族或部落来解决,或者由各个氏族相互解决;血族复仇仅仅当作一种极端的、很少应用的威胁手段。……一切问题,都由当事人自己解决,在大多数情况下,历来的习俗就把一切调整好了。[7]

---

〔3〕《马克思恩格斯选集》(第4卷),人民出版社1995年版,第24页。

〔4〕《马克思恩格斯选集》(第4卷),人民出版社1995年版,第50页。

〔5〕[美]摩尔根:《古代社会》(上册),杨东莼等译,商务印书馆1977年版,第83页。

〔6〕[美]摩尔根:《古代社会》(上册),杨东莼等译,商务印书馆1977年版,第82页。

〔7〕《马克思恩格斯选集》(第4卷),人民出版社1995年版,第95页。

但是，在原始社会的氏族内部虽然没有专门的政府机构和司法机关，却不等于与氏族组织的社会形态相适应的法律制度也不存在。摩尔根认为，易洛魁人各部落氏族的成员拥有一些相似的权利、特权和义务，他称之为“氏族法”（jus gentilicium），以下是摩尔根列出的这种氏族法的内容：[8]

1. 选举氏族首领和酋帅的权利；
2. 罢免氏族首领和酋帅的权利；
3. 在本氏族内互不通婚的义务；
4. 相互继承已故成员的遗产的权利；
5. 互相支援、保卫和代偿损害的义务；
6. 本氏族成员命名的权利；
7. 收养外人为本氏族成员的权利；
8. 公共的宗教仪式（存疑）；
9. 一处公共墓地；
10. 一个氏族会议。

无独有偶，美国法人类学家霍贝尔在研究因纽特人的生活模式时也列出了类似于“氏族法”的“有法律意义的公规”，它们是：

公理一：有精神的东西和全部动物，从它们具有灵魂这一点来说，和具有感情理智的人相似；

公理二：人类生活的一个重要方面对动物的灵魂和有精神的东西的意志来说是低级的；

公理三：生活是艰苦的，安全感的系数很小；

公理四：全部自然资源应自由使用或共同使用；

公理五：像利用时间一样，全部生产工具（如打猎设备等）必须保持有效的使用；

〔8〕［美］摩尔根：《古代社会》（上册），杨东莼等译，商务印书馆1977年版，第69页。

公理六:自我必须通过行动来寻找自我的现实;

公理七:女性虽然在社交方面不及男性,但她们在经济生产和生育后代方面则起着重要的作用;

公理八:夫妻组成的小家庭是基本的社会的和经济的单位,他们的活动范围自治;

公理九:为了个人和地方团体的安全,自己的行为必须是预定的。

霍贝尔在列出这些"公规"之后,还作出了一些合理的推论,这些推论更为直接地揭示出这些"公规"的法律性质。例如对公理六:"自我必须通过行动来寻找自我的现实"的推论:

推理1:个人的自由不能侵犯其他人正常活动范围的最低限度;

推理2:自我行为的尺度把握对男性来说十拿九稳,对女性来说还必须竞争;

推理3:丧失行动能力的人不值得活着;

推理4:一种物体的自然的或人为的利用,比物体的"所有权"有更特殊的地位。〔9〕

霍贝尔认为,在原始社会,"每一个氏族都有各自的社会控制系统。除了他们中极少数最贫穷的外,所有人都成为对复杂行为方式的控制系统以及我们也许称之为法律惯例的组成部分"。〔10〕 他还进一步指出:"存在于人类行为中的法律,作为文化的一个要素,同样也存在于个人之上。它属于超机体范畴。"〔11〕因此可以说,任何一种形式的人类社会都有自己特定的法律形式,只不过这些法律的原则、内容和表现形式因其特定的文化背景的不同而有所不同罢了;但是,

〔9〕 [美]霍贝尔:《原始人的法》,严存生等译,法律出版社2006年版,第65~66页。

〔10〕 [美]霍贝尔:《原始人的法》,严存生等译,法律出版社2006年版,第4页。

〔11〕 [美]霍贝尔:《原始人的法》,严存生等译,法律出版社2006年版,第9页。

不可否认,它们又有着共同的特性,即"特殊的强制力、官吏的权力和规律性"。根据这一原理,霍贝尔将原始社会的法律与古代法律和现代法律加以区别,并且对原始社会的法律的运作方式进行了细致的分析和证明,包括他们对发生于日常生活中的纠纷的解决方法。

法国社会学家列维—布留尔曾说:

> 试图根据我们所知的那种"人类精神"的心理学的和智力的分析来解释不发达民族的制度、风俗、信仰,是徒劳无益的。对它们的解释,如果不是以那个支配着原始人的形形色色的活动方式的原逻辑的和神秘的思维作为其出发点,是不能令人满意的。〔12〕

他认为,原始人的思维是原逻辑的,并且受到"互渗律"〔13〕的支配,每一个人都本能地将自己融入大自然的自然现象或者动物行为之中,并认为每一件事情的发生都是由神秘力量支配的。这也很好地说明了原始人的图腾崇拜,他们可以对某种动物或者某个器物赋予神灵的特性,作为崇拜对象,或者把自己装扮成动物的形象,以祈求神灵的保护。在这样的文化背景下,原始氏族所形成的"法律"也

---

〔12〕［法］列维—布留尔:《原始思维》,丁由译,商务印书馆1981年版,第428页。

〔13〕"原逻辑"与"互渗律"是列维—布留尔在《原始思维》一书中创造的两个重要概念。关于"原逻辑"一词,列维—布留尔解释道:"可以把原始人的思维叫作原逻辑的思维,这与叫它神秘的思维有同等权利。与其说它们是两种彼此不同的特征,不如说是同一个基本属性的两个方面。如果单从表象的内涵来看,应当把它叫作神秘的思维;如果主要从表象的关联来看,则应当叫它原逻辑的思维。我们用'原逻辑的'这个术语,并不意味着我们主张原始人的思维乃是在时间上先于逻辑思维的什么阶段"。"互渗律"是指原始人思维的一种关联方式。列维—布留尔认为,原始人的智力活动是集体性的,缺乏对自我的本体性认识,因此,他们将感受到的各种现象都作为一种集体表象,例如出于某种神秘的想象,将某种动物与自己联系起来,这也可以解释为什么原始人会有图腾崇拜的驱动。参见［法］列维—布留尔:《原始思维》,丁由译,商务印书馆1981年版,第69~73页。

必然地带有神秘色彩,在有纠纷需要解决的时候,向神灵求助几乎是出于一种本能。

根据列维—布留尔的观点,由于原始人缺乏对自我的本体性认识,还谈不上自主意识,更不要说权利意识了。梅因说:

> 原始时代的社会并不像现在所设想的,是一个个人的集合;在事实上,并且根据组成它的人们的看法,它是一个许多家族的集合体。如果说一个古代社会的单位是“家族”,而一个现代社会的单位是“个人”,则这个对比,也许可以更强有力地表示出来。[14]

在原始人的社会里,除了血亲的联系之外,人和人之间充满着恐惧与戒备,每一个人对待他人就像对待动物一样,在关系上十分疏远而又保持着警惕,犹如霍布斯那个著名的比喻:“人与人是狼与狼的关系。”(不能想象不同家族的原始人可以像现代人那样在电梯间这样狭小的空间不期而遇,并且能够友好相处!)在这样的社会与人际关系中,典型的合意方式并不明显。但是,作为一种自发的,出于人类所特有的交涉欲望,合意这种方式也常常透过他们的习惯和规则自然而然地表现出来,正如恩格斯所说的:“一切问题,都由当事人自己解决,在大多数情况下,历来的习俗就把一切调整好了。”[15]此外,原始社会的纠纷性质和内容也是与原始社会文化的特点相适应的。由于生活物资的匮乏,难以形成财产的私人占有,人和人之间的利益关系相对简单,特别是在氏族内部,人和人之间的关系基本上是维系于血缘关系,因此,氏族内部的纠纷也具有“家庭关系”的特征,依照氏族习惯(氏族法)便能得到妥善的解决。

至于氏族和氏族之间的纷争,在原始社会所盛行的依然是“血

---

〔14〕[英]梅因:《古代法》,沈景一译,商务印书馆1959年版(2010年重印),第83页。

〔15〕《马克思恩格斯选集》(第4卷),人民出版社1995年版,第95页。

族复仇”的惯例，不过，血族复仇一般只用于解决杀人这样的严重罪行，“习俗要求在进行直接的抓捕和开战之前，一定要竭尽全力地使用各种适当的传统方法来解决”[16]。霍贝尔在研究伊富高人[17]的纠纷解决模式时发现，除了在杀人案中选择血族复仇外，一般的案件都要按照一种类似于调停的程序加以解决，“就像在相识的好友中进行协商一样”。从事调解的中间人被称为“莫克鲁”，他被认为是一个准大众的官员，不过，他既不是法官也不是纠纷的仲裁者，他不具有这样的权力，他只是在纠纷当事人之间来回奔走，传达双方的意向，直至最终达成一个能够解决纠纷的合意。由于发生争议的双方随时都有进行血拼的可能，莫克鲁在进行调停的过程中有时还不得不随身携带武器以防不测。如果调停失败，莫克鲁就会退出案件，发生纠纷的双方就可能会集合氏族的力量以武力解决。[18]

霍贝尔的实证调查与分析昭示了这样一个事实：在原始社会中，纠纷的解决方式与纠纷本身的性质和内容、原始社会的行为规则、原始人的思维方式等因素都有密切的关系。但是，就以达成合意的方式解决纠纷而言，原始人也有他们独特的做法。由于氏族群体生活的缘故，氏族内部的纠纷通过传统的习惯或者规则（“氏族法”）就可以轻易得到解决，而氏族与外部的纠纷也会以通过中间人调停的方式达成合意而得到解决——虽然这种调停的作用是有限的——否则就有可能发生流血冲突。当然，也不能排除纠纷双方直接的谈判与协商。霍贝尔总结道：

---

〔16〕［美］霍贝尔：《原始人的法》，严存生等译，法律出版社 2006 年版，第 106 页。

〔17〕伊富高人是生活在北吕宋岛上的原始人类。

〔18〕但是，也有学者持相反的观点，认为原始社会不存在“调解人”这个概念，争论是由双方直接协商解决的。笔者认为，这种观点未免过于武断，可以说原始社会的调解人作用有限，但也不能说绝对不存在调解人。参见［英］西蒙·罗伯茨等：《纠纷解决过程：ADR 与形成决定的主要形式》，刘哲玮等译，北京大学出版社 2011 年版，第 91 页。

> 在归纳和估量伊富高人的法律制度时，我们发现其法律制度最有意义的方面不在于引人注目的复杂的实体法，而在于他们使用了“莫克鲁”，即“中间人”。“莫克鲁”代表着司法发展过程中发展前的一种形式。在这里，他是整个社会的官方或半官方代表。在调停他们所属的部族的争吵和纠纷时，他是社会利益的表达着。所谓的自助形式的作用是有限的，因而不可避免地导致使用社会调停者这个正确的解决方法。[19]

通过以上考察可以发现，通过协商、谈判、调停等具有合意性质的方法解决纠纷的方式在人类早期社会就已经自发形成，它们不仅被用于解决个人之间的纠纷，而且也是解决部族之间冲突的常规方式。在氏族内部虽然也形成了一些类似于法律的规则（氏族法），但还不足以作为统一的行为规范的依据，解决纠纷的依据主要是自然形成的习俗。氏族社会没有宪兵、警察和监狱，更谈不上代表公共意志的司法审判。因此，通过合意解决纠纷的方法要远远早于审判的方法，诉讼与审判只是在国家形成之后才出现的。合意的方法之所以能够在人类早期社会自发地形成，并不是因为缺乏体系完整的法律规范以及与之相匹配的审判制度——这在当时显然是不可能的——而是因为人类的生存本能和天然形成的群体合作意识使然，因此可以说，合意是一种自然的恩赐，是一种原生态的纠纷解决方法，也是人类与生俱来的关乎人类生存和发展的一种出于本能和智慧的选择。

二、压制型合意性机制

如果说自发型合意性机制是自然生成的，不存在特定意念的预

---

〔19〕［美］霍贝尔：《原始人的法》，严存生等译，法律出版社 2006 年版，第 116 ~ 117 页。

设和外部干扰，那么，压制型合意性机制就不仅存在特定的思想桎梏而且还具有强大的外力干预。看起来这种合意性机制似乎不如自发型合意性机制那般自然和随性，但它却是合意性机制在人类社会发展到高级阶段之后所呈现出的一种变异形式，或者说是人类早期形成的合意性机制的一种异化。这种异化的合意性机制——压制型合意性机制——与专制主义的政治模式是相适应的，而封建时代的君主专制政体正是专制主义政治模式的典型代表。

封建时代的政治统治以专制主义为特征，由于人文、地理环境和政治、经济模式的差别，专制主义的表现也是有所不同的。欧洲国家的君主专制主要表现在国家权力的高度集中，在国家事务上，臣民对君主必须绝对服从，但是，在精神领域和道德准则方面却以宗教的教规作为尊奉依据，即使君主也不能例外。诚如孟德斯鸠所描述的那样：

> 在专制的国家里，政体的性质要求绝对服从；君主的意志一旦发出，便应确实发生效力。……不过有一样东西人们有时候可以拿来对抗君主意志，那就是宗教。……宗教的法规是高一级的训条，它们支配着老百姓，同时又支配着君主。[20]

中世纪被称为欧洲历史上的“黑暗时期”，而制造这种“黑暗”的主要是臭名昭著的罗马教廷，宗教法庭便是中世纪的一个象征。

但中国的封建社会却完全不同。中国的封建皇帝是名副其实的最高统治者，皇帝不仅把持着国家的政治、经济命脉，而且还披上了“君权神授”的外衣，被称为“天子”，成为神在人间的代表，对臣民拥有生杀予夺的权力，所谓“溥天之下莫非王土，率土之滨莫非王臣”，“君叫臣死，臣不得不死”。但是，从原则上说，君主是不会命令一个

---

〔20〕 [法]孟德斯鸠：《论法的精神》（上册），张雁深译，商务印书馆 1961 年版，第 27～28 页。

人去杀死他的父亲的，因为，封建社会实行家族式统治，父亲在中国古代不仅仅是一个基于血缘关系的称谓，更是一个政治意义上的家族偶像，君权实际上是神权和父权的综合体。瞿同祖先生考证道：

> 父字据《说文》："矩也，家长率教者，从又举杖"，父字的本身即含有统治和权力的意义，并不仅止于指示亲子的生育关系。子孙违犯父的意志，不遵约束，父亲自可行使权威加以惩责。[21]

因此，中国古代的政治体制是建立在血缘家族关系基础之上的，国家是君主的家天下，整个法律体系实际上就是以"家族法"为核心的。所以，历代封建王朝的法律皆以"恶逆"、"不孝"与"谋反"、"谋大逆"、"谋叛"等并列为"十恶"之罪，处以最严厉的刑罚。[22] 张晋藩先生对"中华法系"的基本特点曾作出如下的概括：(1)皇帝是最高的立法者和最大的审判官；(2)法律受儒家伦理道德观念的深刻影响；(3)家族法在整个法律体系中占有重要地位；(4)诸法合体，司法受行政干预；(5)"律"经常受其他法律形式的补充和制约。[23] 其中，从占据指导思想地位的角度来说，封建时代的法律受儒家伦理道德观念的深刻影响不能不说是其最重要的特点。

中国封建社会不仅通过严厉的刑罚来维护君主的绝对权威，而且还通过对儒家政治伦理思想的大力弘扬构筑起严密而牢固的适应专制主义政治的道德体系。自西汉"罢黜百家，独尊儒术"以后，在历代封建君主的直接提倡和封建士大夫的大力鼓吹下，儒家政治伦理思想实际上成为封建社会的官方宗教，成为封建统治者对人民大众进行思想统驭的得力工具。儒家政治伦理思想之所以能够获得封

〔21〕 瞿同祖：《中国法律与中国社会》，中华书局1981年版，第6页。

〔22〕 《北齐律》有"重罪十条"，隋朝改为"十恶"，唐朝沿袭隋朝法律，《唐律疏义》对"十恶"有详尽注疏。参见张晋藩主编：《中国法律史》，法律出版社1995年版，第203～206页。

〔23〕 张晋藩：《中国法律史论》，法律出版社1982年版，第12～18页。

建统治者的赏识，是因为其极力宣扬君主统治的合法性，把君主的权力说成天经地义，所谓“君君、臣臣、父父、子子”，“君为臣纲，父为子纲，夫为妻纲”，把对君主的服从说成不可违逆的人伦常理，如果违反了这些原则就属大逆不道。汉代大儒董仲舒就公开宣示：“唯天子受命于天，天下受命于天子。”[24]而在民间，之所以能够普遍尊奉儒家说教，一方面是因为封建统治者的大力推行，另一方面也是受到封建社会的文化习俗和以家族血缘为纽带的社会关系的制约。孟德斯鸠说过：

> 中国的立法者们……把宗教、法律、风俗、礼仪都混在一起。所有这些东西都是道德。所有这些东西都是品德。这四者的箴规，就是所谓礼教。中国统治者就是因为严格遵守这种礼教而获得了成功。[25]

他还进一步分析了礼教之所以能够被中国人普遍接受的两个原因：第一个原因是中国的文字极其复杂，人们为了学习文字就要读书，而书里写的就是礼教，由此潜移默化而不能不毕其一生专注于礼教的学习；第二个原因是礼教的内容与人们的日常生活密切相关，一般不存在理解上的困难，且容易打动人心，因此人们也乐于接受。其实，礼教的含义不仅是指“礼制”（法律制度和伦理道德）本身，还有一个以封建伦理道德对人民大众进行思想教化的动态含义。马小红教授曾对封建社会的“礼治”体系做了深入的分析，她认为在封建“礼治”体系中，“礼制是末，礼教是本，礼制若不能体现礼教的精神，便失去了存在的价值”[26]。这里所强调的礼教，就是以礼为内容的教化策略和教化行为，其具体表现在两个方面：其一是统治者须加强自身的道德修养，以为天下楷模，所谓“其身正，不令而行；其身不

---

〔24〕《春秋繁露·为人者天》。

〔25〕［法］孟德斯鸠：《论法的精神》（上册），张雁深译，商务印书馆1961年版，第313页。

〔26〕马小红：《礼与法》，经济管理出版社1997年版，第34页。

正,令而不行"[27];其二是将封建的伦理道德灌输到民众的内心,使他们自觉接受并践行封建伦理道德。因此,在儒家看来,相对于刑罚而言,教化是第一位的,"礼之教化也微,其止邪也未形,使人日徙善远罪而不自知也"[28]。

特别需要强调的是,在封建礼教思想体系中,有一个重要的内容就是"无讼"思想。孔子说:"听讼,吾犹人也,必也使无讼乎!"[29]"无讼"思想包含两个方面的内容,一是对统治者而言,要大力推行德治礼教,以期减少狱讼[30],营造一个没有纷争的和谐社会;二是对人民大众而言,要尽量避免官司,遇到纠纷要以礼教为先,提倡和睦友善,即所谓"礼之用,和为贵"[31]。无讼思想的理论根据一个是封建社会儒者惯用的神秘主义宣教,如《周易·讼卦》说:"讼,终凶!"说明诉讼属于凶祸之事,不可轻为,在封建文化的背景之下,这种宣教是颇有蛊惑力的;另一个就是根据家族主义理论提倡亲善和睦,认为家族的亲善和睦属于天经地义,"不睦"属于极为严重的罪行[32]。在这种"无讼"宣教的长期浸淫下,封建社会的普通民众对于讼告之事由恐惧、延避而至于厌恶、拒绝、排斥,最后终于演变成为一种根深蒂固的伦理意识和文化现象,甚至于对中国的法制发展进程造成严重阻碍。诚如张晋藩先生所言:厌讼、贱讼所带来的严重后果,是人们"不明法律、鄙视法律、漠视法学"[33]。

由上可知,中国封建时代的法文化与专制主义的政治体制是相

---

〔27〕《论语·为政》。

〔28〕《礼记·经解》。

〔29〕《论语·颜渊》。

〔30〕古代法律以诸法合体、民刑不分为特征,故此处"狱讼"泛指民事和刑事两种诉讼。

〔31〕《论语·学而》。

〔32〕"不睦"属"十恶"之一。参见张晋藩主编:《中国法律史》,法律出版社1995年版,第205页。

〔33〕张晋藩:《中国法律的传统与近代转型》,法律出版社1997年版,第283页。

适应的,法律的目的和功能几乎完全是维护君主的专制统治,无论是神秘主义的“君权神授”观念还是家族主义的“父权”观念,都在暗示着一种不容争议的高高在上的专属权力,在这种权力面前,普通的百姓只能无条件地服从,任何的怀疑和抗拒都是大逆不道的,都要受到严厉的惩罚。武树臣教授对中国传统法律文化的基本精神如此评价:

> 中国法律文化基本精神的共同特点是程度不同地忽视个人的价值,用制约个人权利的方法来维护特定的社会秩序。在阶级对抗社会(即剥削阶级社会)中,这种社会秩序常常给社会的统治阶级带来直接的最大利益。而广大劳动人民则在沉重的义务压迫下失去应得的权利和利益。在强调社会总体利益招牌下,忽视和压制了劳动人民的个性、个人的价值、个人的权利和自由。〔34〕

他十分深刻地指出:在“国家、家族本位”〔35〕阶段,“个人首先是家族的成员,其次是国家的臣民。个人由过去的分别对家族、对国家尽义务,变成同时对家族和国家尽双重义务”〔36〕。因此,封建时代的法律文化总体上是一种自上而下的充满着强权和暴力的压制型文化,这种文化形态决定了纠纷解决的基本形式,那就是被迫接受某种决定,或者在角色意识控制下“自觉地”顺从某种超越当事人主观意愿的安排,即使是调解中的合意也不例外。

在中国古代,涉及田土户婚的民事纠纷被看作“细故”之争,认为这类纠纷对君主的专制统治不会带来根本的危害,加之“无讼”观

---

〔34〕 武树臣:《中国法律文化大写意》,北京大学出版社 2011 年版,第 17 页。

〔35〕 武树臣教授将中国法律文化的历时发展过程划分为“神本位”“家族本位”“国家本位”“国家、家族本位”“国家、社会本位”五个阶段,其中,“国家、家族本位”是中国封建时代法律文化的基本结构。参见武树臣:《中国法律文化大写意》,北京大学出版社 2011 年版,第 15 ~ 17 页。

〔36〕 武树臣:《中国法律文化大写意》,北京大学出版社 2011 年版,第 18 页。

念的盛行,因此极力提倡以调解的方式解决此类纷争。据张晋藩先生考证:“早在西周的铜器铭文中,已有调处的记载。秦汉以降,司法官多奉行调处息讼的原则。至两宋,随着民事纠纷的增多,调处呈现制度化的趋势。明清时期,调处已臻于完备阶段。”[37]封建时代的调解可分为官府调解和民间调解。官府调解是在纷争被告到官府之后由地方州县官主持的调解。官府调解具有如下的特点:其一,在民事案件中,调解与责惩相结合,但优先考虑调解;其二,官府调解带有一定的强制性;其三,官与民、堂上与堂下相结合;其四,注重息事宁人,对是非曲直可以忽视。民间调解是由族长、保正、里长、房长等在宗族有名望的人或者由亲戚邻里主持的调解。官府对民间调解大力支持,明朝甚至还在各州县和乡里设立了“申明亭”,并赋之以法律上的地位:“凡民间应有词状,许耆老里长准受于本亭剖理。”无论是官府调解还是民间调解,其最终目的就是达到“和息”“和对”,即在当事人之间形成合意使纠纷得到解决。[38]

值得注意的是,虽然封建时代的调解仍然是以促成合意为目的,但是,这种合意却并非是完全出自当事人的自愿,而是在官府权威和封建礼教的双重压迫以及封建司法制度的强制之下所作出的一种妥协。

第一,官府压迫。在“国家、家族本位”的政治模式下,“国”与“家”被视为一个整体,封建官吏被视为“父母官”,自然拥有极高的权威,凭着这种权威,对于民间纷争是调是判完全由官府决定,全无要经当事人同意的意识。不仅如此,封建时代的“礼”即“法”,“法”亦是“礼”,“礼与法都是行为规范,同为社会约束,其分别不在形式上,也不在强制力之大小,成文与否并非决定的条件,法律不一定成

---

〔37〕 张晋藩:《中国法律的传统与近代转型》,法律出版社 1997 年版,第 283 页。

〔38〕 参见张晋藩:《中国法律的传统与近代转型》,法律出版社 1997 年版,第 283 ~ 293 页。

文,礼亦可为成文"[39],诚如汉廷尉陈宠所云:"礼之所去,刑之所取,失礼则入刑,相为表里者也。"[40]据《名公书判清明集》记载,针对一个"兄弟侵夺之争"的案件,官府调解如下:"在前如果有侵夺,私下各相偿还,自今以后,辑睦如初,不宜再又纷争,以伤风教。如或不悛,定当重寘,无所逃罪矣!"[41]因此,在官府调解下,当事人往往"遵命和息"、"依奉结得",也就不足为奇了。

第二,礼教压迫。所谓"礼之用,和为贵"并非仅仅是就和解的效果而言,更为重要的是强调和解的依据,这句话的完整意思完全可以说明这一点:"礼之用,和为贵,先王之道斯为美,小大由之。有所不行,知和而和,不以礼节之,亦不可行也。"[42]也就是说,"和"的依据就是礼教,如果没有礼教的制约,单纯为和而和,这是行不通的。封建礼教把人分为不同的等级,而且这些等级皆以上下尊卑的位序排列,这种身份上的定位可能一生都会伴随着他,决定着他一切的思想和行为。武树臣教授说得好:

> 你是子,应当孝;你是兄,应当友;你是夫,应当义;你是父,应当慈。这样,一个"人",当他刚刚从其他自然物中脱离出来并踏入人群的一瞬间,他就同时成了一个宗法家族意义上的"人",而不是其他意义上的"人"。……如果说欧洲文艺复兴时代的"人文主义"是通过神的折射来发现"人"的价值的话,那么,孔子的"仁"则是从对方的瞳孔中发现自己的存在。[43]

所以,当遇到纷争之时,人们首先想到的是某个人的社会地位和

---

〔39〕 瞿同祖:《中国法律与中国社会》,中华书局1981年版,第321页。

〔40〕 《后汉书·陈宠传》。

〔41〕 《名公书判清明集》,第371页。转引自张晋藩:《中国法律的传统与近代转型》,法律出版社1997年版,第284页。

〔42〕 《论语·学而》。

〔43〕 武树臣:《中国法律文化大写意》,北京大学出版社2011年版,第47页。

他的身份,并以此来决断是非曲直,而不是专注于事实本身。

第三,司法强制。以调解的方式解决民间纠纷在中国古代之所以蔚成风气,与古代社会的法文化固然关系密切。但是,除了文化层面的原因之外,国家在司法过程中有意推行调解也是一个重要的原因。古代社会不仅"民刑不分",而且在诉讼程序和实体规范之间也并无严格界限,官府对民间纠纷的处理方式相当随意,甚至断案时不分青红皂白先打一顿板子,亦属稀松平常。再加上官吏的贪腐与衙门的黑暗,民众对官府由畏惧而至于躲避。因此,如有纷争,不到万不得已而不敢兴讼。张晋藩先生曾举出这样一个案例:清代有兄弟二人为争财产讼于县衙,知县陆陇其不按正规程序审理,亦不论谁对谁错,而是"令兄弟互呼","此唤弟弟,彼唤哥哥","未及五十声,已各泪下沾襟,自愿息讼"。〔44〕如果说这种做法还有些许人情味,那么,对于诉讼之人先予杖责再行调解就属于赤裸裸的暴力强制了。明代户部教民榜文就明文规定:"民间户婚、田土、斗殴、相争一切小事,不许轻便告官,务要经本管里甲老人理断,若不经由者,不问虚实,先将告人杖断六十,仍由里甲老人理断。"〔45〕在这种强制性的"调解"之下,当事人之间显然不可能形成基于自愿的"和息"的结果。

因此,封建时代的所谓调解其实并不能充分体现当事人的意愿,这种调解之下的"合意"必然会受到来自外部环境和内部潜在意识的种种干扰和压迫,当事人实际上常常处于身不由己的境地;纠纷的解决也并非完全是当事人的私事,而是维护封建政治统治和伦理秩序的需要。这种压制型的合意虽然是在人类社会的高级阶段出现的,但实质上却是人性堕落的结果,是对合意性机制的一种变异和扭曲。

---

〔44〕《陆稼书判牍·兄弟争产之妙判》,参见张晋藩:《中国法律的传统与近代转型》,法律出版社1997年版,第280~281页。

〔45〕《皇明制书》上,引成化十一年九月七日例。转引自张晋藩:《中国法律的传统与近代转型》,法律出版社1997年版,第292页。

三、自主型合意性机制

合意性机制在人类早期社会是自发的，这种自发性与人类的群居生活和天然的合作欲望不无关系。尽管史前人类的生活十分艰辛和粗糙，但在精神层面却不存在来自人类自身的压迫和禁锢，因此，在合意的场合也体现着一种质朴的自主精神。但是，我们还不能因此就说史前人类的合意属于自主型的合意，因为那种自主精神只不过是一种近乎原始本能的天性所赐，不仅形式十分简单，而且——也是最重要的——不是出于以自由和权利为基础的自主性。只有在物质文明和精神文明发展到一定的阶段，特别是人的自由和权利获得了充分的制度性保障的前提下，人的自主性才能得到充分的张扬，自主型合意性机制也才具有实际的意义。

建立在自由、权利和法治基础之上的自主型合意是随着近代以来的人文主义运动和社会革命而逐步成就的。其中，欧洲历史上的“文艺复兴”与“思想启蒙”运动功不可没。康德说：“启蒙运动的重点，亦即人类摆脱他们所加之于其自身的不成熟状态，主要是放在宗教事务方面”，“使人发现按照人的尊严——人并不仅仅是机器而已——去看人……”。〔46〕关于人的解放与人的自由发展也是马克思主义的核心命题，马克思主义认为，个人的自由发展是历史发展的必然规律，也是历史发展的必然归宿：“人们的社会历史始终只是他们的个体发展的历史，不管他们是否意识到这一点”〔47〕，“每个人的自由发展是一切人的自由发展的条件”〔48〕。根据马克思主义的人的自由发展原理，社会生产力的发展程度决定了人的解放和自由发展的程度，“没有蒸汽机和珍妮精纺机就不能消灭奴隶制；没有改良的农

---

〔46〕［德］康德：《历史理性批判文集》，何兆武译，商务印书馆 1991 年版，第 29、31 页。

〔47〕《马克思恩格斯选集》（第 4 卷），人民出版社 1995 年版，第 532 页。

〔48〕《马克思恩格斯选集》（第 1 卷），人民出版社 1995 年版，第 294 页。

业就不能消灭农奴制；当人们还不能使自己的吃喝住穿在质和量的方面得到充分供应的时候，人们就根本不能获得解放”[49]。因此，在奴隶制社会和封建社会，由于生产力水平的限制，加之专制主义的政治统治，个人的自由也必然会受到极大的压抑，人们不可能按照自己的意志去安排自己的命运，甚至在思想意识方面也难以突破传统的血缘关系和身份束缚；而当人类完成了“从身份到契约”的历史性蜕变，特别是在产业革命以后，随着社会财富的急遽增长和社会分配不公矛盾的激化，无产阶级和广大劳动人民争取民主、自由和权利的斗争也就成为历史的必然，也只有在“人民当家做主”的社会，“每个人的自由发展”才有可能，也才会由此实现“一切人的自由发展”。

与此同时，历史也反复表明，人的自由和权利并不是单纯地通过运动式的政治革命和社会物质财富的自然增长就能真正实现的。如果没有分配的正义，没有系统完善的法律制度的保障，真正的自由和权利同样也是难以实现的。权利要依靠法律的创设和保障，自由只有在法律的规制下才能实现；反过来说，只有以最普遍的自由和权利为内涵的法律才是“良法”，在这样的法律治理下的社会才是富有理性的法治社会。齐延平教授在谈及“法的现代性”问题时指出：所谓法的现代性可以分解为“人的主体性、主体的德性和规则理性”三个命题。他认为，现代生活的“德性”起点在于“人的主体性”，这种对“法的现代性”的诠释实际上也说明了人的自由、权利和法治的统一性：

> 在自然科学领域取得极大成功的技术方法、逻辑体系以及由之生成的原则与公理被适用于法学的研究和法治的建设，法律的自治性、客观性、普遍性、至上性命题得以确立，规则理性和法治原则成为现代社会的信仰基础和构建

---

[49]《马克思恩格斯全集》（第42卷），人民出版社1979年版，第368页。

基准,人们坚信法治不仅是可能的,而且是必需的。[50]

在现代社会,法制的完善程度和实施效果已经成为衡量一个国家政治文明和社会进步程度的重要标尺,“法治国家”这个概念不仅标志着一个国家的政治和法律秩序状况,而且代表着一个国家的现代化的国际形象。因此可以说,现代社会是一个盛行法制的社会,是一个以“法治”为标杆的社会。作为现代社会的具体成员,其所享有的自由和权利并非仅仅停留在理论的宣传或政治性宣示的层面,而是已经获得了或者将会获得更为现实的和更为充分的制度性保障。正是在这个前提下,在发生各种纠纷以后,充分地体现纠纷主体意志的自主的合意不仅具有现实性而且也具有一种必然性。

具体而言,自主型合意性机制必须以两个条件为基础:第一个条件是个体的自由和权利;第二个条件是法律的保障和制约。这两个条件是互为前提,缺一不可的。所谓个体的自由和权利是指纠纷当事人不仅拥有选择合意方式或者其他方式的自由和权利,也拥有提出或接受一种具体的合意方案的自由和权利。在行使这些自由和权利时,他不应受到来自外界的任何不当干预和强制,也不存在内心的任何矛盾和压迫。这个条件也可以说是自主型合意的主观性条件,如果没有这个条件,首先从个体的角度就丧失了对合意的自觉和意识,也就丧失了合意的自主性。[51] 然而,还必须清醒地看到,个体的自由和权利不是凭空产生的,也是不可能孤立地存在的,它必须要依赖于一定的规范和制度,并以这些规范和制度作为保障和制约,这就是自主型合意的第二个条件:法律的保障和制约。“保障”在这里不难理解,一如前文的论证,法律的保障是个体的自由和权利得以实现的前提;至于“制约”,其实和“保障”是对立统一的关系,纠纷的当事人是相互对立的关系(当然,这是就一般情形而言,至于那种恶意的

---

〔50〕 齐延平:《人的主体性、德性与法的现代性》,载《学习与探索》2006 年第 6 期。

〔51〕 一般表达为合意的“自愿原则”。

合意并非本书讨论的范围）,法律对一方的保护,就是对相对一方的制约,所谓权利和义务的一致性也表达了这个原理。除了这个基本的含义之外,法律的保障和制约还有一个决定着合意的正当性的功能。在一个法治社会,法律的触角可以说无所不及,所谓的“法外合意”基本上是行不通的。作为一个现代社会的成员,无论他所接受的教育和社会职业有何不同,他对法律的意识应当像对食物和空气的意识一样重要,这种被称为法律意识的意识是一个现代人所应当具备的基本素质之一。只有这样,他才能拥有正常的和幸福的生活,并且在他的合法权益受到侵害时才能享受到权利救济,包括自主型合意性机制所带来的实惠。诚如洛克所言:“法律按其真正含义而言与其说是限制还不如说是指导一个自由而有智慧的人去追求他的正当利益。”〔52〕

正如齐延平教授所指出的,“人的主体性”可以作为研究“法的现代性”的出发点,或者说,法的现代性所应当关注的核心问题就是如何突出人的主体性的问题。从客观的角度观察,人的主体性命题需要人权保障的基础,其中包括对人的基本物质需求的满足、充分的人格尊严和必要的人文关怀;而从主观的立场检讨,现代性的主体意识的培养和树立无疑也是不可忽视的。如前文所述,现代社会的经济发展水平和社会治理模式为自主型合意的实现提供了必要的前提条件,自主型合意只有在现代社会才能成为现实。然而,合意作为一种解决纠纷的方式,其与主体自身的内在意识具有十分密切的关系。也就是说,单凭客观存在的外部条件——政治文明和法制进步——不足以成就自主型合意,自主型合意的真正实现还有赖于一定的思想基础。这个思想基础可以包含多方面的内容,就其要者而言,即权利意识、合作意识与规则意识。

---

〔52〕［英］洛克:《政府论》(下篇),瞿菊农、叶启芳译,商务印书馆1964年版,第36页。

1. 权利意识

在人类社会的发展史上，社会成员的权利意识的增强被认为是社会进步的重要标志。在自由主义的哲学背景下，个人权利被视为人权的基本内容，是至高无上的和不可剥夺的，所谓“天赋人权”即是这种观念的集中表述。[53] 在法律哲学的语境下，权利观念依然是核心的思想内容，在西方语言中，权利和法律往往具有同样的含义，如拉丁文中的“jus”就同时具有法和权利的含义。因此，法治的形成有赖于权利的伸张，权利是成就法治的前提条件。齐延平教授曾经指出：“只有权利的要求成为社会的普遍要求，只有权利的制度成为社会的中枢制度，只有权利文化成为社会的主流文化，法治才能由社会理想变为社会现实。”[54] 权利的内容是与社会主体生存与发展的基本需求紧密联系的，表现在政治、经济、文化等各个方面，社会主体对权利的要求也就是对其生存与发展的基本条件的要求。夏勇教授认为，权利的发展对于作为权利主体的人有着特别重要的意义，“它意味着权利主体资格的提升、利益的安全、能力的增长或主张的强化，并因此意味着人的地位的提高，人格尊严的强化和个人自由的增进”[55]。因此，作为现代社会的成员，权利意识的树立和增强不仅是符合社会发展规律的而且也是应当具备的基本素质之一。

权利意识对于合意的自主性具有十分重要的意义。因为，只有充分意识到权利的存在和行使权利的必要性，才有可能自觉地行使权利并利用权利规范实现自身的合法权益。现代社会的法律制度不仅规定了公民应有的实体性权利，而且在相当程度上赋予权利主体在实现权利的方法上的自主权，即你可以利用国家设置的权利救济

---

〔53〕 参见何志鹏：《自由主义的贡献与局限》，载《当代法学》2004 年第 4 期。

〔54〕 齐延平：《论法治的基础》，载《山东大学学报》（哲学社会科学版）1997 年第 4 期。

〔55〕 夏勇主编：《走向权利的时代——中国公民权利发展研究》，社会科学文献出版社 2007 年版，“绪论”第 8 页。

机制通过一个正式的程序实现自己的权利,你也可以在不违反法律的前提下通过某种非正式的方法实现自己的权利。当然,至于究竟何种方法才是最佳的实现权利的方法,还需要在综合考虑经济成本、时间成本、实际效果等因素的基础上才能最终作出正确的选择。

另外,当我们谈及权利时,总是不能不顾及权利和义务的对应关系。权利的伸张固然是社会正义和个体利益得以实现的必要手段,是制定法当中必须体现的重要内容,然而,为权利设置一定的边界以及正确理解权利和义务的相对性关系较之于对权利的过分偏重似乎更接近于权利伸张的本意。权利如果不受制约就有可能导致权利的滥用和自我意识的无限膨胀;而在权利和义务之间则始终存在一个相对稳定的守恒定律。[56] 高鸿钧教授认为:“人们在谈论‘权利’时,其内容通常涉及的主要是利益与意志的自主性问题。”他主张:“任何社会都必须在确认社会成员利益和自由的同时,对享有利益的范围和程度加以限定。这种确认和限定的结果便形成了特定社会中人们的权利义务关系。”[57] 由此推之,在权利问题——或者说在利益与意志的自主性问题上,有必要纳入对待意义上的互利的和合作的意识要素;换言之,在行使自己权利的同时应当顾及他人的权利,在维护自身利益的同时也要考虑他人的利益,唯有如此,才能真正体现权利的自主性,才能正确对待个体之间、个体与社会之间的相互关系,从而使个体之间的纠纷和矛盾得到合理的解决。

2. 合作意识

法国社会法学家、社会连带主义法学创始人莱翁·狄冀认为:人类“是一种不能孤独生活并且必须和同类始终在一起在社会中生活的实体”,因此,人与人之间的相互作用和相互依赖关系——连带关系——是人们的共同需要,有人类就有社会,有社会就有连带关系,

---

〔56〕 参见徐显明主编:《法理学》,中国政法大学出版社2007年版,第88~90页。

〔57〕 高鸿钧:《中国公民权利意识的演进》,载夏勇主编:《走向权利的时代——中国公民权利发展研究》,社会科学文献出版社2007年版,第33~34页。

连带关系是构成社会的“第一要素”[58]。从历史发展的规律来说，人类社会的组织形式经历了一个从低级的群体性合作到以家庭为单位的小农经济再到高级的社会性合作的过程。特别是在生产技术高度发达、社会分工愈加细化的现代社会，人类活动的领域和空间不断扩展，充分的信息交换和频繁的物资流通已经成为必需的生产手段与生活方式，这就要求人们必须具有高度的合作意识。一个合作意识不够强烈的个体必然会遇到诸多的阻碍或限制，从而与社会发生隔膜，甚至被社会所抛弃。在纠纷解决的领域，尤其是在自主解决纠纷的场合，合作意识在一定意义上甚至发挥着决定性的作用。

纠纷解决的常规模式——诉讼模式——曾经经历了一个从对抗式诉讼到协作式诉讼的变化过程。对抗式诉讼以辩论主义为主旨，当事人必须各自提出自己的主张并运用一切可能的攻击和防御手段，务求实现自身利益的最大化。但有学者指出，在西方国家的民事司法领域，“协同主义”早已在民事诉讼理论中出现。按照德国学者巴沙曼的观点，协同主义是一种与对抗制诉讼完全不同的司法模式，它强调法院、当事人三方之间的协作关系，“这种以弱化程序的‘对抗性’强调程序的‘对话性’和‘合意性’为基本方针的诉讼制度，充分反映了现代民事司法的发展趋势，其内容构成了协商性司法的本质内涵”[59]。在当今世界的许多国家和地区，以合作为基本导向的诉讼模式或纠纷解决方式已经或正在形成一种发展趋势。有学者指出：“近几十年来，美国法上传统的当事人对抗制也发生重大变化。法官已经被定位为积极的诉讼管理者，双方当事人对抗色彩因当事人被强制开示对自己不利的证据、法官的诉讼管理职能、以 ADR 方

---

〔58〕 参见吕世伦主编：《现代西方法学流派》(上卷)，中国大百科全书出版社 2000 年版，第 378 页。

〔59〕 唐力：《论协商性司法的理论基础》，载《现代法学》2008 年第 6 期。

式解决纠纷等被大大削弱。”〔60〕不仅是在美国、英国或澳洲这样的普通法系国家，在以德国为代表的大陆法系国家同样发生了类似的变化，有德国学者甚至发出了这样的呼吁：“借助欧洲化之风来实现依靠我们自己的力量显然是很难实现的目标：在民事诉讼中实现合作。”〔61〕

如果说在诉讼中实现合作是一种需要倡导和不断强化的现代性意识，那么，对于以合意为目标的纠纷解决方式而言，合作就是一种必须具备的主观意识。合意的过程需要依靠双方当事人的共同推进，合意的结果也必须以双方当事人意思的一致性为前提，这都需要当事人在纠纷解决过程中的积极配合和自觉行动。现代社会的自主型合意性机制是以最大限度地实现当事人的利益和诉求为宗旨的，它不仅关系到当事人之间现实纠纷的合理解决，而且也关系到其未来关系的维持和发展，而这些目标都与当事人在纠纷解决的过程中是否具有合作的意识和行动密切相关。总之，合作是对话的基础，对话是谅解的途径，而谅解则是达成合意的必要前提，因此，合作与合意实际上是纠纷解决的出发点和最终结果完美结合的理想境界。

3. 规则意识

“如同在自然界中一样，秩序在人类生活中也起着极为重要的作用。”〔62〕博登海默的这句话看似平常，但却说明了一个人们身陷其中却又熟视无睹的道理。秩序这一概念固然较为抽象、宽泛，对于人类社会而言，应当说是指人们赖以维持正常的社会关系，有序生活、和谐相处的各种制度、规范和准则，我们可以统称之为规则。

---

〔60〕 肖建华：《构建协同主义的民事诉讼模式》，载《政法论坛》（中国政法大学学报）2006 年第 5 期。

〔61〕 [德]赖因哈德·格雷格：《作为诉讼主义的合作》，载[德]米夏埃尔·施蒂尔纳编：《德国民事诉讼法学文萃》，赵秀举译，中国政法大学出版社 2005 年版，第 450 页。

〔62〕 [美]E. 博登海默：《法理学：法律哲学与法律方法》，邓正来译，中国政法大学出版社 1999 年版，第 223 页。

与自然法则和动物本能不同的是,人类社会的各种规则是人类有意识创造的精神成果,是人类自身理性的体现。在长期的生活实践中,随着人类社会文明程度的发展和进步,社会规则也在不断地丰富和完善,人们的规则意识也随之不断地加强和提升。在现代社会,这种规则的集中表现就是法律制度。法律制度与现代人的关系是如此密切,正如美国法学家弗里德曼指出的:

> 无论你是否意识到这一点,"法律"和法律制度在现代社会中总是无所不在的。我这么说,是指所有的现代社会都是通过一套套规则、规定来控制和调整社会与经济的,不管它们被称为法律、条例(ordinances)、法令(decrees)、规章(regulations)或者其他什么名目。所有的现代社会都有一个精心构建的政府,并通过数以千计的法规来创设行为准则,发布命令,制定有约束力的提议。在所有这些社会中,都有人员和官员们去推行这些准则和命令,去服从这些提议。这些规范如此众多,我们可以实事求是地说,法律(或法律制度)至少潜在地影响到我们生活的每个方面。[63]

一般来说,规则是指那些带有"命令"性质的约束人们外部行为的各种规范,也就是传统的关于法律的概念。根据哈特的法律规则说,法律规则分为两类,第一类规则设定义务,第二类规则授予权利,法律的大部分特征就在于这两类规则的结合之中。[64] 但是,从更为广泛的意义上说,某些传统习惯、生活常理甚至于某些道德规范都可

---

〔63〕 [美]劳伦斯·M.弗里德曼:《法治、现代化和司法制度》,载宋冰编:《程序、正义与现代化——外国法学家在华演讲录》,中国政法大学出版社1998年版,第137~143页。

〔64〕 参见吕世伦主编:《现代西方法学流派》(上卷),中国大百科全书出版社2000年版,第215页。

以被纳入规则的范畴，而且，在社会学的角度，它们也具有法律的意义。[65] 但无论如何，作为精神范畴的认识对象，规则意识是指主体对那些具有约束性的和指引性的制度、规范和准则的自觉接受和自我承认——无论它们是法律、习惯还是道德，因为，这些制度、规范和准则都毫无例外地具有宣示效应和评价功能。宣示效应表明这些规则具有明示性和可预测性，可以作为主体行为的参照标准和判断依据；评价功能则表明对主体的行为可以作出客观的以及公认的合理结论。这些规则或者是抽象的，或者是具体的，或者是直接的，或者是间接的，它们对于纠纷的解决而言常常发挥着决定性的意义。然而，有必要强调的是，在所有的规则中，法律规范始终处于核心的地位，即使不是直接地引用法律规范去解决当事人之间的争议，法律的"阴影"也是无处不在的。[66]

纠纷的解决是在纠纷发生以后对过往的行为及其后果作出是非判断和责任认定的过程，而且是在已经处于对立状态的双方当事人之间展开的博弈，这一时间上和状态上的差异决定了评判标准的外显性和客观性，即这种评判标准不仅是为一方所熟知，而且也应当为对方和第三者所熟知，或者是一种为社会所公认的标准。唯有如此，纠纷解决所追求的合理性与公正性才可能获得有效的保证。进而言之，在现代社会的纠纷解决的过程中，当事人和第三者都会自觉或不自觉地受到一定的规则意识的支配，这种规则要么是法律的规定，要么是民间习惯或者道德规范，他们会根据这些规则去衡量自己或者

---

〔65〕 美国法社会学家唐·布莱克将法律分为两种模式：法理学模式和社会学模式，认为这是关于法律本身的新概念。参见[美]唐·布莱克：《社会学视野中的司法》，郭兴华译，法律出版社 2002 年版，第 16～17 页。

〔66〕 有日本学者认为，在诉讼外纠纷解决中，审判的信息化是一种重要的"媒介"，当事人在"审判阴影"下的交涉往往会促使合意的达成。从当事人的角度看，通过这种媒介取得了正义的实现，而从社会的角度看，则意味着实现了法律的统治。参见[日]小岛武司、伊藤真编：《诉讼外纠纷解决法》，丁婕译，中国政法大学出版社 2005 年版，第 15 页。

对方的过错和责任,而不仅仅是从“关系”或“情感”的角度出发得到一个似是而非的结论。尤其对于合意的方式而言,规则意识有助于提高当事人的判断能力和认识能力,从而客观冷静地看待双方存在的争议,最终形成切合实际的解决方案。从一定意义上说,规则意识的强弱,决定了自主性程度的高低,规则的约束和指引往往成为达成合意的关键因素。

第五章　合意性机制的理论基础

以合意的方式解决纠纷作为一种生活经验是无需过多解释的，一般人大体上都能够理解其中的含义，对其运作的方式也能够作出一个大概的描述。但是，这些一般性的理解和描述对于该种事物的现实合理性认识和历史发展趋势的判断而言显然是远远不够的，而且几乎无助于该种事物的自我完善以及在现实社会中“可持续地”发挥其应当发挥的重要作用。鉴于合意性机制在纠纷解决中的显著效果，自20世纪70年代以来，这种解决纠纷的方式逐渐引起了大量学者的兴趣，学者们试图从理论上解释和探索这种具有“颠覆性”的现象，其中不乏对合意这个概念作出定义式的描述。例如，“所谓合意，就是在纠纷发后，纠纷的主体通过协商对话、妥协和让步就纠纷的解决达成一致的意见。”[1]应当说，这个定义式描述是较为典型的，也是较为中肯的。但是，究竟是什么促成了“协商和对话”？所谓“妥协”和“让步”又是基于什么样的原因？合理与否？理由何在？对此，不少学者也试图努力作出回答，但是，到目前为止，大部分的回答似乎都难以令人满意。它们有的不过是对现实生活经验的转述，从现象的分析得出合乎经验逻辑的结论，例如从纠纷的种类繁多，司法救济的不足，得出调解方式存在的必要；有的则纯粹是利用功利主义的范式，从调解或合意的实际效果来反证其价值所在，例如合意的

[1] 陈斌：《和谐社会的诉讼当事人合意解决纠纷机制》，载《探索与争鸣》2007年第8期。

方式较为温和、不伤感情，有利于修复和维持当事人的合作关系，等等。窃以为，某种客观事物的存在固然有其存在的理由，但理由的本身也还需要运用理论加以分析。并非一切有理由的存在都具有其历史的必然性，只有当严密而系统的理论替代了表象上的理由时，这种事物的合理性和价值意义才能得到充分的证明。

合意性机制作为一种长期存在的纠纷解决方式，并且在法律制度日益发达的现代社会依然顽强地占有着自己的一席之地，这种现象绝非偶然。从表象上看，它的实际效用似乎迎合了现实社会中解决纠纷的需求，使人们难以拒绝这种温和而富有成效的纠纷解决方式，但实际上，这种机制的存在具有多种理论方面的依据。在哲学、伦理学、社会学、经济学、法学等社会学科中，稍加注意就不难发现针对各种社会矛盾和纠纷所进行的探讨和论述。根据笔者的理解，“道德理性学说”、“自力救济学说”、“博弈论”和“成本理论”以及“交往行为理论”对于纠纷解决的合意性机制的理论说明都具有较为直接的启发意义。

一、道德理性学说

纠纷的解决过程从某种意义上说就是依据特定的社会规范调整人与人之间的社会关系的过程，所以，它不仅是法学所关注的对象，也必然与伦理学存在密切的关系。纠纷解决的实践表明，对于通过合意的纠纷解决而言，社会伦理和道德规范往往发挥着法律规范所难以企及的效果。这一现象的存在，为探讨伦理学对于纠纷解决的意义提供了必要的理由。

（一）中西方道德学说的比较

所谓道德，英文写作“morality”，来源于拉丁语的“mores”一词，本意为风俗和习惯，后指人的品行、人格，可见，道德与习俗和人的品格之间存在密切联系。一般而言，道德以“善”、“恶”为评价标准，合乎道德的意识和行为就是“善”，不合道德的意识和行为即为“恶”。

由于道德的评价对象是人,而人不仅具有自然属性,同时也具有社会属性,道德评价并非对人的自然属性的评价,乃是对人的社会属性的评价,因此,凡是与人的社会意识、社会活动有关的思想观念、品行作风、行为模式乃至为人态度和生活习惯都属于道德评判的范围。正因如此,哲学家、思想家和政治家们历来都将伦理学作为不可或缺的研究内容之一,于是,伦理学的研究横跨了哲学、政治学、心理学、经济学、社会学、法学等多种学科领域。特别是对于法学而言,伦理学更可以说属于基础性学科,因为道德规范与法律规范同属于社会行为规范,“每一社会的法律与该社会占主导地位的道德是建立在相同经济基础之上的上层建筑现象,其总体精神和主要内容大体相同,二者都是调整社会关系、维护社会秩序的重要手段”〔2〕。

道德与法律的关系之紧密,从历史流传的各种精彩故事和精辟思想亦可窥出一斑。古希腊的思想大师苏格拉底、中国先秦时期的变法巨擘商鞅,这两位几乎处于同一历史时期的伟大人物都是以自己的生命为代价诠释了道德之于法律的蕴育和呵护。另外,亚里士多德所强调的“守法”观念和“良法”思想与孔子所提倡的“仁政”与“德治”理念虽然在指涉对象上并不一致,但是,它们在思维方法和客观效果上却有着异曲同工之妙。就传统文化比较的角度而言,在西方国家,自古希腊、罗马以来的伦理思想多以“自然正义”和“权利界定”为主题词,而在中国却更偏重于“尊卑上下”和“天理”、“人情”,孰优孰劣,似乎不言自明了。但是,如果我们从生活世界的角度出发,不带任何偏见地将两种似乎对立的文化加以冷静的比较,又会得出什么样的结论呢?

范忠信教授对中西法律文化经过 15 年的潜心研究得出的结论是:

> 中国法律传统和西方法律传统在一系列重要问题上是

〔2〕 葛洪义主编:《法理学》,中国政法大学出版社 1999 年版,第 146 页。

> 精神契合的,两大传统的法制在解决国家社会面临的共同问题时采取的解决方案是大致相通的,中西法律文化之间的差距并没有我们从前认为的那样大。[3]

他认为,中国的传统伦理是亲属法伦理,西方的传统伦理是市民法伦理,这两种伦理观在过去都曾被推向极端,从而"使真理走向了荒谬"。在范教授看来,人之所以为人,主要在于两个法则:一是有家庭和亲属关系之法则;二是有亲属圈以外的社会法则,这两个法则是将人类与动物界相区分的基本标志。中西两种文明都注意到了这两个法则,不过,都没有将两者并重,而是朝着互逆的方向发展:西方人是站在后者的立场上附带地注意到前者;中国人则是站在前者的立场上附带地注意到后者。由于双方一开始即有立场上的偏差,久而久之,这种偏差被过分夸大,甚至走向极端,这便是中西法律文化差异的表现。[4]

按照范教授的观点,所谓中西法律文化的差异有可能是一种"历史的误会",或者是一种由于价值观的不同而形成的偏见。事实上,西方人的道德观念与中国人的道德观念在许多方面都是相通的。据说,西方人对孔子尊敬有加,将孔子视为对人类文明产生了重大影响的三大伟人之一(另外两位是苏格拉底和耶稣)。这三个伟人的共同之处是都没有留下亲笔之作,但他们的思想都在世界上广为传播。作为儒家的经典之一,《论语》中所阐发的许多道德准则已经成为传世的格言,凡国人几可信手拈来。如"己所不欲,勿施于人""已欲立而立人,已欲达而达人""言必信,行必果""人而无信,不知其可也",等等。这些名言警句看似零散,其实都是围绕着一个总的精神,即"忠恕"之道。孔子的学生曾子曾说:"夫子之道,忠恕而已

---

[3] 范忠信:《中西法文化的暗合与差异》,中国政法大学出版社 2001 年版,"自序"第 2 页、"后记"。

[4] 参见范忠信:《中西法文化的暗合与差异》,中国政法大学出版社 2001 年版,第 328 ~ 330 页。

矣!”南宋大儒朱熹解释道:“忠恕一以贯之:忠者天道,恕者人道;忠者无妄,恕者所以行乎忠也;忠者体,恕者用,大本达道也。”孔子将“忠恕之道”视为为人处世的最高原则,按照这一原则的要求,做人就要以“内省”为重,推己及人,做到以己之心度人之心,这是“君子”安身立命的根本,因此,孔子说:“朝闻道,夕死,可矣。”[5]

无独有偶,在西方国家,类似的道德理念也是广为传唱的。除了宗教形式的倡导之外,西方伦理学所宣扬的道德观与中国的传统道德也有许多暗合之处。和法学的传统类似,自古希腊、罗马以来的西方伦理学无不以“自然法”理念作为其理论的出发点,但从“自然法”理念真正释放出普世性人类道德精神内涵的还是“启蒙运动”之后的伦理思想。启蒙运动是一次真正的思想解放运动,打碎了封建专制主义的精神枷锁,使人的本性得以回归,从而将道理伦理建立在自由、平等的基础之上。启蒙运动之后,西方伦理思想的全部精髓集中体现在康德的伦理学理论中,并对后世产生了深刻而持续的影响。

有学者指出,康德是西方哲学史上一位继往开来的哲学家,从康德开始的德国古典哲学,是西方哲学史上的一个“门槛”,不跨过这个门槛,后来的哲学发展就几乎无从谈起。康德哲学向来被认为晦涩难懂,甚至令人望而生畏,“非经过专门系统的哲学训练不能问津”[6]。但是,这并不妨碍我们借助专家的引导去领略这位哲学巨匠的思想精髓和大师风范。其实,康德不仅是一位思想深邃的哲学家,同时也是一位高度关注现世生活的思想家,他的道德伦理思想是“紧贴日常生活”,充分照顾“普通人思维”的,其最终目的就是“能替一切人恢复其为人的共同权利”,“如果我们不是为他那表面看来拒人于千里之外的表达方式所吓倒,而是认真且耐心地切入他所表达的思想本身,我们就会发现他的确是处处在为普通老百姓考虑他们

〔5〕《论语集注·里仁第四》。

〔6〕参见杨祖陶、邓晓芒:《康德〈纯粹理性批判〉指要》,人民出版社 2001 年版,“前言”第 1~2 页。

生存的根据，他就像一个循循善诱的导师，立足于普通人的思维水平，但力图把他们的思想往上提一提，以便能够合理地解决他们在人生旅途中所遇到的困惑”[7]。

康德的道德学说在他的哲学体系中占有十分重要的地位，他的一段脍炙人口的表白十分形象地刻画了道德的在他心中的分量："有两样东西，我们愈经常愈持久地加以思索，它们就愈使心灵充满日新又新、有加无已的景仰和敬畏：在我之上的星空和居我心中的道德法则。"[8]不过，康德所说的道德法则与我们通常所理解的道德观念是完全不同的。在康德看来，经验的道德和理性的道德存在天壤之别，前者属于生活中的普通道德知识，而后者才是真正意义上的纯粹的道德理性，他认为："一切经验的东西，作为附属品不但对道德原则毫无用处，反而有损于它的真纯性。"[9]例如在交易场上，商人对任何人都保持价格的一致，他这样做似乎是出于责任和诚实，在人们看来是符合交易道德的，但是，康德认为，他之所以这样做，是因为有利于他，他的目的在于获得更大的利益。许多人很富于同情心，他们给他人带来快乐，并因此而感到满足和欣慰，但康德认为，这样的行为不论多么值得称赞，都不具有真正的道德价值。在康德看来，"道德行为不能出于爱好，而只能出于责任"[10]，如果行为是出于个人爱好或者为了博得赞誉，虽然符合通俗的道德观念，但是却不具有真正的道德价值，只有那些"出于责任"的善的行为才符合道德理性

---

[7] 邓晓芒：《康德道德哲学的三个层次——〈道德形而上学基础〉述评》，载《云南大学学报》(哲学社会科学版)2004 年第 4 期。

[8] [德]康德：《实践理性批判》，韩水法译，商务印书馆 1999 年版，第 177 页。

[9] [德]康德：《道德形而上学原理》，苗力田译，上海人民出版社 2012 年版，第 34 页。

[10] [德]康德：《道德形而上学原理》，苗力田译，上海人民出版社 2012 年版，第 10 页。这里的"出于责任"又译"出于义务"，因此，康德的道德哲学也被称为"出于义务的道德哲学"。参见邓晓芒：《康德道德哲学的三个层次——〈道德形而上学基础〉述评》，载《云南大学学报》(哲学社会科学版)2004 年第 4 期。

的要求。因此,道德是建立在人类理性之上的,是一种“绝对命令”,它只能是定言形式的,其总的原则是:“要只按照你同时认为也能成为普遍规律的准则去行动。”从这个总的原则出发,康德推演出了以下三个道德律令:[11]

(1)你的行动,应该把行为准则通过你的意志变为普遍的自然规律;

(2)你的行动,要把你自己人身中的人性,和其他人身中的人性,在任何时候都同样看作是目的,永远不能只看作是手段;

(3)每个有理性东西的意志的观念都是普遍立法意志的观念。

显然,康德的道德原则或道德律令是一种哲学意义上的形而上学的高度抽象,这也符合他所规划的从普通的道德理性过渡到哲学的道德理性,从大众道德哲学过渡到道德形而上学,再从道德形而上学过渡到实践理性的基本路径。但毋庸置疑的是,他的道德伦理学说深刻地揭示了人类道德理性的精神内核,即从“出于责任”或“出于义务”的角度出发去指导自己的行动,以他人的意志检核自己的意志,将他人的人性同样看作目的而不是实现自己目的的手段,这样的行为才是“至善”,才符合人类理性和普遍规律。

不难发现,无论是基督教的教义、孔子的箴言还是康德的道德律令,它们的基本精神都具有高度的一致性,对于人类道德理性的表达颇有异曲同工之妙。邓晓芒先生说:

孔子的道德律(“恕道”,即“己所不欲勿施于人”),不是立足于意志的逻辑一贯,而是强调始终不违背人心中固有的仁爱的情感。所以,康德的实践理性法则和理论理性

[11]　[德]康德:《道德形而上学原理》,苗力田译,上海人民出版社2012年版,第30、37、38页。

> 法则都是出于同一个理性(即“逻辑理性”),孔子的规则却是出于人的感性(同情感)。[12]

的确,孔子和康德的表达路径是有所不同的,孔子的规则源于人类生活的行为方式,而康德的法则却建立于精密的逻辑推论。但是,康德的逻辑推论并没有停留在纯粹理性批判的层面,而是深入到实践理性的批判,他的道德伦理学说(道德形而上学)作为一种哲学命题,并没有脱离对生活实践的关照,这也是康德哲学的魅力泽被后世且经久不衰的原因所在。

人类的道德理性对于纠纷解决的合意行为具有十分重要的意义,可以说是践行合意的思想根据和行动指南。合意行为是在具体的人之间开展的,是人的思想交流和情感交流的集中表现。达成合意的基本前提是当事人之间的相互谅解,而谅解必须建立在充分的交流和沟通的基础之上,这就要求当事人双方的思维方式、行为方式和目标预设都应符合一定的范式或原则,这些范式或原则的抽象表达就是道德理性。这种道德理性不一定必须是出自康德式的“绝对命令”,也可能仅仅是孔子式的仁爱或者是宗教式的虔诚,但无论如何,只要具备了一定的道德理性,我们就拥有了建立一个既有利于自己又有利于他人的和谐世界的可能,正如康德所说:“有理性的存在者在这些原则指导下本身也将成为他自己的同时也是别人的持久福利的创造者。”[13]

(二)作为习俗的道德理性

如果说关于道德和理性的学说是道德学家或伦理学家通过逻辑方法推演出的一种理论成果,那么,作为这种理论成果的基础事实或

---

[12] 邓晓芒:《康德道德哲学的三个层次——〈道德形而上学基础〉述评》,载《云南大学学报》(哲学社会科学版)2004 年第 4 期。

[13] 转引自杨祖陶、邓晓芒:《康德〈纯粹理性批判〉指要》,人民出版社 2001 年版,第 410 页。

原始素材则是存在于生活世界的那些看似寻常的民间风俗和习惯。民间风俗和习惯是在长期的生产和生活实践中经过不断的总结、提炼和推广之后逐渐形成，并且在特定的区域或人群当中持续传承、具有相当稳定性和规范性的思维方式和行为方式。习俗的力量是如此强大，它不仅是一个民族的精神和文化的形成依据，而且在一定程度上制约着一个国家的法律制度。孟德斯鸠说："法律是制定的，而风俗则出于人们的感悟。风俗以人民'一般的精神'为渊源，法律则来自'特殊的制度'。推翻'一般的精神'和变更'特殊的制度'是同样危险的，甚至是更为危险的。"[14] 正因如此，习惯便成为重要的法源之一。法律作为"特殊的制度"总是保守的、有限的，不可能将所有的习惯都吸收进来，但某些习俗（或习惯）却与现实生活息息相关，甚至成为人们相处和交流的基本前提。例如，一个对礼物的象征意义缺乏了解的人，就很可能无法通过馈赠礼物的举动博得对方的好感，如果他赠送的礼物恰好触犯了对方的忌讳，甚至还会产生相反的效果。[15] 但类似馈赠礼物这样的行为却不宜通过立法来加以规范，它只能通过社会的倡导和评价以及个人的自觉而表现出来。在纠纷解决的场合也是这样，并非所有的方法都有法律的明确规定，也并非通过法律规定的方法就能达到最好的效果，那些没有法律依据，当然也不应是被法律所禁止的民间风俗和习惯，却往往可能产生法律所难以实现的效果。所以，法律规范给民间习俗也留下了广泛的适用空间。[16]

作为一种文化现象，民间习俗的表现是多种多样的，而且不同的

---

〔14〕 ［法］孟德斯鸠：《论法的精神》（上册），张雁深译，商务印书馆1961年版，第309页。

〔15〕 在中国民间，忌讳将手巾、扇子、刀剪、菊花和钟表作为礼物送人，忌在下午看望病人，忌送生梨等。参见王衍军：《中国民俗文化》，暨南大学出版社2011年第2版，第34页。

〔16〕 例如我国《民法总则》第10条规定："处理民事纠纷，应当依照法律；法律没有规定的，可以适用习惯，但是不得违背公序良俗。"

民族和国家也可能会有一些十分独特的风俗习惯，其种类和内容之丰富，犹如一座取之不尽的矿藏，是难以尽述的。仅就我国而言，作为一个多民族的国家，各个民族和地方的风俗习惯就有很大差异。但是，在纠纷解决的场合所涉及的风俗习惯一般来说不存在民族的和地方的差异，因为，发生纠纷的当事人往往是同一个族群的成员，对相关的习俗拥有同样的认知——也只有在这种情形下习俗的作用才更显得重要。当然，也不能排除不同民族和地方的当事人之间发生纠纷，但也总有一些跨时空、跨族界的习俗是全体当事人都愿意遵行的。这些习俗有可能是出自功利性的现实利益的考量，也可能是为了寻求精神上的满足和心灵上的慰藉，它们看起来都是一些生活中的惯常话语和习惯，但其中蕴含的道理及其化解矛盾和纠纷的效用却是不能不令人信服的。以下仅举几例加以说明。

1. 让步

在中国民间长期流传着一种教人“让步”的为人处事之道，类似的俗语可以信手拈来，诸如“忍一时风平浪静，退一步海阔天空”“有容乃大”“吃亏是福”“海纳百川”等等，我们权且称为“让步文化”。这种观念在中国民间流传甚广，经久不衰，且为社会各层次的人们所认可。民间流传的“六尺巷”的故事就很能说明问题。[17]“让步”是最通俗的说法，意思相近的表述还有“宽容”“忍让”“大度”“妥协”等等。其核心意思是当自己的权益受到妨害时，不要去企求百分之百的补偿，适当作出一点儿让步，让问题尽快得到解决，才是最为明智的选择。在这个看似普通的生活常识中其实蕴含着十分丰富的人文与科学道理。以经济学的眼光看，如果权利人坚持要挽回所有的

---

〔17〕 据安徽省桐城市“六尺巷”碑文记载：“清文华殿大学士张英居宅旁有隙地，与吴氏邻，吴氏超用之。家人驰书于都，公批诗于后，寄归。云：‘一纸书来只为墙，让他三尺又何妨。长城万里今犹在，不见当年秦始皇。’家人得书，遂撤让三尺。吴氏闻之，感其义，亦退让三尺。故‘六尺巷’遂以为名焉。”参见张雨生：《漫步六尺巷》，载《学习月刊》2005 年第 2 期。

损失,那么,他可能要付出更多的时间、精力、精神和健康的成本,另外还有一些隐形的代价如合作关系和社会评价等等,除非对他来说这些成本和代价都可以忽略不计,否则就不会作出这样的选择。而在一般情况下,一个理性的人是绝不会忽略这些代价和成本的。因此,在鱼与熊掌不可兼得的情况下,为了获得较大的利益而放弃一些利益(让步),显然是聪明的选择,看起来是权利人的利益受到了一定的减损,但实际上是“得”大于“失”的。除了功利性的一面之外,让步文化还体现了一种提倡宽容与友善的伦理观念。因为,让步就意味着减轻对方的负担和压力,同时也体现出权利人的高尚人格和宽大胸怀,而这种举动必然会赢得人们的赞许和肯定。如果义务人因此作出了积极的响应,那么,不仅纠纷得到了解决,而且还有利于保持双方的友好关系,这显然是有利于社会和谐且为人们所喜闻乐见的。相反,如果在这种情况下义务人还是冥顽不化,那么,他的社会评价就可能会因此而大幅下降,从而影响到他的信誉和形象。因此,让步这种民间习俗对于纠纷的解决具有十分重要的价值和意义,也是在纠纷解决中经常提倡的一种积极行为。当然,让步必须是一种自愿的行为,而且,让步的幅度应当控制在一个合理的限度之内,否则就会使让步成为一种要挟权利人的不正当手段,从而歪曲了它本来的含义。

2. 人情

中国社会是一个讲人情的社会,自古以来,人情对人际关系的维系一直发挥着重要的作用。所谓人情,包括亲情、友情、爱情、乡邻之情、同事之情等等,实际上就是为满足人的基本生活需求(包括物质需求和精神需求)而在人与人之间所形成的一种道德伦理关系,诸如关心、帮助、尊重、谦让、敬老爱幼、礼尚往来、知恩图报等等,都是“人情”的具体表现。一个人在生活和工作中必然要和周围的人建立各种各样的人情关系,珍惜并维护这种人情关系是人的一种本能需求。不仅在日常生活中,而且在发生了矛盾和纠纷之后,人情的价值和作用都是不可忽视的。在中国古代的官府县衙中,可以看到

"天理、国法、人情"这样的匾额，就是告诫人们人情关系的维系对于纠纷解决和社会稳定的重要性，在古代的众多判例中也可以看到对人情关系的大力渲染。有意思的是，"天理、国法、人情"这样的排序也耐人寻味，"天理"先于"国法"，而"国法"之后又承接"人情"，在讲究位序的古代社会，这样排序也说明了古人对"天理"和"人情"的高度重视。在现代社会，随着法律制度的不断强化和完善，法律关系已然成为一种极端重要的社会关系，人际关系也常常需要通过法律加以规范和调整，特别是在发生了纠纷之后，人们也会很自然地依循法律规定来解决纠纷。但是，人情关系可以说已经成为一种文化基因，无所不在地影响着人的思维和行动，即使是在法律的范围内，也并不排除正常的人情关系，所谓"动之以情，晓之以理"，这种意念和方法在调解纠纷的场合往往会产生意想不到的良好效果。将法律看作"地方知识"的格尔茨说：

> 任何一个想要维持下去的法律体系，都必须尽力把在当地人所想象的存在样态中的"如果——则"结构，与当地人感知经验中的"因为——所以"过程扣连起来，使二者看起来只不过是互为表里的同一之物。法律可能既不是霍姆斯稍嫌过度激昂地宣称的那样一个经天纬地，无所不包的东西，但它也并不是法律现实主义（legal realism）带着土气的热情的质朴词语所描绘的那样一套避免争端、促进利益、排解棘手案件的聪明主意的大汇集——它或许比较近似一种市井里的人情世故（Anschauung）。[18]

这就说明，"人情世故"事实上在"法律"领域也是占有一席之地的。当然，作为人际关系的一种普遍现象，人情当中也会掺杂着某些不健康的因素，在讲人情和讲原则之间往往存在一个模糊地带，这也

---

〔18〕［美］克利福德·格尔茨：《地方知识》，杨德睿译，商务印书馆2016年版，第274页。

是通过讲人情解决问题常常受到诟病的原因。但是敝以为，讲人情并不等于必然要放弃原则，反之，讲原则也可以顾及人情，把二者对立起来是一种简单化的机械式思维，如果能把二者结合起来，适度地把握人情和原则之间的界限，则往往可以收到事半功倍的效果。

3. 守信

诚实守信，这本来是一个普世性的道德信条，也是做人的基本准则。孔子说："人而无信，不知其可也。"[19]一个不讲信用的人，无异丧失了做人的资格，终究是一事无成的。在立法上，诚实信用被作为一项原则，看起来是一种普遍存在的民间习俗被赋予了法律的效力。但是，鉴于这一概念的高度涵盖性和法律规范的实效性特点，法律上的诚实信用原则实际上与民间的诚实守信习俗是有一定距离的。在实际生活中，诚实守信这一习俗所享有的崇高地位以及它在现实生活中所发挥的积极作用是作为法律规范的诚实信用原则所远远不及的。例如，在朋友之间，甚至商人之间，一个托付，一声承诺，往往比一纸合同更具有可信度和约束力，明文规定的合同可能被忽视而不认真履行，但一个没有任何凭据的诺言或举动却往往伴随着一个感人的故事，这种事例是不胜枚举的。在中国民间广泛流传着"受人之托忠人之事""言必行，行必果""一言九鼎""一诺千金"等通俗格言，说明诚实守信的准则已然深深融入人们的思想言行和日常生活，以至于形成一种心理学意义上的自我暗示效应。但值得注意的是，守信准则的践行与法律规范的遵守在前提条件和表现方式上却可以很不相同。守信准则的践行是以信任和自愿为前提的，它一般表现为当事人之间的合意，这种合意可以是书面的也可以是口头的；而法律规范的遵守一般是被动的，是基于双方互不信任的前提，所以它的表现形式一般是带有强制约束力的书面协议。正因如此，在诸多的民间纠纷中，当事人之间往往都是口头往来，而缺乏实物或书面证据，由此给事实的调查带来困难。但是，在适当的沟通、充分的信任

[19]《论语·为政》。

和足够尊重的场合——而不是在庄严肃穆的法庭上，可能更有利于此类纠纷的解决。

4. 禁忌

在现代人的观念中，禁忌似乎只属于原始的和落后的社会，是愚昧和迷信的产物。然而，当我们对某些道德习俗甚至是法律制度的形成过程详加考察就会发现，它们其实和早期社会的禁忌文化存在千丝万缕的联系，有些禁忌甚至在现代社会依然持续发挥着影响。正如弗洛伊德所言：

> 在我们的日常生活中一直在发挥其作用的道德上和传统上的禁忌，在本质上仍然具有和这些原始禁忌相似的地方。[20]

> 禁忌随着文化形态的不断转变，逐渐形成为一种有它自己特性的力量，同时也慢慢地远离了魔鬼迷信而独立。它逐渐发展成为一种习惯、传统，而最后则变成了法律。[21]

在中国传统文化中，诉讼向被视为一种不吉利的事物，《易经》"讼卦"里说"讼，终凶"，孔子曰："听讼，吾犹人也，必也使无讼乎！"[22]也就是说，诉讼终究是"凶多吉少"的，要尽量避免。在民间则长期流传着"和为贵""和气生财""家和万事兴"的伦理观念，如果因为某种不和而被人起诉，那就是"摊上了官司"，是一件不好的事情。这种"厌讼"的禁忌固然有其特殊的历史背景，在当今社会难免有迂腐之嫌，但其不尚争执，倡导协和的精神无疑是具有积极意义的。拿今天的话说，就是遇到争议或纠纷最好是通过协商或调解解决，尽量避免诉讼，以达到既能解决问题又不伤和气的目的。禁忌的

---

〔20〕［奥］弗洛伊德：《图腾与禁忌》，文良文化译，中央编译出版社 2016 年版，第 37 页。

〔21〕［奥］弗洛伊德：《图腾与禁忌》，文良文化译，中央编译出版社 2016 年版，第 39 页。

〔22〕《论语·颜渊》。

作用不单纯是告诫和警示，在构成约束的同时，它也相应地促成了某些善良风俗的形成。例如“打人不打脸，揭人不揭短”“入乡随俗”“与人为善”“己所不欲，勿施于人”等等，这些格言警句和行为准则与人们的日常生活联系非常紧密，对营造正常的生活秩序和良好的社会风气有着十分重要的意义。

二、自力救济学说

如果说道德理性学说是纠纷解决合意性机制的思想根据和行动指南，那么，自力救济学说则说明了合意性机制在原因上的合理性问题。即要说明为什么合意的问题，就不能不借助于自力救济这一学说的支持。长期以来，自力救济基本上只是作为一个概念而存在，并没有一套公认成熟的理论体系；不仅学术界对这一概念的理解见仁见智，而且在现代法律制度中这一概念也被定义为应予取缔的或禁止的行为。本书将自力救济称为一种“学说”并作为合意性机制的理论基础之一似乎有些“勉强”。但是，自力救济这个命题事实上从未淡出我们的视线，在传统的或是现实的纠纷解决的理论研究中，自力救济从来都是一个绕不开的范畴，近年来也有不少学者倾力于自力救济理论体系化的研究，并且提出了许多富有启发性的真知灼见。客观地说，自力救济在当前社会主要是一种解决纠纷的现实手段，实践的意义大于理论的意义。为此，笔者将首先就自力救济在现代社会的复兴趋势进行考察，并在此基础上对自力救济的理论界定进行必要的论证，以期大致上勾画出这一学说的基本内容。

（一）自力救济的现代复兴

毋庸讳言，自力救济在现代法学理论中的名声一直处于低回状态，甚至属于反面概念。在权利救济的诸种方式中自力救济常常被描述成原始的、野蛮的、暴力的，客气点说是强力的、压服的、恃强凌弱的纠纷解决方式。这种救济方式在人类社会的早期被频繁适用，随着人类进入文明社会，特别是随着现代法律制度的建立，自力救济逐渐被社会救济方式和司法救济方式所取代。有学者认为:“用自力救济解决纠纷的方式,是最原始、最简单的民事纠纷的处理机制。它与生产力低下、文明程度不高的人类早期社会密切联系”,而“现代社会采取的公力救济方式能使纠纷得到最公平、最合理的解决”。[23] 在现代立法中更是明确禁止自力救济。如我国澳门特区《民事诉讼法典》第2条的主旨就是“自力救济之禁止”,条文规定:“以武力实现或保障权力并不合法,但在法律规定之情况及限制范围内除外。”[24]

但是,事实上,关于自力救济的理论研究和社会实践却从未间断。一方面,作为现代权利救济制度的参照对象,自力救济与公力救济具有鲜明的可比对性,其最主要的区别就是“私力”和“公力”的性质不同。现代社会的权利救济方式以公力救济占主要地位,公力救济具有规范性、强制性和普遍性的特点;而自力救济则具有较大的随意性,且极易出现对社会秩序造成破坏的失控现象。另一方面,社会矛盾和纠纷的复杂性和数量的不断累积,特别是一些新型纠纷的出现,使公力救济的不足和固有缺陷——如繁琐的程序和高昂的成本——也逐渐暴露出来,以多种方式解决纠纷的思路便得到社会的普遍认同。因此,自力救济事实上成为公力救济的一种补偿机制而在实践中取得了自己的一席之地。

在西方国家,关于自力救济的理论研究和社会实践在20世纪后半期得到了迅速的发展,其主要是得益于美国的“ADR”运动的推助。正如布莱克所描述的那样:“通过建立其他替代手段以取代法律的运动已经出现在西方社会中,其中美国最具代表性。这场运动的主旨是鼓励建立调解和仲裁机构,这些机构里中立的第三方能以

---

[23] 常怡主编:《民事诉讼法学》,中国政法大学出版社2002年版,第23、24页。

[24] 参见中国政法大学澳门研究中心、澳门政府法律翻译办公室编:《澳门民事诉讼法典》,中国政法大学出版社1999年版。

不同于法律的方式调解纠纷。”[25]在这一过程中，法社会学的崛起也为自力救济的社会实践提供了重要的思想武器。如作为自力救济的一个有力证明，埃里克森通过对美国加州夏斯塔县乡村居民化解因离散牲畜引发的纠纷的实证分析，发现“夏斯塔的邻人运用的是一些非正式规范，而不是一些正式的法律规则，来解决他们当中出现的大多数争议”[26]。埃里克森由此认为“无需法律的秩序”（Order Without Law）是自发地、普遍地存在的，人们完全可以通过自力救济的方式解决他们之间的日常性纠纷。不仅在民间存在一种自力救济的普遍愿望，而且官方司法机构也逐渐意识到自力救济方式的现实价值。为了缓解诉讼案件的压力，提高诉讼的效率，使“接近正义”的理念得到实质的体现，许多西方国家在其司法改革的方案中纷纷推行当事人自行和解的制度和措施。如在英国，负责进行司法改革的司法大臣沃尔夫勋爵在1996年公布的最终报告中的一个重要内容就是鼓励和解。为此，沃尔夫建议：“如果一方当事人拒绝另一方当事人提出的和解请求，那么该方当事人随后在审判中将获得一个相对不利的判决结果，他或者她将承担从和解要求被提出之日起的所有诉讼成本。”[27]

在中国，作为传统的民间纠纷解决方式——调解方式——随着改革开放初期对计划经济时代“调解为主”观念的反思而走向低迷。特别是在20世纪90年代前后，随着“程序公正”理念的引进，法院大力推进“审判方式改革”，调解方式在国家倡导的正式纠纷解决机制中受到强烈抵触。而几乎与此同时，在西方国家，调解作为应对其

〔25〕［美］唐·布莱克：《社会学视野中的司法》，郭兴华等译，法律出版社2002年版，第90页。

〔26〕参见［美］罗伯特·C. 埃里克森：《无需法律的秩序——邻人如何解决纠纷》，苏力译，中国政法大学出版社2003年版，“引论”第1、5页。

〔27〕［德］阿德里安·A. S. 朱克曼主编：《危机中的民事司法》，傅郁林等译，中国政法大学出版社2005年版，第149页。

"诉讼爆炸"局面的举措却受到格外青睐,以提高司法效率、鼓励和解为主旨的司法改革运动在西方国家蓬勃开展。及至21世纪,中国社会也出现了类似于西方国家的诉讼爆炸,各种社会矛盾和纠纷纷至沓来,司法能力的不足日益显现。面对现实,中国的法律界不得不重新审视调解的价值,不仅相关的学术文献频频问世,包括国家司法机关和相关行政机关的规范性文件也大量出台,如在2012年颁布的新《民事诉讼法》中,也充分体现了强化调解的主题。[28] 而在实务界,纠纷解决方式的多元化实践亦如雨后春笋般地迅速出现,不仅调解、仲裁的方式得到空前的重视,而且诸如"调裁结合""诉调联动""诉调对接"等新型的纠纷解决机制也显示出勃勃生机,并且在实现解决纠纷的及时性和彻底性方面效果明显。

无论是西方国家的"ADR"方式,还是中国的调解制度,之所以能够发挥解决纠纷的显著效果,其深层的源驱力无非是自力救济的机能使然。自力救济这种古老的纠纷解决方式从被否定和取缔到再度复兴,绝非是偶然现象,除了其自身固有的特点和功能之外,也与社会发展的现实需求以及人们对自力救济的认识更趋理性不无关系。

(二)自力救济的理论界定

那么,究竟什么是自力救济?自力救济与纠纷的合意解决之间又存在什么样的关联?

对自力救济这种提法,在学术界是有不同理解的。据徐昕教授考察,类似的提法还有私力救济、自力救助、自力救护、自立救济等,"称自力救济者居多,其次为私力救济,两者基本上可以等同"[29]。但徐教授倾向于使用"私力救济"的提法,并对此作出了详细的说

---

〔28〕 关于调解制度在中国的数度反复及其社会和思想原因,可参见范愉:《调解的重构》,载《法制与社会发展》2004年第2、3期。

〔29〕 徐昕:《论私力救济》,中国政法大学出版社2005年版,第90~93页。

明。与徐教授截然不同的是,另有学者却认为私力救济与自力救济这两个概念是有重大区别的。这种观点认为:如果说私力救济与公力救济是正反相对的两个命题,那么自力救济就是对这两个命题的综合,从而赋予自力救济一种新的内涵,也就是将权利救济的本身看成一种权利,“这是一种新型的救济观,是一种通向权利主体或权利人的自我救济理论,即自我救济的权利”〔30〕。不可否认,这种说法的确令人耳目一新,不过由于其立论倾向于权利理论范畴,而权利救济方式似乎本质上属于技术运作范畴,故此,笔者还是觉得徐教授的观点较为中肯。不过,笔者之所以不采私力救济的提法,理由有三:其一,从字面上看,私力救济与公力救济截然相反,一个为私,一个为公,似乎二者是对立性的事物,容易使人产生误解。其实,二者只是救济方式不同,其目标是一致的,都是为了解决纠纷,恢复应有的权利状态。而自力救济强调纠纷当事人自己的选择方向,完全可以避免产生误解。其二,按照徐教授的说法,私力救济还可以借助纠纷当事人以外的其他个人的力量,私力救济还包括了为他人和公益之救济,私力救济的方式甚至还包括私人的“强制”,这是笔者所不敢苟同的。当然,徐教授的观点有一定的前提设定,但这种“附条件”的私力救济似乎已经超出了作为救济方式的私力救济的逻辑限定,从而偏向了权利概念的范畴。〔31〕其三,自力救济作为一个通用概念,已为学界和实务界所熟知,既然二者的表意不会产生根本的误会,就没有必要刻意区分二者的不同,以免发生无谓的争拗。

虽然笔者对上述两位学者关于自力救济概念的观点有不同看法,但是,笔者从他们的观点以及相关论述中的确受到了不小的启

〔30〕 贺海仁:《谁是纠纷的最终裁判者》,社会科学文献出版社2007年版,第5页。

〔31〕 例如徐教授将私力救济的“私”与“私权”、“私法”联系起来,从而与“公权”、“公法”形成对比关系,这样一来,所谓“私力”的主体范围就不限于纠纷当事人,而是扩大到了所有私权或私法的主体了。参见徐昕:《论私力救济》,中国政法大学出版社2005年版,第92、124页。

发。基于这种启发以及笔者之愚见，拟从以下几个方面尝试界定自力救济的理论框架。

1. 自力救济是关于纠纷解决方式的工具性概念。纠纷的解决所涉及的问题或者说作为纠纷解决领域所要研究的对象是多方面的，例如对纠纷现象的认识、纠纷的发生原因、纠纷的性质和作用、纠纷解决机制（包括解决纠纷的具体方式），等等。其中，纠纷解决机制是纠纷解决研究的重点内容。因为，纠纷的解决是一种综合性的社会工程，必然涉及纠纷解决的制度安排、组织方式、表现形式以及具体的措施和方法，就如倡导设立“纠纷解决学”的范愉教授所言：“纠纷解决学致力于将研究结果用于现实社会治理和多元化纠纷解决机制的建构，为立法、制度建构、程序设计提供理论依据和技术指导。”〔32〕而在纠纷解决机制中，救济方式属于基础性理论之一，纠纷解决机制可以说就是不同种类的救济方式的具体表象。例如，我们可以说诉讼机制是公力救济的表象，调解和仲裁机制是社会救济的表象，而合意性机制则是自力救济的表象。因此，通过自力救济还是公力救济抑或是社会救济解决纠纷，就是一个方法问题，属于工具性概念。虽然具体的救济方式与权利现象存在密切联系，但是二者的核心内容和具体任务是有所不同的。如果从权利属性的角度看问题，上述三种救济方式其实都含有“私权”的性质，因为，选择哪种救济方式是纠纷当事人的权利，例如民事诉讼属于公力救济的方式，但是“不告不理”是民事诉讼一贯遵循的基本原则之一。因此，救济方式本身不应属于权利概念的范畴，而属于工具理性的范畴，并不存在权利的属性，从权利的角度对其作出价值评判是没有必要的，也是容易引起误解的。

2. 自力救济与公力救济、社会救济维系于合意，不存在矛盾和冲突。我们说救济方式是纠纷解决机制的理论前提，纠纷解决机制是

---

〔32〕 范愉、李浩：《纠纷解决——理论、制度与技能》，清华大学出版社 2010 年版，第 5 页。

救济方式的具体表象,但并不等于某种救济方式与某种纠纷解决机制只能是一一对应的关系,换言之,不能说一种救济方式就只能有一种具体表象。就如金子是会发光的,但会发光的不一定都是金子。自力救济可以表象为交涉、谈判、和解等合意的机制,但从当事人选择的角度看,亦可以表象为有第三方介入的机制,如调解、仲裁,甚至可以表象为诉讼的机制,例如"诉讼契约"以及在诉讼中的和解。张卫平教授认为,"诉讼契约,是指以产生诉讼法上的效果为直接目的的当事人之间的合意。也称为'诉讼上的合意'。它所产生的诉讼法上的效果又称为'程序形成效果'",诉讼契约包括"程序选择""不起诉选择""协议管辖""举证时限""证明责任分配""诉讼和解"等等。[33] 质言之,自力救济在纠纷解决的不同时段和不同场合可能会有不同的表现,但是其根本的特点在于合意,合意是自力救济的核心思想和终极目标。而且,不仅交涉、谈判、和解是以合意为目标的,在调解、仲裁、诉讼中同样也是以合意的实现为最佳选择。正是从这个意义上说,自力救济与公力救济、社会救济方式往往是互相结合、互相促进的,它们共同维系于合意性机制,相互之间并不存在根本的矛盾与冲突。

3. 自力救济必须立足于现代法制理性。虽然自力救济在历史上的名声似乎不佳,人们常常将它与强权、暴力甚至杀戮联系起来,因此其在现代法制体系中往往被边缘化,甚至被排斥在现代法制体系之外。但是,应当看到:第一,除了强力的一面之外,自力救济还有温婉的一面,例如谈判、和解也是人类解决纠纷的常规性手段;第二,历史文化往往是糟粕与精华并存,我们不应将小孩和洗澡水一起倒掉,而应当取批判与扬弃的态度,去其糟粕,存期精华,并使优秀的传统予以传承。在现代社会,法制文明已经成为人类的共识,法制理性已经成为现代人的道德理性的基本标志,一个没有法制理性的人就不

---

〔33〕 参见张卫平:《论民事诉讼的契约化——完善我国民事诉讼法的基本作业》,载《中国法学》2004 年第 3 期。

是一个合格的现代人。孟德斯鸠早就说过:“在一个国家里,也就是说,在一个有法律的社会里,自由仅仅是:一个人能够做他应该做的事情,而不被强迫去做他不应该做的事情。”〔34〕时至今日,这个基本的道理是显而易见的。因此,那种试图以强力手段解决私人纠纷的行为应当受到谴责,法律对这种行为的禁止(如禁止通过私力拘禁他人)亦是情理之中。因此,现代社会的自力救济仍然必须是法律范围内的救济方式,法律制度是自力救济的必要保障条件。法社会学家所谓“无需法律的秩序”〔35〕,并不是说不要法律,而是在特定的纠纷解决过程中无需法律的介入,当事人自己就可以按照一定的规则达成合意,但如果没有法律的存在,这种“无需法律的秩序”也是难以想象的,亦如棚濑孝雄所言:“现实中合意总是多多少少产生于一定的规范框架之内。纠纷当事者和第三者一般也总是以这些规范作为自明的前提来进行交涉。如果不存在关于如何达成合意的规则,交涉过程将会陷入无法收拾的混乱。”〔36〕

4. 自力救济以当事人合意为基本目标。自力救济,从字面上看,似乎是强调以自己的力量去解决争议或纠纷,但这显然是一种望文生义式的理解,至少它存在一个忽视社会环境和他人感受的问题。现代社会的自力救济在表现上应当具有自主性与双向性的特点。自主性是指纠纷当事人对采取什么方式解决纠纷以及如何处理争议的事项完全是按照自己的意思而为,虽不排除第三方的介入和建议,但他始终拥有一切事项的最终决定权。双向性是指自力救济的行动主

〔34〕 [法]孟德斯鸠:《论法的精神》(上册),张雁深译,商务印书馆1961年版,第154页。

〔35〕 埃里克森提出了“无需法律的秩序”这一命题,但是他并不否认法律在社会控制体系中的重要地位,他甚至对“法律边缘论”提出了批评。参见[美]罗伯特·C. 埃里克森:《无需法律的秩序——邻人如何解决纠纷》,苏力译,中国政法大学出版社2003年版,第180~181页。

〔36〕 [日]棚濑孝雄:《纠纷的解决与审判制度》,王亚新译,中国政法大学出版社2004年版,第32页。

体是发生纠纷的双方当事人，缺少了任何一方，自力救济的模式就不能构成；同时双向性还包括纠纷当事人之间的平等性。这个特点是由纠纷或争议本身的特性所决定的，所谓“一个巴掌拍不响”，纠纷或者争议一定是在至少两方当事人之间发生的，那么，即使是自行解决纠纷也必须是双方当事人的合意，而不能由一方说了算。[37] 这种救济方式上的自主性和双向性应当是同时具备，缺一不可的。缺少了自主性，自力救济就丧失了权利的依托，当事人的权利就无从保障；缺少了双向性，势必会出现强力的弊端，当事人双方难以在平等的基础上达成合意，纠纷也就无法得到解决。因此，自力救济在自主性和双向性的共同作用下，必然会朝着合意的方向前进，合意是自力救济的基本目标。

三、“私法自治”原则

民事纠纷发生于民事主体之间，民事纠纷的内容是围绕着民事财产和人身关系的权利义务之争，而调整民事财产关系和人身关系的法律规范属于私法范畴的法律规范，故有关私法的原则和理念对民事纠纷的解决就具有特殊的意义。在所有关于私法的原则之中，“私法自治”是最基本的原则，它在现代民法中拥有“基石”地位，[38] 私法上的“所有权绝对”（又称私有权神圣）、“契约自由”、“过错责任”、“人格平等”、“意思自治”、“诚实信用”等原则或理念都与“私法自治”原则存在密切联系。然而，常态的民事法律关系和异态的民事法律关系毕竟在内容、目的和处理方法上存在很大差异，[39] 而发生争议或纠纷的民事法律关系属于异态的民事法律关系，所以，“私法自治”的原则在民事纠纷解决中的意义和作用也就有了不同

〔37〕　在这一点上，民事纠纷与一般的民事行为不同。民事行为有单方的行为，如赠与行为。

〔38〕　参见李军：《私法自治的基本内涵》，载《河北法学》2005 年第 1 期。

〔39〕　参见刘凯湘：《论民法的性质与理念》，载《法学论坛》2000 年第 1 期。

的含义。

(一)“私法自治”和“私权自治”

法律规范是通过国家权力强制制定和推行的“第二次社会生活规范”,因社会生活关系包括“统治主体之生活关系”和“非统治主体之生活关系”,故有“公法”和“私法”之分。[40] 通俗地讲,凡是关于国家或社会公共事务的法律规范就属于公法,反之,如果不涉及国家或社会公共事务,而是关于私权主体之间的相关事务或权利和义务的法律规范,则属于私法。但是,在法律编纂体系和具体法律规范中,公法和私法的界限却并非十分明晰,公法和私法的区分的历史意义和理论意义远大于现实社会的具体法律实践,随着公权的扩张及私法的公法化,现代社会的法律体系和具体法律规范往往存在公法和私法互相交织和渗透的情形,如在民法和商法中,任意性规范和强制性规范并存的情形并不罕见。如学者所言:

> 公法与私法放弃传统那种全然的强制法与任意法的区分,转而在制度规范上出现靠拢和渗透的趋势。民法中必然会含有一定的强制性因素,这些强制性的存在目的体现为两个方面:一是对于欺诈、胁迫、乘人之危等投机性行为给予否定性评价,进而保护个人自由价值;二是基于对社会弱者的保护,对于强者的权利和利益进行一定程度的“掠夺”,以实现社会正义。[41]

私法自治作为私法领域的基本理念和基本原则,它所强调的是私权主体可以通过自己的意愿自主地处分有关私权的各项事务,从而形成具有法律意义的权利和义务;在不违反公法性的强制性规范

[40] 史尚宽:《民法总论》,中国政法大学出版社 2000 年版,第 3 ~5 页。

[41] 李少伟、王延川:《现代民法文化与中国民法法典化》,法律出版社 2016 年版,第 95 ~96 页。

的前提下,私权主体自愿达成的协议“优先于私法适用”,例如“合同当事人之间订立的契约具有法律的约束力,非经双方当事人的同意,不得随意变更和解除。一切权利义务关系的产生,都必须基于当事人的合意。这种合意不仅在当事人之间有相当于法律的效力,而且有排除法律适用的优先性”〔42〕。因此,私法自治的理念关键在于“自治”,因“自治”的前提才有了“私法”,而不是相反;自治的本质是私权主体对权利的自由处分,从而在相对的私权主体之间形成了特定的权利义务关系,正是在这个意义上,“私权本位”的命题才得以成立:“私权本位,或曰权利本位,即民法以充分创设权利和保障权利为己任,法律设计、法律施行和法律教育均以权利为线索和中心。”〔43〕或许是由于私法自治与私权(或权利)之间存在如此紧密的联系,学者们常常有意或无意地将“私法自治”与“私权自治”这两个概念相提并论,或者干脆以“私权自治”取代“私法自治”,究其原因,不能不说这两个概念在价值取向和基本含义上其实是具有逻辑上的一致性的。

从私法自治到私权自治不仅强调了权利对于私权主体的重要意义,而且更能说明私权主体在合意的根据和目标上的自主性和一致性,特别是在纠纷解决的场合,因为需要对异态化的法律关系作出判断、认定和修复,更需要在权利的处分上充分体现纠纷当事人的自愿性和自主性。如果说在特定法律关系建立的过程中需要通过“自治”而形成公平合理的权利和义务,那么,为了解决纠纷的需要,“自治”所形成的结果却可能是看起来不那么公平合理的,甚至是一种“质次价廉的正义”〔44〕。纠纷解决的目的并不是要生成权利,而是

---

〔42〕 刘美希:《私法自治理念的历史演变考》,载《山东警察学院学报》2009 年第 4 期。

〔43〕 刘凯湘:《论民法的性质与理念》,载《法学论坛》2000 年第 1 期。

〔44〕 参见[日]棚濑孝雄:《纠纷的解决与审判制度》,王亚新译,中国政法大学出版社 2004 年版,第 47 页。

要对受到损害的权利给予救济,是为了尽可能地减少权利人的损失。为了这一目标的实现,适当地放弃某些权利,即对等待恢复的权利作出部分否定的处分,在"自治"的角度并无不妥,甚至是一种富于理性的选择,而"私权自治"恰好给这种选择提供了最好的理由。正如棚濑孝雄在谈到"交涉型调解"时所说的:"交涉型调解的简易性(指成本的降低——作者注)是在当事者对自己想达到的调解结果和愿意付出的成本进行衡量、计算的基础上,通过把处理过程的展开和具体合意内容的获得都尽量委诸当事者自身选择而实现的。"[45]

(二)权利的"自治"与"滥用"

按照最一般的理解,基于私法自治的原则,私权(权利)可以被权利人自主地处分,即权利人既可以出于自愿的前提与他人形成某种权利义务关系,也可以在权利受到损害时自愿地放弃某些权利,从而换取降低成本、减少损失的效果。这种关于私权的处分可以说是一种积极的而且是出于善意的行为,这种行为对社会和他人并不存在任何损害,只是权利人在法律许可的范围内对自有权利的正当行使。但是,权利自治的实际表现形态却并不总是如此合乎情理和令人愉悦的。在"自治"的光环之下,也可能存在一些不合情理,甚至是有损自由和正义原则的不当行为,在法律的规范语言中,这种不当行为被称为权利的滥用。"权利滥用(Rechtsmissbrauch, abus du droit),谓逸出权利的、社会的、经济的目的或社会所不容许的界限之权利行使",[46]在现代民事立法中,权利滥用之禁止已经成为一项基本的法律原则。[47] 权利滥用的行为有多重表现,但仍是以利用自己

---

〔45〕 [日]棚濑孝雄:《纠纷的解决与审判制度》,王亚新译,中国政法大学出版社2004年版,第60页。

〔46〕 史尚宽:《民法总论》,中国政法大学出版社2000年版,第718~719页。

〔47〕 例如我国《民法总则》第132条规定:"民事主体不得滥用民事权利损害国家利益、社会公共利益或者他人合法权益。"

的权利获取不当利益或损害他人利益为显著标志。按照史尚宽先生的归纳，权利滥用之构成须符合以下三个要件："第一须有权利之存在；第二须权利人有积极的或消极的行为；第三须其行为有堪称滥用之违法性。"〔48〕故所谓权利滥用一般仍可以理解为对权利的行使，只是行使的目的、方式或效果超出了必要之限度，且这种不当行使权利的行为参照法律的规定亦属可以辨识的事物。〔49〕

然而，应当特别注意的是，在权利滥用的种种表现之中，除了轻易可以辨识的显著的权利滥用之外，还有一些隐性的权利滥用却不那么容易辨识，更为严重的是，这种不甚明显的权利滥用行为竟然也是源出于私法自治的理论。例如，在民间借贷中，出借人为了获得高额的利益回报（俗称"高利贷"）而将款项借予财务困难的借款人，且不设任何担保防范的措施，但借款人于借款到期日未能偿还借款，〔50〕按照一般理论，债权人此时便拥有要求债务人偿还债务之请求权，即在借贷关系中，借款人到期而未偿还借款，则出借人之债权请求权成立当无疑义，出借人依此请求权向借款人追讨欠款，或者行使诉权向司法机关提起诉讼亦属情理之中。但是，如果细究该项请求权之权利基础和发生原因，又可得出什么结论呢？考察事件的原委和经过，该出借人自身是否存在过错甚至违法行为呢？很明显，该出借人的目的只在于获得超高的利益回报，既不调查借款人的偿还能力，亦不采取任何担保防范措施，而在借款人无力偿还债务时，出借人却又借助请求权向借款人发难。从表面上看，此项请求权似乎无懈可击，所谓"欠债还钱，天经地义"，但是，究其实质，此项债务的形成在很大程度上要归咎于出借人自身的原因，所以，其所谓请求权的正当性殊可怀疑，谓其为权利滥用亦无不可。

---

〔48〕史尚宽：《民法总论》，中国政法大学出版社 2000 年版，第 717 页。

〔49〕史尚宽先生详细列举了权利滥用之实例，达 19 类之多。参见史尚宽：《民法总论》，中国政法大学出版社 2000 年版，第 719 ~ 733 页。

〔50〕实践中还有多种类似的案例，如"名为投资，实为借贷"，以及"非法集资"等。

王泽鉴先生指出:“民法的主要特征及规范意义在于自由与平等,即个人得自主决定,自我负责地形成彼此间的权利义务关系(私法自治)。”[51]这里有两个关键词应予特别注意,即“自主决定”和“自我负责”。自我决定,即民事权利的设定和处分均得由权利人依其自愿作出决定,而不受他人之干涉,此乃私法自治原则的最一般含义;自我负责,则意味着权利人对自己作出的决定以及由此决定所产生的后果应自行负责,而不能将因自己的过错所造成的后果完全归咎于他人。马克斯·韦伯认为:“在任何法的制度里,契约自由都不是毫无限制到对于某种协定的任何内容,法都准备提供强制的保证。”[52]这句话可以作为私法行为“自主决定”、“自我负责”的很好脚注,它进一步说明了私法行为自我决定和自我负责的根本原因和必然逻辑,揭示了私法自治的精神实质。总之,私法自治的“自治”不仅意味着权利和自由,而且也意味着义务和责任,这不仅是民事法律关系的最基本内容,也符合现实生活中的基本道德规范的要求。

四、“博弈论”和成本理论

纠纷解决的合意性机制中的交涉行为不同于一般性社会交涉行为的特点之一就在于这种交涉具有已经存在纠纷的背景,即当事人不是为通常的经济或生活目的去拟定具体的行动方案或者投入、分配事宜,而是为了解决双方已经发生的纠纷,即双方当事人是处于一种既存的对抗状态而不是合作的状态。这种情形不禁会使人联想到经济学上的一个著名隐喻——“囚徒困境”。而且,纠纷的解决过程也会产生一定的成本——虽然不仅仅是经济上的成本,因此,成本与收益的权衡也就必然成为纠纷当事人所关注的问题。而这一问题也属于经济学上的一个基本问题。

---

〔51〕　王泽鉴:《民法概要》,北京大学出版社 2011 年第 2 版,第 4 页。

〔52〕　[德]马克斯·韦伯:《经济与社会》(下卷),林荣远译,商务印书馆 1997 年版,第 21 页。

将经济学的基本原理和概念引入法学理论,或者说在法学的研究中引入经济学的方法,是20世纪后半期以来法学研究领域的一个重大成果。20世纪60年代至80年代,法学家们日益广泛地运用经济学理论和方法来分析、评估法律问题,经过不懈努力,终于促成了法律经济学的诞生。时至今日,法律经济学已经成为法学研究中一个不可或缺的领域。〔53〕纠纷解决的研究与法律经济学一样也具有“边缘性”的学科特征,但并非仅仅是因为这一形式上的共性决定了二者的学术共鸣,而是经济学所提供的分析工具和思维方法对纠纷解决合意性机制的研究具有理论上的特殊意义。如个人主义原则、利益最大化原则、机会成本理论、激励分析方法、交易成本理论、效率和平等理论等,这些原则、理论和方法对纠纷解决合意性机制的研究具有重要的启发和指导作用。当然,对于任何一种理论或方法,都不能囫囵吞枣,生搬硬套,而应持有批判的态度。本书仅就“博弈论”模型和“成本”理论这两个典型的经济学理论对纠纷解决合意性机制研究的指导性意义作一探讨。

(一)“囚徒困境”的隐喻

根据经济学理论,人类社会最根本的矛盾是资源的稀缺性和人的无止境的欲望之间的矛盾。

> 稀缺性(scarcity)是指社会拥有的资源是有限的,因此不能生产人们希望拥有的所有物品与劳务。正如每个家庭成员都不可能得到他(或她)想要的每一件东西一样,社会上的每个人也不能达到他(或她)希望的最高生活水平。〔54〕

〔53〕 参见[美]波斯纳:《法律的经济分析》,蒋兆康译,中国大百科全书出版社2003年版,“译者序”第18页。

〔54〕 [美]曼昆:《经济学原理》(微观经济学分册),梁小民、梁砾译,北京大学出版社2009年版,第3页。

正是这一理论构成了自亚当·斯密以来的经济学的一个传统观点的依据,即所谓“理性人假设”(也称“经济人假设”)。在经济学家们看来,正因为社会资源是有限的,所以每一个从事经济活动的人都是利己的,都是力图以最小的代价去获得最大的经济利益。只有这样的人才是“合乎理性的人”,否则,就是非理性的人,[55] 正如波斯纳所指出的:

> 在这个世界,资源相对于人类欲望是有限的。依此定义,经济学的任务就在于探究以下假设的含义:人在其生活目的、满足方面是一个理性最大化者(rational maximizer)——我们将称他为“自利的(self - interest)”。[56]

理性人假设这一命题显然涉及关于人的本质的概念,涉及人性的“善”“恶”,虽然从学术性假设的角度来看确有一定的合理性,但它未必就揭示了人性的本质,所以,也有不少的学者根据自己的理解对这一假设作出了解释。例如,“所谓的‘理性人’或者‘经济人’的假设是对在经济社会中从事经济活动的所有人的基本特征的一个一般性的抽象”。[57] 这种解释显然具有哲学思考的意味,它强调了理性人假设的一般性和普遍性,但并未对它的价值意义作出实质性的评判。曼昆从“看不见的手”这一命题出发,忠实地转述了亚当·斯密关于人都是“为利己之心所驱动”的观点,但是,他同时又明确地

---

〔55〕 参见高鸿业主编:《西方经济学》(微观部分),中国人民大学出版社 2011 年版,第 14 页。[美]曼昆:《经济学原理》(微观经济学分册),梁小民、梁砾译,北京大学出版社 2009 年版,第 11 ~ 12 页。这一观点是经济学界的通说,但是在具体解释上却有所不同,本书所采纳的是这一观点的引申意义,请参见下文的分析。

〔56〕 [美]波斯纳:《法律的经济分析》,蒋兆康译,中国大百科全书出版社 2003 年版,第 28 页。

〔57〕 高鸿业主编:《西方经济学》(微观部分),中国人民大学出版社 2011 年版,第 14 页。

提出“理性人考虑边际量”的观点，认为理性人是“系统而有目的地尽最大努力实现其目标的人”，并且，在他的“合作经济学”理论中更多地展示了为什么合作是可能的。[58] 这种手法不能不说是一种带有几分狡黠的幽默：表面上看他是赞同理性人假设的，但实际上他所强调的理性的内容却是有所不同的。相比较而言，波斯纳的观点是更为直白的，他直截了当地指出：

> 理性最大化不应与有目的的计算(conscious calculation)相混淆。经济学不是一种关于自觉意识的理论。无论选择者的心理状况如何，当行为与理性选择模式一致时，它就是合乎理性的。自利不应与自私(selfishness)相混淆，其他人的幸福(或痛苦)可能是某人的满足的一个部分。[59]

在波斯纳这里，将人的行为与人的心理活动区分开了，显然，波斯纳在这里运用了其擅长的法律思维，这也正是法律经济学的闪光之处。[60]

虽然西方经济学家或法学家们对何为“理性人”作出了各种富有理论意义的解释，并且这些解释对于经济学理论体系的建构具有前提性意义，但是，他们或多或少都难免具有片面性的嫌疑，都难以

---

〔58〕 [美]曼昆：《经济学原理》(微观经济学分册)，梁小民、梁砾译，北京大学出版社2009年版，第6页。

〔59〕 [美]波斯纳：《法律的经济分析》，蒋兆康译，中国大百科全书出版社2003年版，第28页。

〔60〕 波斯纳在其法律经济学中对经济学定理的运用和发挥十分耐人寻味，颇富启发意义。这里还有另外一个很有意思的例子——斯密定理：“自愿交换对个人是互利的”；科斯定理：“在一个零交易成本世界里，不论如何选择法规、配置资源，只要交易自由，总会产生高效率的结果”；波斯纳定理：“如果市场交易成本过高而抑制交易，那么，权利应赋予那些最珍视它们的人”。参见[美]波斯纳：《法律的经济分析》，蒋兆康译，中国大百科全书出版社2003年版，“译者序”第22页。

揭示出人的本质特征。对人的本质特征的认识也是马克思主义理论的重要内容之一。马克思主义认为“人是社会关系的总和”，马克思说：“人的本质并不是单个人所固有的抽象物。在其现实性上，它是一切社会关系的总和。”[61]马克思关于人的本质的界定，揭示了人的社会性和现实性，对于认识人的思维特征和行为方式具有重要的指导意义。

人和动物的重要区别之一就在于人是社会性的动物，不能脱离各种社会关系而孤立地存在。人赖以生存的基本条件是在一定的生产关系中与他人结合成一定的群体或者共同体，并在此基础上形成一定的社会关系，按照滕尼斯的说法：“共同体是古老的，社会是新的”：

> 共同体是持久的和真正的共同生活，社会只不过是一种暂时的和表面的共同生活。因此，共同体本身应该被理解为一种生机勃勃的有机体，而社会应该被理解为一种机械的聚合和人工制品。[62]

滕尼斯的贡献还不止于发现了人类群体性结合的两种类型——共同体和社会，他所提出的人类意志的两种形式——本质意志和选择意志——对于认识人的思维方式和价值观念更具有理论意义。在他看来，人类的本质意志是先天性的，“有机生命的特殊的本质意志是人类天生的，犹如任何其他物种的身体和灵魂的形态是天生的一样”[63]，在本质意志中包含“本能的中意”、“习惯”和“记忆”三种固有的形态；选择意志则是人类在特定的社会环境中的观察和思维的产物，它表现为“深思熟虑”、符合自己“心愿”的决定和根据经验所形成的“概念”或者有约束力的判断。滕尼斯认为只有“深思熟虑”

---

〔61〕《马克思恩格斯选集》(第1卷)，人民出版社1995年版，第18页。

〔62〕［德］费迪南·滕尼斯：《共同体与社会》，林荣远译，商务印书馆1999年版，第53～54页。

〔63〕［德］费迪南·滕尼斯：《共同体与社会》，林荣远译，商务印书馆1999年版，第148页。

的人才是理性的人，他会根据具体的情形，因时、因事制宜，注重广泛的联系和交流，因此他是自由的，“他是他的权力手段的主宰”；相反，“追逐名利”的人是自私自利的，总是考虑着他的实惠，他的行事方式是希望通过捷径或者依赖偶然的事件达到自己的目的。[64]

综上所述不难看出，关于“理性人”概念的理解，在经济学家、法学家、哲学家和社会学家那里似乎是很不相同的，很难说哪一种理解是唯一正确的。但是，应当注意到，我们不应当过于苛责经济学家们关于理性人的定义，因为，经济学中的理性人只是一种假说，并且，在经济学的理论中，由这种假说所导出的结论并不是一味地强调人的利己性，而是人和人之间的交往、合作与互利的必要。关于这一点，我们可以毫不费力地从经济学的博弈论中看出端倪。

博弈论是经济学中研究市场主体之间选择竞争策略的理论，经济学家运用博弈论分析市场主体的经济行为，尤其是寡头的行为，因为“寡头市场只有几个卖者，因此，寡头的关键特征是合作与利己之间的冲突”[65]。面对着这种冲突，寡头必须作出适当的决策，以便在竞争中取得优势，实现利润的最大化。这种决策的过程就如同博弈的过程，每一个博弈的参与者都希望能够战胜对方，因此他就要去猜度对方所使用的策略，然后再根据他所猜度的对方策略决定自己的策略。但是，无论如何，在博弈的场合，参与者之间要进行合作几乎是不可能的，他们都希望自己得到最大的利益，而让别人承担最坏的结果，通俗地讲也就是“损人利己”。“囚徒困境”所揭示的就是这样一种因为每一个人都想要得到最大的利益，但最终结果却不是最好的情形。“囚徒困境”描述的是两个囚犯之间的博弈故事。警察将他们隔离在两个场所，并分别告诉他们：如果保持沉默，什么也不讲，

---

〔64〕 参见[德]费迪南·滕尼斯：《共同体与社会》，林荣远译，商务印书馆 1999 年版，第 174～176 页。

〔65〕 [美]曼昆：《经济学原理》（微观经济学分册），梁小民、梁砾译，北京大学出版社 2009 年版，第 367 页。

他们每人将获一年的徒刑；如果一人坦白，并检举另一人，那么坦白者将被释放，另一人将获20年徒刑；如果两人都坦白，那么两人将分别获8年徒刑。最后的结果是：两个囚犯都选择了“占优策略”，都如实坦白了自己的罪行并检举了对方。毫无疑问，对于他们自己来说，这并不是一个最好的结果，经济学家的看法是：如果他们都保持沉默，那么他们双方都可以获得最大的利益，但是，他们没有也不可能做到。因为，按照“理性人”假设，人都是利己的，从自己利益的角度出发才符合人的本性，因此，他们都认为对方会坦白，也因此都选择了坦白的策略。从经济学的角度看，这无疑是一种合理的结果，而且，对审问囚犯的警察而言，这可能也是一种职业性的机敏。

当然，“囚徒困境”只是博弈论的一个引子，博弈论要研究的问题还有很多，本书所关注的是，通过博弈论的原理为利益对立的双方——广义上的博弈者——进行合作的可能提供理论上的证明，进而说明在纠纷的当事者之间形成合意的可能。为此，这里将着重讨论两个互相关联的问题：如何解决类似囚徒的困境？以及合作为什么是可能的？

1. 类似囚徒困境的解决

尽管讨价还价在辩诉交易的场合不难理解，但是，作为囚犯而言，他们却往往难以克服人性的弱点。单纯从技术上讲，那两个自以为是的囚徒并没有作出最好的选择，其原因就在于他们未能坚持合作的默契——在利己本能的驱使下，这个默契显然十分脆弱，从而使这个故事看起来好象产生了一个悲剧的结果。但实际上，这个故事的真实用意却不是在告诉我们合作是不可能的，恰恰相反，它以隐晦的方式向我们暗示了一个产生合作的前提条件，那就是信息的沟通。对于囚犯而言，把他们隔离开来，并分别审讯，使他们丧失行动自由，处于不能互通信息的“困境”之中，这显然是必要的。但是，对于正常人而言，这种类似于囚徒的困境除了赌博的场合——在这种场合下，信息的沟通受到规则的限制——之外，在其他一些不受信息沟通规则限制的场合，信息的沟通就是可能的。而一旦信息是可以沟通的,类似于囚徒的困境的预设条件也就不存在了。

信息对于博弈是如此的重要,人们只有掌握了确切而充分的信息才能够作出尽可能准确的分析和判断,从而作出正确的决定,这是众所周知的一个简单道理。但是,在现实生活中,人们却往往自觉或不自觉地将自己与那些必须了解或掌握的信息隔离开来,从而出现了类似于囚徒的困境,同时也因循了类似于囚徒的思维。特别是在发生了纠纷的当事人之间,信息的沟通和交流往往十分困难,这或许是出于情感上的抵触,但在很多情况下也是出于策略的考虑——一种所谓出其不意、攻其不备的策略。但实际上,当我们了解了“囚徒困境”的设计意图,体会到身陷囹圄的囚徒的无奈和焦虑,我们就会明白,这种策略其实是一把“双刃剑”。明白了这个道理,才能将自己从囚徒的心境中解放出来,不仅要充分了解对方的信息,而且也应当将自己所持有的信息毫无保留地展示给对方,只有这样,才有利于纠纷的解决,才能使自己的利益最大化地得以实现。这个原理在法律中也是有所体现的,例如无论是实体法还是程序法都确立了“诚实信用”的原则,这不仅是道德意义上的规范,而且也是法律上的强制性规范,经济学上的博弈论则为我们自觉地履行这一规范提供了思维逻辑上的依据。

关于信息与博弈的密切关系,还可以从博弈种类的划分中得到启示。如根据博弈的参与者所掌握的信息的完备程度,可将博弈的种类划分为完全信息的博弈与不完全信息的博弈、完备信息的博弈与不完备信息的博弈、对称信息的博弈与非对称信息的博弈,等等。〔66〕由此可见,博弈的种类是根据信息量的大小而划分的,不同的信息量决定了不同的博弈方式和博弈的效用。在完全信息、完备信息和对称信息的博弈中,“囚徒困境”的情形几乎是不存在的,而在信息不完全、不完备或者不对称的情形下,就难免使博弈者陷于困境。所以说,充分而确切的信息是解决“囚徒困境”的钥匙。

〔66〕 参见朱善利:《微观经济学》(第2版),北京大学出版社2001年版,第219页。

2. 均衡与合作的意义

在关于“囚徒困境”的解说中，几乎所有的经济学家都得出了一致的结论：合作是不可能的或者是十分困难的。如果仅从囚徒所在的特定场合得出这个结论，应当说是无懈可击的，但是，学者们的旨趣却又似乎不止于此，颇有些醉翁之意不在酒的意味。曼昆所著的《经济学原理》（微观经济学分册，第五版）专设了一节谈“合作经济学”（第17章第2节），用大量的篇幅对“囚徒困境”作了富有想象力的广泛的发挥。他不仅描述了“囚徒困境”的一般情景，而且将“囚徒困境”与寡头博弈、OPEC协议、美苏军备竞赛、公共资源博弈、社会福利体系等联系起来，这不仅让他的书读起来饶有趣味，更为重要的是，他其实是在反复申明一个主旨：合作的必要和好处。

从博弈论的角度看，合作是产生正和结果的最佳途径，而不合作的结果只能产生零和或者负和的结果，这种因合作而产生的均衡效应也叫“纳什均衡”。“纳什均衡”虽然是就非合作博弈所进行的数理推演的结果，但是，其所揭示的终极策略依然是选择合作：

> 博弈均衡是博弈各方最终选取的策略组合，是博弈的最终结果，是博弈的解。这种均衡有一个专门的名称，叫“纳什均衡”。更加严格一点说，所谓纳什均衡，指的是参与人的这样一种策略组合，在该策略组合上，任何参与人单独改变策略都不会得到好处。[67]

也就是说，在其他人都不改变策略的情况下，改变策略的人不仅不会得到任何好处，反而还会受到损失，所以，他最终的选择依然是合作。曼昆将这种情况称为“惩罚的威胁”，他说：“这种惩罚的威胁可能就是维持合作所需要的一切。”[68]

---

〔67〕 高鸿业主编：《西方经济学》（微观部分），中国人民大学出版社2011年版，第292页。

〔68〕 [美]曼昆：《经济学原理》（微观经济学分册），梁小民、梁砾译，北京大学出版社2009年版，第378页。

综上可知,博弈论所揭示的真理归结到一点就是关于合作的策略。囚徒困境的故事告诉我们只有合作才能带来双赢的结局,而纳什均衡则从非合作博弈的推导充分揭示了合作博弈的契机。博弈论的原理是一种重要的分析工具和思维方法,它不仅对经济学的发展发挥了重要作用,而且在社会科学领域也产生了积极的影响,其带给纠纷解决实践的启发也是具有重大的现实意义的。纠纷解决的过程恰似一个充满博弈意味的过程,每一方当事人都希望获得最大的利益,而甚少考虑或完全不顾对方的感受和处境,在双方对立较为激烈的情况下,甚至会不惜损害双方的友好或合作关系,直至导致两败俱伤的结局。以博弈论的观点去看待这种思维,无疑会令人产生一种理性不足而冲动有余的感觉,这种思维所带来的结果不可能是"均衡"的实现,而是对正常的社会关系的破坏,在这种结果中,没有人能够真正获得预想的利益,虽然在"胜诉"的一方看来他的确是"赢了官司"。

(二)成本理论的启示

按照经济学理论,任何一种收益(利润)的获得必然伴随着一定的付出,这种付出就是成本。所谓天上不会掉下馅饼,没有努力和付出,就不会有成就和回报,这也是一种生活常识。但经济学的成本理论给予我们的启示并不只是这一种常识,除了专业性的生产成本的分类和计算之外,从思维方式和行为科学的角度看,机会成本和交易成本理论具有更为直接的和普遍的意义,因为它们对收益和成本之间的制约关系具有更为直观和开放的描述。

1. 机会成本

机会成本问题是几乎所有的成本理论都需要强调的问题,可以说,对成本概念的理解就是从机会成本开始的。但经济学家们对机会成本的表述却很不一致,它们有的是着眼于生产成本的全局,对机会成本作出了属于"经济学意义"的规范表述,如"生产一单位的某种商品的机会成本是指生产者所放弃的使用相同的生产要素在其他生产用途中所能得到的最高收入”[69]；有的则是从机会成本的普遍性含义出发，而作出了富有“哲学意义”的表述，如机会成本是指“为了得到某种东西所必须放弃的东西”[70]。不过，虽然表述上有所不同，但它们所表达的意思是完全相同的，即人们为了获得某种利益，就必须放弃一些利益，而放弃的这些利益就是获得的利益的成本。当然，这只是对机会成本的一个浅显的说明，更进一步说，机会成本至少还应当包括以下两个方面的内容：第一，根据理性经济人假定，人的利己性决定了他不会去做赔本的生意，所以放弃的利益必须小于获得的利益，这种获得的利益在经济学上叫作“利润”，也就是作为利润的收入必须大于作为成本的支出；第二，由于市场获利机会的多样性和不确定性，在进行一项投入或支出之前人们必然要结合各种复杂的市场因素进行反复的权衡，在成本和未来的收益之间进行计算和预测，从而作出最佳的决策方案，这个决策的结果就决定了机会成本的大小。在这里要特别注意显性成本和隐性成本的区别。一般来说，对于生产设备和产品的原材料、人工的费用等可以量化的开支人们是比较关心的，而对于生产所需要的时间、技术和管理以及人的精神因素等较为抽象的支出却很容易忽视，但在某些情况下，这些隐性成本却发挥着决定性的作用。

机会成本的概念对于人们的日常生活具有很高的实用价值。在购买某种商品时，我们需要在同类商品中反复权衡，考虑花同样的价钱是否能买到更好的同类商品；在决定采取某个行动之前，我们需要考虑是否有更好的替代方案，以期以最小的代价和最短的时间争取到最好的结果。在纠纷解决的过程中也存在成本和收益的权衡问题，当事人所支出的成本不仅仅是诉讼费和律师费，还包括时间、精力和

---

〔69〕 高鸿业主编：《西方经济学》（微观部分），中国人民大学出版社 2011 年版，第 128 页。

〔70〕 [美]曼昆：《经济学原理》（微观经济学分册），梁小民、梁砾译，北京大学出版社 2009 年版，第 5 页。

健康等必要付出，甚至还包括对当事者的社会关系包括合作者关系的影响和后果，而这些都属于不能不考虑的隐性成本。隐性成本的存在使我们不能不联想到经济学上的另一个重要概念：交易成本。

2. 交易成本

交易成本作为商品生产和流通过程中的一种客观现象早已引起了人们的关注，但是将交易成本作为经济学的研究范畴，并赋予其决定经济效率的关键地位的，是从科斯的新制度经济学开始的。科斯于1991年获得诺贝尔经济学奖，其代表作是两篇关于产权和成本问题的论文，即发表于1937年的《企业的本质》和发表于1960年的《社会成本问题》。[71] 科斯提出，如果交易成本为零，那么无论初始产权如何界定，通过市场主体的自由交易均可实现资源配置的最佳状态。美国经济学家乔治·斯蒂格勒（George Joseph Stigler，1982年诺贝尔经济学奖得主）将科斯的这一思想命名为"科斯定理"。但有意思的是，科斯本人似乎并不同意这个关于"科斯定理"的命名和定义，不同领域的学者对"科斯定理"的理解和解释也是五花八门，究竟什么是"科斯定理"的真正含义往往并不清晰。相比较而言，学术界引用最多的是以下两个版本的科斯定理：（1）只要交易费用为零，从效率角度来看，权利的最初分配是无关紧要的（科斯第一定理）；（2）如果交易费用不为零，权利的最初分配对效率会有重要影响（科斯第二定理，也是第一定理的推论）。[72] 看起来，无论是同意还是反对科斯的观点，也无论学者们从科斯的思想引申出多少"定理"，在交易费用或者交易成本在经济生活中的重要性这一点上，人们的看法却基本是一致的，即经济效率的大小取决于交易成本（或交易费

〔71〕 参见［美］罗纳德·哈里·科斯：《企业、市场与法律》，盛洪、陈郁译，上海人民出版社2009年版。

〔72〕 参见程承坪：《理解科斯定理》，载《学术月刊》2009年第4期。田洪鋆：《科斯定理中产权概念的法学解析》，载《东北师大学报》（哲学社会科学版）2011年第2期。

用），如果不考虑交易成本的因素，那么无论初始权利如何分配，社会资源的配置都能达到最佳状态。经济学家樊纲先生曾以非常通俗而平实的语言深入浅出地解释了交易成本问题：

> 人类的经济活动，从来就是由两方面构成的：一方面是与物质世界打交道；另一方面是与人打交道。相应地，我们所获得的每一项经济收益，都要由两种成本换来：一种是与物打交道时支付的“生产成本”，也就是生产出一定产品在技术上必要的人、财、物的耗费；另一种便是与人打交道时必须消费的“交易成本”。这两种成本，反映着经济活动中的两方面的基本关系，也必然地体现在各种经济现象、经济问题当中，所以交易成本的概念也就能有如此广泛的应用价值。[73]

因此，交易成本实际上是在经济活动中“与人打交道”的成本。“科斯定理”的深刻之处就在于揭示了经济活动中为处理人际关系所付出的成本对资源配置效率的重要意义。

交易成本理论虽然是着眼于社会资源的最佳配置，但是，它对于相关法学理论的借鉴意义和启发意义是十分深刻的。在纠纷解决的领域，就面临着纠纷当事人为解决纠纷所花费的金钱、时间和精力（交易成本）和法定的权利状态（初始权利界定）之间的关系问题。按照科斯定理的原理，假设当事人之间为解决纠纷所花费的金钱、时间和精力为零，那么无论争议的权利处于什么状态，纠纷都可以顺利地得到解决。显然，正如人们针对科斯第一定理所批评的那样，这种假定是不现实的。那么，我们是否可以对上述假定作出如下推论：在权利状态（初始权利界定）相对清晰的前提下，人们花费较少的金钱、时间和精力自行解决他们之间的纠纷是完全可能的；只有那些权利界定不够清晰的纠纷才需要付出较高的成本去加以解决——例如

〔73〕　樊纲：《人间的“扯皮”与科斯定理》，载《市场营销导刊》2005年第3期。

通过诉讼,以便请求法院对纠纷双方的权利状态重新作出界定(判决)?换言之,在发生纠纷以后,如果通过协商、谈判可以轻易地加以解决,这是最有效率的;如果协商、谈判遇到障碍,只要权利的界定是清晰的,那么,仍然可能以较小的代价使纠纷得到解决,例如调解的方式,在这种情形下,努力分清权利的归属和纠纷双方的责任是有必要的;如果权利界限不够清晰,难以分清纠纷双方的责任,致使自行解决无望,那么只能由法院作出强制性的判决,但这种公力介入的方式显然并非是经济学所倡导的最佳方式。事实上,我们应当清醒地认识到,纠纷的解决过程无论如何不是一个能够产生经济效益的过程,它不仅不会额外地增加财富,相反,只会耗费资源,减损收益。用经济学的语言表述,它不是一个生产的过程,而是一个消耗的过程。因此,我们应当尽量避免纠纷的发生,如果发生了纠纷,也应当寻求适当的方法,通过较低的代价迅速、合理地解决纠纷。

五、交往行为理论

合意性机制从本质上说是一种思想交流和技术运用的综合体,是人与人之间的互相理解与沟通的一种实践模式,而这种交流、理解或者沟通主要是通过符号化的语言交流得以实施的,这就不能不涉及人类语言的功能和通过语言的交流进行商谈的意义。特别是当合意作为一种解决纠纷的方法,需要在互相对立甚至互相交恶的双方当事人之间寻求一个共同认可的解决方案,这就势必为双方的交流、理解和沟通带来许多非同寻常的困难和障碍。因此,如何在纠纷当事人之间建立信任关系,通过合意实现解决纠纷的目的,就成为一个富有哲理意味的话题。而于尔根·哈贝马斯的“交往行为理论”,或许就是对这个话题的最好诠释。

(一)语言的功能

语言的发明是人类成长过程中的一个巨大飞跃,语言也是人类区别于动物的一个显著标志。即使是在人类文明高度发展的今天,语言的学习仍然是人生必修的第一门功课,“通过语言,人类不仅取得与他人沟通的能力,因此也学会了在共同体中所决定的共同生活的规则”〔74〕。语言的交流或者商谈作为一种生活现象尽人皆知,但是,语言的奥秘仍然是人类不懈探求的科学领域。从文字学到语型学、语义学,再到语用学,从语言本身的结构、历史发展过程到语言的社会功能,众多的语言学家、哲学家和历史学家都倾注了极大的热情和心血,在20世纪甚至出现了哲学的“语言学转向”,传统的哲学研究方法因语言学的发展而发生了深刻的变革。

语言学的研究领域十分广泛,但是,作为语言交流与商谈的工具,其分支学科之一的语用学则具有基础性意义。语用学是英语单词pragmatics的汉译。pragmatics包含拉丁词根pragma-,这个拉丁词根表示“行动,做”。因此,“语用学”可视为“语言实用学”的简称。语用学(pragmatics)这个术语最初由美国哲学家莫里斯于1938年提出。莫里斯认为符号学(semiotics)包括三个部分:句法学、语义学和语用学。句法学研究“符号之间的形式关系”;语义学研究“符号及其所指对象的关系”;语用学研究“符号和解释者的关系”。英国哲学家奥斯汀于1955年提出“言语行为理论”的概念;美国语言哲学家塞尔于1969年出版《言语行为》,1975年出版《间接言语行为》,继承、修正、发展了奥斯汀的言语行为理论,至此,“言语行为理论”成为语用学研究的重要内容之一。〔75〕 语用学最初由哲学家提出,实质上代表了哲学研究方法的历史性转向,它不仅推动了语言学的发展,更为重要的是为哲学社会科学的研究提供了一种富有现实意义的方法和工具。

从语用学产生出完整的社会政治理论体系并使之产生了深远影响的第一人,是当代德国伟大的思想家、社会政治理论家于尔根·哈

〔74〕 [德]阿图尔·考夫曼:《法律哲学》(第2版),刘幸义等译,法律出版社2011年版,第138页。

〔75〕 参见索振宇:《语用学教程》,北京大学出版社2000年版,第1~2页。

贝马斯。作为以社会批判哲学为特征的法兰克福学派的第二代代表人物,哈贝马斯的突破在于不断地尝试对批判理论的发展,并建立起自己的交往行为理论体系,从而实现了“从批判到商谈”的转向。[76]

哈贝马斯的交往行为理论作为一种理性主义行为模式的思想工具,目的在于解决后资本主义时代所出现的各种“合法化危机”。但是这种交往理性所给予人们的启发早已超出了它建立之初的目的指向,作为一种社会交往的思维方法和行为模式,交往理性具有广泛的应用价值和普遍的指导意义。哈贝马斯的交往行为理论是从他的语言学转向开始的。有学者指出:

> 事实性与规范性的问题是不论哪种哲学都绕不过去的一个根本性的问题,在哈贝马斯看来,迄今为止的各种学说之所以没能够在此问题上给出一个较为满意的答案,其原因就在于都坚持了事实与价值二分这样的一个前提。由于方向性的错误,无论怎么努力,事实与规范之间的鸿沟始终无法弥合。语言学转向为该问题的解决提供了可能。[77]

哈贝马斯也十分明确地指出:

> 我们可以确定,交往理性概念必须用语言理解来加以分析。理解概念表明的是一种参与者之间达成的合理共识,它可以用可以批判检验的有效性要求加以衡量,有效性要求(包括命题的真实性,规范的正确性,以及主观的真诚性)表明的是不同的知识范畴,知识是通过符号体现在表达当中的。[78]

---

〔76〕 参见曹卫东:《曹卫东讲哈贝马斯》,北京大学出版社 2005 年版,第二讲:“哲学家作为公共知识分子”。郑永流主编:《商谈的再思》,法律出版社 2010 年版,“导言”第 1 页。

〔77〕 郑永流主编:《商谈的再思》,法律出版社 2010 年版,“前言”第 2 页。

〔78〕 [德]哈贝马斯:《交往行为理论》(第一卷),曹卫东译,上海人民出版社 2004 年版,第 74 页。

哈贝马斯把人类行为划分为四种模式："目的行为"、"规范行为"、"戏剧行为"和"交往行为"。目的行为也可称为策略行为，这种行为模式通常被认为具有功利主义色彩；规范行为是社会群体成员的集体性行为，这种行为具有共同的价值取向；戏剧行为是一种参与者互动的行为，参与者之间相互形成观众，并在各自的对方面前表现自己，行为者把自己的主体性多少遮蔽起来一些，以期实现一定的目的；交往行为所涉及的是至少两个以上具有言语和行为能力的主体之间的互动，这些主体通过行为语境寻求沟通，以便在相互谅解的基础上把他们的行为计划和行为协调起来，在这种行为模式中，语言享有一种特殊的地位。[79] 在哈贝马斯看来，只有通过语言的交流实现主体间互动并达到行为的协调性的交往行为才是最符合有效性要求的理性的行为。

显然，哈贝马斯的交往行为理论并非仅仅是一种工具意义上的理论。从他本人来说，希望通过其构建的交往行为理论为政治、经济、法律、文化等现代社会各个领域所存在的"事实性与规范性"问题寻找一个有效解决的总体方案。而事实上，他的理论也确实已经发挥了或正在发挥着深刻而广泛的影响。

（二）"理解"的意义

在哈贝马斯的交往行为理论中，"理解"是一个十分重要的概念。这里的理解并不是指称个体对外部世界的主观性体验，而是在不同的个体之间的一种交互性体验，即通过主体间交流所获得的一种共识。在哈贝马斯看来，理解与理性存在密切联系，理性不仅仅是理解的工具，而且也是理解的具体表现形态。有学者指出：

> 对于哈贝马斯来说，交流中的相互理解是理性概念的

---

〔79〕 参见［德］哈贝马斯：《交往行为理论》（第一卷），曹卫东译，上海人民出版社2004年版，第83～85页。

核心。可以说，在他那里，“理性的”概念发生了一场语言上的转向。……这个转向意味着，理性不再仅仅是人的一种主观能力，而是人际的交流形态，是语言中人和人之间所达成的相互理解。一种能够参与人际交往，并在交往中相互理解的人才是理性的人。[80]

如此一来，理解就不再是一种普通的认识能力，也不仅仅是个体单方面凭借先验的知识便可以完成的思维活动，而是在对客观事实充分感知的基础上，在与其他社会主体的交往过程中所获得的一种现实的、可靠的结果。并且，理解也不仅仅是在某种规则或理念引导下所实现的一种解决现实问题的途径或方法，而是作为理性的个体所必须具备的一种基本素质。

那么，如何才能实现理性意义上的理解呢？按照哈贝马斯的观点，就是通过交往行为中语言的作用，即语用学意义上的语言功能。哈贝马斯认为，主体间在交往过程中必须遵循“命题的真实性、规范的正确性、主观的真诚性”这样的有效性要求。他说：

任何人，只要用自然语言来同他的对话者就世界中某物达成理解，就必须采取一种施为的态度，就必须承诺某些前提。别的不说，他必须从这样的前提出发：参与者应该无保留地追求他们的语内行动目的，他们的同意是同对于可批判的有效性主张的主体间承认相联系，并表现出准备承担来自共识的那些同以后交往有关的义务。[81]

也就是说，主体间的交流或商谈必须持以下的态度：第一是必须以达成理解为取向，这就要求语言的内容是明确的，能够为对方所理解，而不能只是自己明白。如果对方不理解你所讲的内容，你所说出

---

〔80〕 王晓升：《商谈道德与商议民主》，社会科学文献出版社2009年版，第14页。

〔81〕 [德]哈贝马斯：《在事实与规范之间》，童世骏译，生活·读书·新知三联书店2011年版，第4~5页。

的话就没有意义。第二是施为的态度，所谓施为的态度就是一种积极的有诚意的态度，使语言与行为保持一致，通俗地讲就是言必行，行必果，对自己所说的话要负责任。孔子曰："人而无信，不知其可也。"[82]其实也是这个道理。第三是互利的态度，主体间的交往不能只是从自己的立场出发，而是要充分考虑对方的感受，实现"主体间承认"的效果，这样才能最终达成共识，实现理解的目的。

主体间的理解是借助交往行为中语言的交流（商谈）得以实现的，但是，人与人之间的交往并不会在毫无秩序的情况下自然发生，它还可能会受到各种外部因素的干扰和影响，因此，建立一个有利于交往的外部环境也是极为重要的。哈贝马斯认为在"合理的商谈中"应当具备这样一些交往的条件：第一，无尽的时间，它们阻止对论辩的不受合理推动的中断；第二，无限制的参与，它们通过人们对论辩过程的普遍、平等的了解和平等、对称的参与而确保在议题之选择和最好信息、最好理由之接纳这两方面的自由；第三，充分的无强制性，它们排除理解过程内外所产生的任何强制，而只承认更好的论据的强制力量，除合作地寻求真理外，其他动机都被中立化。[83]这也就意味着，主体间的交往和商谈必须是在相互平等的前提下按照双方共同承认的规则而展开的，而不是凭借某种权力由单方主导的秀场。龚群先生说得好：

> 哈贝马斯明确地把权力话语排除在交往活动之外，这是因为，权力话语的说者与听者之间并没有一种可以共享的平等性交互主体性条件。因此，哈贝马斯不认为在不平等的前提下话语具有理解性。不平等导致压制，并且威势的影响代替了理解。因此，哈贝马斯的交互主体性理解是现代公民社会背景下的理解，而不是传统臣民社会背景下

〔82〕《论语·为政》。

〔83〕参见孙桂林：《哈贝马斯的法律商谈理论及其中国化的意义》，载《法学杂志》2010年第3期。

的理解。[84]

这就说明,主体间的交往和商谈行为必须建立在平等的、对称的和互相尊重的基础之上,而不能容忍任何的压制和强权,唯有如此,才能充分弘扬人的理性,也才能实现理性的理解。

哈贝马斯的理论对于纠纷的合意解决具有十分现实的指导意义,因为合意就是以纠纷当事人之间的相互理解为前提的,而这种理解应当是理性意义上的,它不应当受到任何不适当的外部强制以及单方固有目标的干扰和影响,而是在坦率的、平等的气氛中通过充分的商谈和交流所获得的共识。交往行为理论的问题指向虽然发端于"合法化危机",但是它的方法论意义是带有普遍性的。我们不仅从中进一步认识了语言的妙用,而且收获了理解的真谛,这对于纠纷解决的合意性机制功能的充分发挥无疑提供了十分有用的思想工具。

---

〔84〕 龚群:《道德乌托邦的重构》,商务印书馆2003年版,第145页。

第六章　合意性机制的正当性基础

什么是合意的基础？这个问题是合意性机制研究中必须回答的一个问题，它关系到合意的形成依据与合意的正当性依据。对这个问题的回答，代表了对合意的目的、价值所持的不同态度，也关系到合意性机制作为一种实质意义上的纠纷解决机制的发展方向及前途命运。合意的基础涉及两个层面的问题范畴，一个是在什么样的前提下才有利于实现合意？另一个是什么样的合意才是正当的合意？这两个问题范畴统一于合意的基础这个总范畴之下，但是二者的出发点和价值标准却是有所不同的。前者要解决的是如何形成合意的问题，具有显著的功利性色彩；后者则要解决合意的道德性问题，它反映了合意的理性维度与普世价值。

通过强制性机制解决纠纷基本上遵循的是从事实、规范到裁判的三段论模式，但这种模式并不能涵盖合意性机制的运行规律。除了事实和规范的作用之外，根据实践中最为常见的情形，合意形成的原因和根据还包括人际关系的沟通、利益得失的权衡和当事人自主权利的行使等因素，这些因素不仅关系到合意应当如何形成，而且关系到合意的有效性与正当性的考量。因此，对合意的基础的考察也就是对合意的正当性的考察，建立于理性基础上的合意就属于正当的合意，否则，这种合意的真实性和可靠性就是值得怀疑的。合意形成的正当性虽然着眼于合意的形成过程，但它所证成的却是合意本身的正当性，这有点类似于手段和目的之间的关系，正确的目的要依靠正确的手段加以实现，那种为了追求某种目的而不择手段的思维是应当予以摒弃的。

关于合意形成的基础，在理论上可以有多种概括，但人们关注较多的主要集中在事实与规范、熟人效应、妥协策略和自愿原则这几个方面的问题。在纠纷解决实践中，对这几个问题的态度和立场往往深刻地影响着人们的行为，也决定着合意的成败与品质。

一、事实与规范的效用

作为纠纷解决方式的合意性机制，其运行所需的基础材料构成与其他纠纷解决方式一样，无非就是事实与规范，以及二者之间的逻辑辩证关系。纠纷解决的过程就是围绕着事实与规范进行鉴别、取舍、加工与整合的过程，对事实与规范的不同态度和不同处置方法，决定着纠纷解决的不同效果和不同的价值取向。但是，事实与规范并不总是分别在两条道路上行进，在成就了一定的条件之后，二者就会朝着一个交合点汇聚，这个交合点就是责任的归属。因此，在事实与规范的考量中，总是离不开责任的影子。

（一）事实

任何纠纷的发生必然存在一定的原因、过程和结果，即所谓“事出有因”，世界上不存在无缘无故的爱，也不存在无缘无故的恨。所以，任何纠纷的解决，首先面临的问题就是：发生了什么？事情的经过如何？从认识论上说，正确的结论来自对认识对象（事实材料）的正确判断，而正确的判断则来自主体对认识对象的认知、分析、归纳、推理等逻辑思维过程。基于这个原理，法院在审理案件时必须以查明案件事实作为判决的前提要件之一，只有查明了案件事实才有可能正确适用法律，只有在查明案件事实、正确适用法律的前提下才有可能作出正确的判决。刑事案件自不必说，“非法证据排除”“疑罪从无”，这些与事实相关的原则早已成为铁律；而在民事案件中，虽说其事实证明的程度不如刑事案件要求的严格，但证明责任的分配原理和一系列的证据规则却保证了事实认定的正当性与责任判定的合理性，因为，“规则是指规定具体权利和义务以及具体法律后果的准则，或者说是一个事实状态赋予一种确定的具体后果的各种指示和规定"[1]。

那么,在合意语境下的纠纷解决机制中,应当如何认识事实的意义呢？按理说,只要存在责任归属的结果要求,就必须要查明事实,查明事实才能分清责任,应当是一个不言自明的逻辑命题。但是,在合意的场合,由于多种因素的干扰,这一过程的语义学解释似乎变得不那么清晰了。例如,有学者认为:在当事人自愿选择了调解程序,或者在案件事实难以查清的案件中当事人愿意协商解决争议,或者被告对原告的诉讼请求作出了认诺,或者当事人对对方提出的证据作出了自认等,在这些情况下如果能进行调解,都无需"查明事实、分清是非"。[2] 总之,他们认为,在合意的场合,事实已经丧失了它的客观性评判依据的意义,取而代之的是当事人对自己的程序权利和实体权利的自由处分。换言之,只要当事人主观上作出了合意的表示,那么,事实也就不重要了。有的观点则更为直白:"调解之核心在于当事人双方合意,调解人之作用仅在为双方沟通信息,增加对话之可能,而非查明事实真相,因而对案件查明事实、分清是非并不必然构成调解的前提。"[3] 笔者却认为,在民事纠纷解决中,所谓"认诺""自认""协商解决"是不会凭空产生的,在这些概念里其实都包含事实的因素。例如"认诺",它是当事人对对方实体主张的承认,而对方当事人的实体主张必然是建立在事实的基础之上的;再如"自认",自认的本身就是对不利于自己一方的事实的承认,从而免除了对方的证明责任;至于"协商解决",这里应当是指和解,那么,和解的基础又是什么呢？事实在其中的作用也是不言而喻的。所以,事实对于民事纠纷的解决而言是不可或缺的要素之一,无论是诉讼、调解还是和解,都必然是建立在事实的基础之上的。

---

[1] 汤维建:《民事证据立法的理论立场》,北京大学出版社 2008 年版,第 142 页。

[2] 参见宋朝武等:《调解立法研究》,中国政法大学出版社 2008 年版,第 200 页。

[3] 白洁:《法院调解制度:检讨与重构》,载《新疆大学学报》(社会科学版)2004 年第 3 期。

然而,在合意的场合,事实的表现毕竟不同于诉讼语境下的事实,其主要区别就在于认定事实的标准和方法的差异。为了说明这个问题,首先要明确一个证据学上的原理:关于事实的客观性和主观性的辩证关系。我们说事实必须是客观的,是指证据所反映的内容必须是客观存在的事实,它不是凭空杜撰或捏造出来的,而是不以人的意志为转移的客观存在,在被发现和认识之前它是一种"自在自为之物"。但是,对事实的认定却是人的主观行为,任何客观存在的事实,在未经人的主观认识加工之前,都是没有意义的,只有经过人的分析、判断并结合相关的法律规范,客观存在的事实才能够发挥其证明的作用。[4] 在诉讼的语境下,法官通过对证据材料的分析和判断,结合法律规范的规定,对事实的真伪形成内心确信,从而使之成为判决的依据,即使在事实真伪难以确定的情况下,法官也可以根据证明责任分配的规则作出最终的裁判,从而践行了"不得拒绝裁判"的原则。但是,在合意的语境下,法官的内心确信却受到了一定的限制,并且,在事实真伪不明的情况下,法官也无从适用证明责任的分配规则,因为,合意是当事人意志主宰的过程,法官不能将自己的主观意志强加给当事人,包括对事实的认定结果。从这个意义上说,合意中的事实确定性之要求要高于裁判中的事实确定性,正因为有这个前提性要求,合意的结果才优于裁判的结果。因此,笔者认为,合意语境下的事实应当是更接近于客观实际的事实,必须达到足以使当事人能够理性权衡自己的利弊得失的清晰程度,有了这样一个前提,合意的局面才有可能出现。正如棚濑孝雄所指出的:"当事者在作出是否接受某个特定解决方案的决定时,作为其判断根据的事实和证据应当真实而充分。作为一般原则,处理纠纷时应尽可能在程

[4] 参见汤维建:《民事证据立法的理论立场》,北京大学出版社 2008 年版,第 6 ~ 8 页。

序上为当事者提供这样的保障。”[5]

还应当明确的是，合意性机制中的事实与强制性机制中的事实在形式和内容上也是有所不同的。有学者指出：“所有现实的法律问题不外乎是‘事实与法律’两大问题，……法律适用的首要步骤就是认定法律事实，法律事实是进行裁判活动的逻辑起点。”[6]此处所谓的“法律事实”与本书所论的合意中的事实既有重合之处，也存在性质上的差别。陈金钊教授在论及法律事实的概念时指出：

> 社会上由于出现法律这种特殊的社会现象，对许多事实我们就不可能把其仅视为纯粹的生活事实。人们在认识生活事实的时候不能忽视法律的存在，尤其法律的研究者和职业法律群体更不能不用法律思维方式来审视生活的事实。许多事实只要加上了法律的色彩，便具有了法律意义，对这些事实我们就称其为法律事实。[7]

也就是说，法律事实是在法律规范的意义上认定的事实，其直接的目的就是法律规范的适用，因此，法律事实是一种规范性事实，“没有法律就不会有法律事实”[8]。法律裁判是一种法律适用的具体活动，它必须以规范的法律事实为前提，以便法律的适用能够在规范的意义上得以实现。但合意中的事实却不具有这种“规范性”的特质，其主要原因在于合意的本身并非是一种严格意义上的法律适用活动，而是当事人双方自主意志的体现。从表现形式上说，合意中的事实可以是某种事件，也可以是某种行为，在这一点上其与法律事实并无不同；但是，就具体内容而言，合意中的事实却不需要法律规范作为衡量标准，不强求其具有法律上的意义，虽然它并不排斥法律

---

[5] [日]棚濑孝雄：《纠纷的解决与审判制度》，王亚新译，中国政法大学出版社2004年版，第115页。

[6] 杨建军：《法律事实的解释》，山东人民出版社2007年版，第10页。

[7] 陈金钊：《论法律事实》，载《法学家》2000年第2期。

[8] 陈金钊：《论法律事实》，载《法学家》2000年第2期。

规范所认定的规范性事实的参照作用。合意是当事人自行解决纠纷的方式,只要是在当事人双方可以接受的范围之内,其最终的结果并不要求必须符合某项法律所规定的标准,当然,违反法律强制性规定的情形不在此列;相比较之下,裁判活动则必须遵循法律的规定,包括法律认可的事实也必须是规范性的事实,这也是裁判的公正性和权威性的必要前提。

进而言之,合意性机制中的事实既可以是与法律相关的事实,也可以是与法律无关但却能够促进纠纷合意解决的事实。例如,男女之间领取了结婚证,建立了婚姻关系,这是一个法律事实;但是,关于二人是如何相识、如何恋爱的过程于法律上并无太大的意义。对于一个离婚诉讼而言,法官只需查明二人是否存在合法的婚姻关系,是否确已感情破裂,即可根据这些法律事实作出判决。但是,如果是在调解当中,二人的相识、恋爱过程这样的事实却可能会发挥意想不到的作用,或者由此促成了双方合意的结果——和好或者友好地协议离婚。显然,对于涉及感情的离婚案件而言,合意的结果必然优于法律裁判的结果。在现实生活中,类似的情形并不在少数,在邻里之间、熟人之间所发生的各种民事纠纷中,看似“无关紧要”的生活性事实虽然不具有明显的法律意义,但对于纠纷的合意解决却可能发挥着十分关键的作用。有学者研究发现,纠纷当事人是否选择通过“自决”方式解决纠纷,主要取决于以下几个因素:(1)情感关联度。如果当事人之间熟识程度较高,则诉诸自决的概率也相对较高。(2)系争利益大小。一般而言,利害关系的大小与自决的使用比率成反比。(3)力量对比。在多数情况下,如果纠纷当事人之间力量悬殊,强势一方往往愿意自我解决;反之,弱势一方则更倾向于寻求第三方帮助。(4)年龄和性别差异。一般而言,男性比女性、年轻人比中老年人更容易实施攻击性行为,因而更容易直接要求纠纷对方当事人妥协或诉诸法律。[9] 尽管这些作为“因素”的事实对于纠纷的解决至关重要，但是，在“法律事实”的语境下，却难以受到认真地对待。诚如有学者所描述的那样：

> 一些生活事实虽涉及人际关系，如谈天、约会、私人友谊等则不适宜用法律去规范，这样，法律管不着的及不适宜用法律去调整的，就构成了法外空间事实，它们不会引起法律效果，不具有法律意义。[10]

但是，问题在于，对于纠纷的解决而言，“不具有法律意义”的事实并不等于不是重要的事实，如果忽略了这些事实，甚至可能滑向司法教条主义。正如唐·布莱克所说的那样，谁控告谁、谁是律师、谁是法官？……这些问题对于案件的处理是至关重要的：

> 无论是谁，要想涉足法律领域而又不了解如何从社会学角度评估案件的强项和弱项，都是不可取的。如果法学院不开设这门课程，将会使学生对在实际中如何去运用法律这样的宝贵知识一无所知。[11]

因此可以说，法律事实作为法学研究的范畴之一，对于严格意义上的法律适用——例如法律裁判——而言固然十分重要，但是，法律事实的相关理论却难以涵盖更广泛意义上的法律适用——例如纠纷的合意解决，[12] 这或许是目前法律事实理论研究中需要关注的一个理论上的事实。

---

〔9〕 参见左卫民等：《变革时代的纠纷解决——法学与社会学的初步考察》，北京大学出版社 2007 年版，第 13 ~ 14 页。

〔10〕 杨建军：《法律事实的解释》，山东人民出版社 2007 年版，第 23 页。

〔11〕 [美]唐·布莱克：《社会学视野中的司法》，法律出版社 2002 年版，第 28 页。

〔12〕 笔者认为，纠纷的合意解决从某种意义上说依然是法律适用的表现形式之一，在下文中即将涉及这一内容。

（二）规范

合意性机制中的规范，是指合意所依据的具有正当性的行为标准。规范的功能不仅在于确定当事人所应当承担的责任的内容，而且对于事实的确定与责任的归属都有重要的参照与指导作用。所以，在合意解决纠纷的模式下，规范无疑具有导向性和基础性意义。

人们需要规范的制约，这是由人的社会属性所决定的，而在所有的行为规范中，法律规范无疑是最为权威也是被社会普遍遵行的规范。如果说法律是“世俗”的，那么，纠纷的解决就是一种世俗的法律实践。从某种意义上说，法律实施的目的之一就是解决形形色色的纠纷，而为了解决纠纷，人们也会自觉或者不自觉地寻求法律的指引和规制。博登海默认为，对秩序的需求是人类的天性，这种需求源于两种欲望或冲动：第一，人具有重复在过去被认为是令人满意的经验或安排的先见取向；第二，人倾向于对受瞬时兴致、任性和专横力量控制的情形作出逆反反应，而追求一种权利义务对等的合理稳定的控制关系。[13] 于是，法治的理想便因为人类对秩序的需求而获得了自身价值的内在依据，这就是法律规范得以形成并获得社会普遍承认和遵守的根本原因。关于法律的规范作用，学者们有着不同的表述，但均包含了法的指引作用、评价作用、预测作用和强制作用。法的指引作用，是指法为人们提供特定行为模式的作用，它引导人们在法律规范所允许的范围内从事社会活动，告知人们何为可为，何为当为，何为禁为；法的评价作用，是指通过法律判断，衡量人们行为是否合法或者有效的作用；法的预测作用，是指法的可预期性特征，使人们能够根据法律规范预测彼此行为的有效性及其法律后果的作用，从而决定自己行为的取舍；法的强制作用，则是法通过国家强制

〔13〕［美］E. 博登海默：《法理学：法律哲学与法律方法》，邓正来译，中国政法大学出版社1999年版，第226页。

力保障其实施的规范性作用。[14] 法律的规范性特征不仅造就了法律自身的示范和制约属性，而且决定了法律的普适性特征，即任何一个社会成员在以法律规范约制自身的同时，也以同样的标准衡量并要求他人。这种普适性不仅体现在日常社会生活的场合，而且，也体现在纠纷解决的场合。

纠纷的解决是一种对特定的行为或行为后果作出评价并确定相应的责任、权利和义务的活动，这种评价性的活动必然要依据一定的规范或标准，依据什么样的规范或标准是由特定的社会环境和社会意识所决定的。历史唯物主义认为，存在是意识的前提，社会的经济、文化环境决定了社会的基本制度，而不同的社会制度则生成了不同的社会共同意识，这种共同意识便支配了社会成员的价值观、思维方式和行为方式。在法制尚不健全的社会制度下，法律的作用也是有限的，它可以成为统治者宣示统治权威和推行强权政治的手段，但却难以成为社会治理的常规性和普适性规范。在这样的制度下，人们不可能形成对法律规范的一体遵行，更不可能自觉地将法律规范作为指导自己的行为及评价他人行为的依据，即法律并不能内化于人们的自觉意识，而只是一种被消极遵守的外部强制。但是，随着社会文明的不断发展和进步，经济和文化发展的规模和水平日益提高，法律的社会属性也日益增强，逐渐成为一种体现共同体共同意志的广泛覆盖社会各个领域的行为规范，社会的基本形态也因此发生了根本的变化，即由"人治社会"变为"法治社会"，由"意志社会"变为"规则社会"。在这种情形下，社会成员对法律的遵守不再是外部的强制，而是一种内在的驱动，一种以法律作为行为规范的意识便成为全社会的共同意识，对法律的遵守便成为一种自觉的行动。

在纠纷解决的合意性机制中，合意的形成其实就是纠纷的双方以共同认可的规范或标准对自己和他人的行为以及行为后果作出评价和权衡的结果。从理论上讲，在一个以法律意识作为社会性共同

---

〔14〕 参见徐显明主编：《法理学》，中国政法大学出版社2007年版，第51～54页。

意识的背景下，这个规范和标准就应当是法律的规范和法定的标准，这也是在纠纷解决的场合人们常常会自然地引用法律规定的原因所在。然而，在合意解决纠纷的场合，对这样一个判断却不能做机械的理解，不能认为所有的规范和标准都必须从法律的明确规定中去寻找，这是因为，第一，法律不可能做到事无巨细地对所有行为都作出明确规定，在特定情况下，法律滞后于实践的情形并不罕见；第二，所谓法律规范或法定标准其实包含"法律认可"和"不违反法律"的含义，即使完全是当事人之间的约定——包括交易习惯，只要符合这两个条件，就应当说是符合法律规范或法定标准的。

有一种观点认为，法律规范不可能穷尽所有的行为标准，在很多情况下，道德规范和传统习俗发挥着法律所不能替代的作用。例如在我国广大的农村地区，"随着生产队等的解体及村社基层政权组织的弱化，已经销声匿迹许久的宗族、家族组织逐渐复苏，风俗习惯、传统道德在被主流意识形态压制多年后也开始发挥作用，由此导致了忍让、'私了'、宗族与家族调解等传统纠纷解决方式的重新复活并成为化解农村社会纠纷的重要力量"，从而形成了纠纷解决的"传统模式、权威模式与法制模式并存"的局面。〔15〕如此一来，在以协商或调解方式解决纠纷的场合，社会道德规范、传统习俗与法律规范便形成鼎立状态，甚至在特定的情形下道德规范、传统习俗可以取代法律成为解决纠纷的依据。这种观点初看起来似乎不无道理，但是，仔细推敲之下，其理论立场及相应的逻辑推论却似乎还有可商榷之处。

关于法律和道德、法律和习惯的关系，法学理论已经有着广泛而深入的研究，但显而易见的是，由于理论立场的不同，得出的结论往往也有所偏差。从纠纷解决的角度看，如果将法律规范和道德规范、传统习惯相提并论，恐怕并不符合这些规范本身的性质的规定。众所周知，法律和道德都是调整社会关系的规范，但是，道德的调整范

---

〔15〕左卫民等：《变革时代的纠纷解决：法学与社会学的初步考察》，北京大学出版社2007年版，第5页。

围与法律调整的范围以及调整的方法是根本不同的。法律主要作用于人的外部行为,只调整那些对建立正常社会秩序具有比较重要意义的社会关系,而道德则主要作用于人的内心世界,它涉及社会关系的各个领域和各个方面。当然,法律在评价和处理人的行为时,也要考虑行为人的主观动机和心理状态,但其侧重点始终在于客观行为本身及其后果。尽管道德也要涉及和管束人的行为,但它一般是通过影响人的思想进而引导或控制人的行为的。法律具有强制性,它以国家强制力作为实施的后盾,道德虽然也具有一定的强制性,但它主要依靠社会舆论和人的内心信念等力量来获得实施。因此,在行为的有效性和责任的确定性方面,唯有法律规范才是衡量的依据,道德却不可能产生这样的效果。至于风俗习惯,符合历史发展规律、能够促进人类文明进步的习俗是法律的重要渊源之一,某些习俗经国家立法认可,赋予其法律效力,便上升为法律,成为"习惯法",而那些不利于人类文明进步的恶俗陋习则是应当反对和坚决抵制的,也是为法律所不相容的。合理、合法的"善良风俗"推动人们选择合法的行为方式,从而有利于法律的顺利实施,反之,不合理的、不合法的习俗则推动人们选择违法的行为方式,从而阻碍着法律的有效实施。因此,法律对那些不合理、不合法的习俗历来是予以否定的。[16] 美国法理学家博登海默对法律和道德、法律和习俗的关系曾作了深入的研究,他的结论是法律规范在任何时候都是最具有权威性的,也是对人的外部行为最为有效的规范,他说:

> 道德中有些领域是位于法律管辖范围之外的,而法律中也有些部门在很大程度上是不受道德判断影响的。但是,实质性的法律规范制度仍然是存在的,其目的就在于强化和确使人们对一个健全的社会所必不可少的道德规则的

---

〔16〕 参见葛洪义主编:《法理学》,中国政法大学出版社 1999 年版,第 144 ~ 151 页。

遵守。[17]

> 历史法学派的观点却在一个重要的方面是正确的：只有那些适应早期社会一般生活方式及那个时代的经济要求的习惯，才能得到统治者或处于统治地位的贵族阶层的执行。任何一个当权者都不可能长时间地实施与当时当地的社会需要背道而驰的规则或安排。[18]

由此应该可以得出结论：法律规范和道德规范在调整社会关系的范围和方法上虽有重合之处，但其根本特性和基本功能是不同的。法律规范从外部调整人的行为，因此可以作为评判人的外部行为的依据，人们依据法律的规定可以判定是非、明确责任、确定相互之间的权利和义务；而道德规范从内部引导人的价值取向，识别善恶是非，确定行为方向。更为重要的是，法律规范具有外部强制性，正因为这种强制性的存在，权利的实现和义务的履行才有了确定的保障；而道德规范则依靠人的自觉，对于不道德的行为，人们可以提出批评甚至进行舆论的谴责，但却不可以以道德的名义强迫他人作出某种行为。这也就是法律的判断有时会与道德的评价发生偏离的原因。与道德规范有所不同，风俗习惯倒更接近于法律规范的特性，它可以直接对人的外部行为作出规定和要求，但正如博登海默所说的，那些适应时代要求的习俗才会得到法律的认可，从而具有了“习惯法”的地位；至于那些与时代背离的习俗，不仅不会得到法律的认可，还应当受到全社会的抵制和排斥，以便树立良好的社会风气，使社会朝着文明进步的方向发展。

总之，纠纷的解决是对人的外部行为进行评判并明确责任、确定权利和义务的活动，即使是合意解决纠纷，也必须要有合意的客观标

---

〔17〕 [美]E. 博登海默：《法理学：法律哲学与法律方法》，邓正来译，中国政法大学出版社1999年版，第379页。

〔18〕 [美]E. 博登海默：《法理学：法律哲学与法律方法》，邓正来译，中国政法大学出版社1999年版，第382页。

准和前提条件,这就是客观上的、能够作为评判外部行为的根据的规范,而这个规范就只能是法律规范(包括经法律认可的习惯)。道德规范固然是社会生活中不可缺少的思想和行为规范,并且在纠纷解决的过程中,道德规范亦可以发挥内部引导的作用。但显而易见的是,这种作用对于纠纷的实质性解决并不是决定性的,它可能会触动当事者的内心反省,但并不是解决纠纷的依据。因此可以说,在纠纷解决的场合,最终的依据只能是法律规范或经法律认可的习惯,道德规范则处于辅助的地位,在裁判性纠纷解决机制中是如此,在合意性纠纷解决机制中也是如此,它们只是方法意义上的区别,而不存在价值意义上的差异。

二、熟人情结的作用与局限

熟人情结在中国社会有着特殊的意义,“人熟好办事”几乎成了一道公认的定律,似乎有了熟人才有了安全和保障,才能体现自身的价值和能力。这种熟人情结不仅在日常生活中随处可见,而且,即使在涉及法律权益或公共事务这样的正式场合,熟人的作用依然大有市场。

中国人的熟人情结有着深刻的历史根源,但从学术思维的角度对熟人情结作出认真的考究,大概肇始于费孝通先生关于“乡土中国”的命题。尽管费老在《乡土中国》一书开篇即声明他所谓的“乡土性”是从中国最基层的社会——农村——的角度观察的结果,但是,鉴于农村社会在中国的特殊意义,“乡土中国”这一命题便拥有了相当的普遍性。费老指出,中国的农村“是一个‘熟悉’的社会,没有陌生人的社会”,熟人之间遇事打个招呼,按“规矩”办就行,无需繁琐的“画押”“签字”,那样倒显得“见外”了,在这样的熟人社会甚至连文字都是多余的。[19] 的确,“熟人社会”这个概念在中国已经被演化成为一种确然的现实情境,并且成为一种公认的意识形态,似

---

〔19〕 参见费孝通:《乡土中国,生育制度》,北京大学出版社 1998 年版。

乎这是中国社会所固有的不可剥离的组成部分,“从国情出发”这个命题便包含着从“熟人社会”的现实出发的意蕴,“熟人社会”也就成了一种富含理性因素的正面命题。有学者认为,中国人际关系的内在机理在于讲求“缘分”,如亲缘、地缘、血缘等,“熟人化的圈子”就是基于“缘分”而建立起来的,人情、面子、报恩等伦理文化是维持人际关系的核心要素。因此,关系人之间的纠纷解决都带有非正式性、自洽性和地方性等色彩。[20] 另有学者并不赞同“熟人社会”这种判断,但却吸纳了其中的“某些因素”,进而提出了“新熟人社会”的概念,认为“传统意义上的熟人社会的确正在瓦解,但取而代之的不是扩大的陌生人社会,而是新的熟人社会,它为非诉讼解决机制提供了新的现实基础”[21]。在这些学者看来,现实的纠纷是在熟人之间发生的,那么,对于纠纷的解决就应当考虑这种熟人因素,进而运用“非正式的纠纷解决机制”解决纠纷。因此,类似于诉讼这种严格适用法律的正式的纠纷解决机制并不适用于“熟人”之间的纠纷解决。

在人类社会中,“熟人”和“陌生人”之间总是存在一定的隔膜,这是一个不容否认的客观事实。人和人之间的交往不可避免地会受到交往者之间熟悉程度的影响,熟人之间的交往更有利于沟通和理解,因为他们相互之间“知根知底”甚至趣味相投,从而为交往的安全性和特定目的的实现提供了保障。那么,熟人之间如果发生了矛盾和纠纷是否也可以运用这种“熟人效应”加以解决呢?笔者对此却不以为然。

首先,“熟人”的标准是什么?笔者注意到,凡是论及熟人社会的,无不是从中国传统的家族观念和人的亲疏关系的角度出发并作

---

〔20〕 易军:《熟人社会中的关系与非正式纠纷解决》,载《云南大学学报》(法学版)2008年第5期。

〔21〕 贺海仁:《无讼的世界——和解理性与新熟人社会》,北京大学出版社2009年版,“序言”第3页。

出证明的。例如,费孝通先生提出的“差序格局”这一概念,就是建立在家族的基础之上的,他认为“家”是中国乡土社会的基本社群,每个人都是以家为立足点而建立起自己的社会联系,“在中国乡土社会中,家并没有严格的团体界限,这社群里的分子可以依需要,沿亲属差序向外扩大”[22]。确实,家族意识在中国社会可以说是一种十分重要的传统文化符号,人和人之间如果存在家族血缘关系,其亲和性的因素就会大大增加。但是,家族毕竟不同于社会,现实社会中的人际关系是否能够以家族关系作为基本模式,还是一个有争议的话题。[23] 更何况,自20世纪中叶以来,随着新的社会制度的建立以及社会经济文化的发展,人际关系已经发生了根本的变化,“熟人”关系已经脱离了家族的羁缚,并且已经或者正在丧失其固有的意义和价值。当然,作为家庭亲情关系,其于个人和社会的重要价值仍然是不可抹杀的,但这种关系绝不是那种社会学意义上的“熟人”关系,而是一种伦理学意义上的家庭关系。

其次,熟人相待真的总是温情脉脉吗?人们之所以对“熟人”情结挥之不去,是因为存在熟人可以在精神上或物质上给自己带来特殊的满足和利益的预期。我们不否认熟人之间的交往所带来的种种好处,但是,这并非是熟人关系的全部内容。在我们的经验中,熟人之间,甚至亲人之间所发生的猜忌、异见、阴谋、诬陷乃至谋财害命的事例也不在少数。有学者喟叹道:“在纠纷发生学的意义上,我们通常不与陌生人发生接触,也不发生碰撞,但我们却与熟人发生结构性

---

〔22〕 费孝通:《乡土中国　生育制度》,北京大学出版社1998年版,第38~39页。

〔23〕 对于“熟人社会”一说的科学性已经有不少学者提出质疑,它可能在家族内部是适用的,但推及全社会的层面就未免强人所难。尤其是在新中国成立之后,特别是改革开放以来,人际关系早已呈现出新的面貌,所以,“熟人社会”的思维应该已经到了可以终结的时候。参见柴玲、包智明:《当代中国社会的“差序格局”》,载《云南民族大学学报》(哲学社会科学版)2010年第2期。

的日常关系。‘杀熟’长期以来就一直成为令人难过的独特现象!”〔24〕的确,纠纷多发生于熟人之间,这一现象与熟人之间具有更多温情的命题岂不相悖?倒是那些“陌生人”,除非是在意外的情况下,一般不会对我们构成威胁。并且,在规则的制约下,“陌生人社会”可能具有更多的安全、和谐和利益保障。〔25〕

最后,熟人之间约定俗成的社会规范或内部规则真的可以脱离法律而自成一体吗?法社会学家在研究熟人之间或邻里之间解决争端的方式时,提出了一种颇具诱惑力的观点,即这种类型的争端可以不依赖于国家法律,而仅仅从人们所熟知的内部规则就可以得到有效的解决,从而维持着一种“无需法律的秩序”:“社会生活有很大部分都位于法律影响之外,不受法律影响;……许多权利,特别是日常的权利,都可能自发产生。人们也许会用他们自己的规则来补充以及事实上是废止国家的规则。”〔26〕在我国,也有的学者主张在解决纠纷时应采用“多元化”思维,而不迷信国家的法律制度;社会道德规范、自制规范、乡规民约、宗教和习惯等都可以作为解决纠纷的依据,〔27〕甚至可以“尽量不考虑法律进行调解,并且应当本着门外汉的

---

〔24〕贺海仁:《无讼的世界——和解理性与新熟人社会》,北京大学出版社2009年版,第98页。

〔25〕笔者并不认为“熟人社会”与“陌生人社会”存在截然不同的对立关系,在一定意义上,陌生人与熟人之间并不存在严格的界限,就如齐尔格特·鲍曼所说:“我们所生活的世界几乎被陌生人所充斥,而使它看起来像是一个普遍的陌生世界。我们生活在陌生人之中,而我们本身也是陌生人。”参见[英]齐尔格特·鲍曼:《通过社会学去思考》,高华等译,社会科学文献出版社2002年版,第51页。转引自龚长宇、郑杭生:《陌生人社会秩序的价值基础》,载《科学社会主义》2011年第1期。

〔26〕[美]罗伯特·C.埃里克森:《无需法律的秩序——邻人如何解决纠纷》,苏力译,中国政法大学出版社2003年版,第5~6页。

〔27〕范愉教授有此观点,参见沈恒斌主编:《多元化纠纷解决机制原理与实务》,厦门大学出版社2005年版,第432页。

圆满主义常识来处理”纠纷[28]。应当说,传统道德、民间习惯,甚至熟人之间约定俗成的内部规则等“民间规范”与人们的实际生活关系密切,在日常生活中发挥着法律难以替代的指引作用和规制功能。对于纠纷的解决而言,它们往往具有非常现实的价值、功能和作用。但问题在于,这些价值、功能和作用的来源是什么?或者说,它们的正当性依据和效力依据的根源是什么?如果这个问题不能得到合理的回答,那么,前述所有的价值、功能和作用就会成为无本之木、无源之水,难以获得长久的生命力和持续的公信力。应当看到,重视研究民间规范的学者并不完全排斥法律的功能和作用,他们所做的努力其实是要在国家正式规范(法律)和民间规范之间寻求一个合理的支点。

美国社会学家罗伯特·C. 埃里克森曾经提出了一个“福利最大化规范”的假说,认为这一源于经济学的理论能够解释人们为什么合作,以及无需法律也能够解决他们的纠纷的问题。[29] 但笔者认为,由日本学者所描述的“审判阴影下的谈判”这一命题或许能够更为简洁地说明那些“非正式规范”之所以能够发挥出法律所难以替代的作用的原因。他们认为:

> (以审判为意向的谈判)可以独立于现实进行的审判在观念上给正义下定义,正因如此,它也能够成为指导审判的理念,但实际上,这样把正义作为理念来进行的审判本身就是作为正义通用的。这样的“审判”又进一步通过各种媒介被信息化,并传递给一般的纠纷当事人。因此,当事人只要能够得到这个信息,不必花很高的成本也能够自力实

---

〔28〕 李刚主编:《人民调解概论》,中国检察出版社 2004 年版,第 89 ~ 90 页。

〔29〕 参见[美]罗伯特·C. 埃里克森:《无需法律的秩序——邻人如何解决纠纷》,苏力译,中国政法大学出版社 2003 年版,第 204 页。

现审判和正义。[30]

因此,作为法律以外的社会性规则,包括熟人之间的内部规则,其正当性依据和效力依据的来源不是别的,正是法律规范。正是因为具有强制力保障和普遍性效力的国家法作为强有力的后盾,其他的社会性规范包括熟人之间的内部规则才获得了人们承认和遵行的资格。根据这个原理也可以解释为什么社会性规范必须倚赖法律的规定而存在和运作,即它们不能和法律发生冲突,不可能置法律于不顾而自成一体,另搞一套。所谓“无需法律的秩序”其实不可能脱离法律秩序的大背景,只不过在理论上由于学术视角的不同而对“秩序”有着不同的解释罢了。

总之,人类社会的结构形态和相关制度的建立并不取决于人际关系的亲疏,而是由特定的政治、经济、文化、法律的性质和构造所决定的。“熟人效应”作为一种历史现象,在特定的历史时期和特定的社会范围内或许具有一定的作用和价值,但于人类社会发展的历史而言,它从来不是一种具有决定性意义的社会现象,特别是在商品经济和法律秩序日益成熟和完善的大背景下,熟人效应实际上已经丧失了它曾经的意义和功能。熟人效应既不能推动社会的文明和进步,也无助于社会成员合法权益的有效保护;将公平和正义的实现寄托于熟人关系之上,而不是求诸理性的原则和制度,无异于对人类理性的蔑视和挑战,其结果往往会走向反面,甚至败坏社会风气,形成人人自危的局面。从务实的角度看,熟人之间一般更容易沟通和理解,这对于纠纷的解决无疑是一种积极的因素,但是也要看到,熟人之间“碍于情面”的效果并非只是积极的一面,有时甚至会成为法律制度与熟人规则之间的一道屏障,使二者出现了表面上的隔离,反而不利于纠纷的顺利解决。因此,现代性的纠纷解决不应受制于熟人

---

〔30〕 [日]小岛武司、伊藤真:《诉讼外纠纷解决法》,丁婕译,中国政法大学出版社2005年版,第12页。

效应，而应当更多地注入权利意识和法制观念，唯有如此，才能更好地弘扬法制理性，从而营造法治意义上的和谐社会。

三、作为智慧的妥协

以合意的方式解决纠纷，表象上是双方当事人就其所争议的问题经过协商达成一致意见，从而使纠纷得以解决，实质上则是当事人对自己的相关利益的自主地处分。并且，更为关键的是，这种处分是在双方协商的基础上兼顾双方利益的结果，这也是第三方决定的方式与合意的方式在权益处分上的不同之处。为了兼顾双方的利益，每一方当事人就应当程度不同地站在对方的立场上对待争议，如果仅仅考虑本方的利益和诉求，就难以形成协商与对话的氛围，纠纷的合意解决也就难以实现。因此，在合意的过程中，就必须寻求一种有利于协商对话的方法，实践中最为常见的方法就是妥协的方法，从理论的意义上看，不妨将妥协的方法视为实现合意的方法论。作为一种方法论，它就应当具有理论上的合理性与实践上的有用性。但不得不说的是，妥协并非是一种规范意义上的原则或概念，而主要是实践意义上的一种道德性判断，在规范的法律文件中几乎难觅"妥协"这一概念的踪迹，但在实践中它却广为人知。或许是由于这个原因，从学术的层面对妥协现象进行深入研究的文献并不多见，学者们大都是从一种既定的观念出发，将妥协视为一种通俗易懂的大众话语；同时，由于经验和立场的不同，人们对妥协的认识也会有所差异。例如，有学者认为："妥协，在字典中解释为：在争执或斗争中向对方作出让步。它在人们印象中多少带有一些贬义色彩，总要和软弱、屈辱联系在一起。然而，当人们把妥协归类于贬义词时，却没有看到妥协背后的无奈与痛苦，甚至更高境界的内涵。"[31]显然，这种说法对妥协所持的态度是模棱两可的，一方面，它认为在妥协的背后隐藏着"无奈与痛苦"；另一方面，它又认为妥协蕴含"更高境界的内涵"，但

---

〔31〕 余长保：《有一种沟通叫妥协》，中国商业出版社2009年版，第43页。

这种“内涵”究竟是什么，却又语焉不详。更多的学者将妥协看作一种技术或方法，或者说是一种策略，更强调它的实用性与积极意义，如：“妥协是一种谈判策略，它体现了谈判者用主动满足对方需要的方式以使自己需要得到满足的精神实质。”[32]那么，妥协的含义究竟是什么？它在纠纷解决的场合又发挥着什么样的功能？对此很有必要做一番探究。

《现代汉语词典》对“妥协”一词的解释是：“用让步的方法避免冲突或争执”[33]，显然它认为“让步”是“妥协”的近义词，但这个解释是很不全面的，它并没有揭示妥协的真正含义。从字面看，“妥”有“妥善”“安妥”“妥当”之意，这一点可以一目了然。但“协”这个字却不是那么简单，对“妥协”作出错误理解的原因就在于对“协”这个字的误读。“协”又作“協”。《说文解字》：“协，众之同和也。从劦，从十。”这里并没有“让步”的意思，而是众人合作之意。但这还不是真正的问题所在。据《康熙字典》，“协”除了《说文解字》给出的含义之外，还有“顺服”的意思（《书·微子之命》：“上帝时歆，下民祇协”），且又与“胁”字相通，含有“逼迫”之意（《金声玉振集》：“余皆协从”）。这样一来，“协”这个字的含义就很不简单了：它既有众人合作、同心协力的意思，又有顺从、服从的意思，当它与“胁”字相通时，还有逼迫的意思。然而，当“协”这个字与“妥”组成一个词组之后，它的含义又是什么呢？众所周知，在中文词汇的发展史上，现代合成词组基本上遵循着同义或近义法则，即两个单字的意思应当基本一致，如“光明”“行走”“深沉”“考据”，等等。“妥协”一词也应属这种组合，即“妥”和“协”二字的字义应当是同义的或近义的。既然“妥”这个字并没有“协”字的“顺从”“服从”甚至是“逼迫”之意，那么，它就只能是取《说文解字》所给出的含义，即“众之同和”的意思。因此，妥协，应当是众人合作、同心协力的意思，词

[32]　于反：《妥协：商务谈判新思维》，中国经济出版社2011年版，第1页。

[33]　《现代汉语词典》，商务印书馆2005年版。

性属褒义。

在日常生活中,妥协一词从感觉上往往会给人造成某种情绪上的困扰,因为它似乎总是意味着某种牺牲或者退让。例如,在形容某人立场坚定的场合,常常用“坚持原则,绝不妥协”来表达。把“妥协”理解为服从、退让,甚至蕴含某种屈辱的成分。将“妥协”写成“妥胁”的亦大有人在。这与其说是一种无心之失,还不如说是受到了某种潜意识的支配。在解决纠纷的过程中,妥协一词是被经常使用的,但其出现的背景往往是需要对他人提出的某种主张或要求作出回应,如果这种回应是否定的,当然谈不上妥协;如果是接受或同意对方的主张或意见(全部的或部分的),那么就有可能是出于两种相反的心态:作出回应的一方是出于真意的或不是出于真意而是违心的。如果是前者,就不是妥协,如果是后者,那么就是妥协了。例如,债权人为了尽快收回欠款,而不得不接受债务人减免利息的要求,这里就包含债权人向对方妥协的意蕴。特别是在第三者参与的场合,往往少不了对坚持己方立场的当事人进行说服、规劝。而在第三者说服、规劝的语言中,妥协一词是被作为向对方作出让步的意义上加以使用的,因此,如果听从了第三者的意见,那么也就意味着妥协。不难看出,在特定的语境中,妥协一词已经背离了其本来的主旨,甚至走向了反面。它不再是发生争议的双方在积极合作的基础上达成共识的状态,而是以一方或双方不同程度的忍让、迁就甚至是屈服作为脚注,从而成为人们不屑于面对的一种消极境遇。

有意思的是,围绕着妥协的语义纠结不仅反应在中文语言中,在西文语言中也同样存在。以色列学者艾维榭·马格里特认为妥协本身就是一个矛盾的概念:

> 它带有两种评估的反向力量。这是一个“嘘声——欢呼”的概念,即一个表示人与人合作的积极概念,同时伴随着一个背叛高尚原则的消极概念。在某些情况下,妥协被认为是一种善意的表达,而在其他场合则又表现

为没有诚意。[34]

从妥协的这一含义出发，马格里特认为妥协有两种不同的类型，即悲观的妥协和乐观的妥协。悲观妥协是以讨价还价为表象的，每一方都是从自己的角度出发，希望实现自己利益的最大化；而乐观妥协则是以认可对方为前提的，“乐观妥协的一个明确案例是强烈建议（而不是暗示）认可另一方的观点。妥协是对这种认可的一种表达方式”[35]。虽然马格里特所讨论的对象是外交政策问题，试图以妥协的方法去解决国家、地区与民族之间的冲突，但是，作为一种方法论，其关于妥协的分类还是颇有普遍性意义的。这种观点也暗合了谈判理论上所倡导的换位思考的方法，其精神实质就在于将自己的利益与别人的利益放在同一个天平上，在主张自己利益的同时也不要企图减损别人的利益。如果说妥协是一种智慧，那么，这种智慧的精髓就在于它能够在实质上更加迅速和经济地实现己方应得的利益，而在客观上则是一个双赢的结果。

总之，妥协策略应被视为一种积极的、有效的有利于解决纠纷的方法，从消极的、悲观的角度理解妥协其实是误解了妥协的本意。应当说，妥协并不纯粹是委曲求全，妥协是一种智慧，而且是一种大智慧，善于妥协的一方是真正的强者，是能够把握轻重缓急的谋略家。作为纠纷的解决者或者纠纷的当事人，在准备运用妥协策略之前，首先应当对双方的利益作出客观的衡量，在平等、谅解和对等的前提下展开对话，而不是一味强调毫无原则的让步和迁就。唯有如此，才能促使纠纷的双方当事人共同达至积极妥协的美好境界。

---

〔34〕［以色列］艾维榭·马格里特：《妥协与卑劣妥协》，陈特安等译，人民日报出版社2012年版，第4页。

〔35〕［以色列］艾维榭·马格里特：《妥协与卑劣妥协》，陈特安等译，人民日报出版社2012年版，第40页。

四、“自愿”与“强制”的辩证

自愿原则作为调解活动必须遵循的基本原则之一，在我国有关调解的法律法规中一直是反复予以强调的。例如我国《民事诉讼法》第9条规定：人民法院审理民事案件，应当根据自愿和合法的原则进行调解；《人民调解法》第3条规定：人民调解委员会调解民间纠纷，应当在当事人自愿、平等的基础上进行调解，等等。在学术界，对自愿原则也普遍持肯定态度而鲜有提出质疑的。认为调解必须以自愿为原则已经成为调解理论的出发点，同时也是调解制度中的“帝王条款”，似乎没有自愿就不可能有调解，但凡调解就必须自愿。

不可否认，作为以当事人之间的合意为根据的调解方式，当然应当充分体现当事人的自主意志，这一点在理论上是完全合乎逻辑的。但是，如果对调解的实际情形进行深入的观察和研究，自愿原则的科学性与合理性恐怕还有可商榷之处。问题的症结并不在于调解中的自愿本身是否合理，而在于作为一项法定的基本原则，它是否具备立法意义上的必要性和可行性。

首先，对当事人是否自愿缺乏客观的判断标准。如果说自愿原则重在自愿，那么，自愿的内容又是什么呢？如果不假思索，我们可以这样回答：“人民法院对民事案件进行调解的前提必须是双方当事人自愿，不能有丝毫的勉强。”〔36〕那么什么是“勉强”？什么又是当事人的“自愿”？显然，对于这种属于主体的内心活动及其感受的内容是很难确定一个客观的衡量标准的。事实上，自愿原则属于主观意识范畴，难以形成客观的评判标准，是否自愿难以判断。例如，通过调解达成的和解往往是妥协的结果，而妥协总是需要付出一定代价的，作为追求利益最大化的当事人而言，为和解而付出代价总是不情愿的，但是权衡利弊又“不得不为之”，这种情形就很难说和解是真正出于当事人的内心自愿。

---

〔36〕　常怡主编：《民事诉讼法学》，中国政法大学出版社2002年版，第238页。

其次,实践中的调解并非都是在当事人同意的前提下启动。自愿作为一项原则,就应当意味着一切都要从当事人的意愿出发,不应当存在任何强制的因素。但是,实践中的情形却往往并非如此。一方面,如果纠纷的双方当事人处于严重的情绪对立状态,出于“爱面子”或“不服输”的心态,谁也不愿意轻易作出让步。在这种情况下,如果第三者发出是否愿意调解的询问,往往会得到否定的或犹疑不定的回答;而另一方面,在第三者未经当事人作出同意的表示主动进行调解的情况下,当事人却又往往默许第三者的这种尝试,那么,这种启动调解的方式究竟是自愿还是强制呢?

最后,即使调解是经过了当事人的同意,这种“同意”的背后也可能存在某种隐情,而非当事人的真实意思。由于实践中的情形比较复杂,以下分为三种情形加以分析。

第一种情形:原告认为自己的合法权利受到了无端的侵害,而寻求第三方“主持公道”,欲讨回自己应有的利益。在这种情形下,原告是带着强烈的正义感和坚定的信心去寻求司法解决的,希望法律能够给他一个“说法”。然而,在合意解决纠纷的场合,原告必须对被告的侵权行为作出某种谅解,他被要求原谅被告的行为,并且对被告承担责任的方式和程度作出某种妥协或让步,那也就意味着原告必须在一定程度上接受自己受到损害的事实。而在被告呢?情形恰好相反,他会极力想要获得一个和解的结果,因为这样可以减轻他所承担的责任。因此,原告对调解的“同意”可能是一种消极的同意,而被告却对调解表现出十分积极的态度,这样一来,原告的“自愿”显然就不那么真实了。

第二种情形:原告欲利用法律程序达到某种非法的目的,或通过一种“合法”的形式侵占对方的利益。在这种情形下,原告明知其目的的非法性,当然希望尽量减少司法程序的复杂环节,以期迅速达到其侵占对方利益的目的,所以,只要能够达成“合意”就好,哪怕原告自己受到一些“损失”。而被告对原告的企图虽然心知肚明,却苦于反驳的手段不足,自然寄望于司法的公正裁决,因此他必然步步为营,而不愿与对方达成和解。正如学者指出的:"债务人认为自己并未实施违约行为或侵权行为,不应当向原告承担责任或者不应当分担损失,调解的结果却是让被告承担了部分的责任或分担了部分损失。"〔37〕然而,在一般人看来,诉讼的双方都是有问题的,即所谓的"一个巴掌拍不响"。如果这种观念不幸感染了法官的意识,那么,他必然会"苦口婆心"地劝说双方和解,如果被告因某种原因而同意了法官的劝说,这种"同意"还能说是被告的自愿吗?

第三种情形:原告方和被告方互相勾结,恶意串通,欲利用法律程序"合法"侵占他人的利益。原、被告双方当事人事先串通,故意设计虚假事实,以图利用法律程序达到侵占他人合法利益的目的,这是一种典型的恶意诉讼。十分吊诡的是,这种恶意诉讼的情形却极易达成和解,因为这不过是一场双簧戏而已,当事人自己当演员,而法律则为其提供了一个绝佳的舞台。有来自实务界的专家一针见血地指出:在诉讼调解中,"以尊重双方当事人合意为第一要旨,合法性审查先天不足"〔38〕,这正是怀有恶意的当事人企图利用法律程序实现其非法目的的重要原因之一。

因此,调解中的自愿并非如理论上所想象的那么合情合理,第三者眼里的自愿与当事人自身的感受可能完全不同,不同的目的和动机决定了当事人对待调解的态度和行为上的差异。当事人是否愿意通过合意的方法解决纠纷,在很大程度上取决于他所欲达到的目的,对于有利可图的一方来说,对合意必然抱有积极的态度,但这种自愿的正当性是很值得怀疑的。

司法实践中存在的与自愿相"背离"的情形并非没有制度上的依据,实践中的调解并非都是以当事人的自愿为前提的。我国《民

〔37〕 李浩:《当下法院调解中一个值得警惕的现象——调解案件大量进入强制执行研究》,载《法学》2012 年第 1 期。

〔38〕 陈慧:《当前民事诉讼中的恶意调解现象及防范研究》,载《法律适用》2007 年第 5 期。

事诉讼法》第133条第2项规定："开庭前可以调解的，采取调解方式及时解决纠纷。"作为开庭前的一个程序，此处并没有规定必须征得当事人的同意，如果说因为自愿是调解的一个基本原则而在此处无须加以说明恐有勉强之嫌，因为这里的措辞是"可以调解的"，是否可以调解，当然是法官的判断，且并没有加上"当事人拒绝的除外"这样的但书。[39] 而《人民调解法》不仅规定了人民调解委员会在特定情形下可以"主动调解"（第17条），而且规定"基层人民法院、公安机关对适宜通过人民调解方式解决的纠纷，可以在受理前告知当事人向人民调解委员会申请调解"（第18条）。这里的"告知"显然不是以征得当事人同意为前提的。还有，最高人民法院《关于适用简易程序审理民事案件的若干规定》第14条也明确规定，对于下列民事案件，人民法院在开庭审理时应当先行调解：(1)婚姻家庭纠纷和继承纠纷；(2)劳务合同纠纷；(3)交通事故和工伤事故引起的权利义务关系较为明确的损害赔偿纠纷；(4)宅基地和相邻关系纠纷；(5)合伙协议纠纷；(6)诉讼标的额较小的纠纷。该条规定的但书是："根据案件的性质和当事人的实际情况不能调解或者显然没有调解必要的除外"，这里并没有规定要征得当事人同意的条件。

另外还可以看看域外的相关制度和理念。在当今世界，将调解引入纠纷解决领域已经非常普遍，从有关调解的立法或制度来看，鲜有强调自愿原则的。如日本的《民事调停法》是一部关于民事纠纷调解解决的专门立法，其第1条所规定的"宗旨"就是："当事人在相互让步的基础上，合情合理地解决有关民事纠纷为本法的宗旨。"整部法律中也看不到强调自愿或征得当事人同意的内容；不仅如此，在其第20条第1款规定："受诉法院认为合适时，以职权将案件交付调

---

〔39〕《民事诉讼法》第122条规定："当事人起诉到人民法院的民事纠纷，适宜调解的，先行调解，但当事人拒绝调解的除外。"这里的但书显然强调了当事人的自愿，但这里并不包含必须在征得当事人同意之后才能开始调解的意思。

停,可让有管辖权的法院处理或受诉法院自己处理。"[40]有日本学者指出:"调解程序是与诉讼程序相竞合的,但其具有补充性的性质,是否通过调解来解决纠纷完全听凭当事人的意思。虽说如此,法院认为适当时也可以依职权进行调解。"[41]在德国,其《民事诉讼法》第 279 条第 1 款规定:"不问诉讼到何种程度,法院应该注意使诉讼或各个争点得到和好的解决。法院为了试行和解,可以把当事人移交给受命法官或受托法官。"[42]根据德国权威学者的解释:在正式的言词辩论之前,法官应当命令双方当事人进行强制性的和解辩论,除非明显没有和解希望,或者在法院外的调解所已经进行过和解辩论。如果当事人拒绝出席和解辩论,则可对其进行罚款。在和解辩论中,法院应就实体状态和争讼状态与双方当事人一道进行讨论,并可在讨论中"自由评价所有情形"[43]。而在素以实行"对抗制"著称的英美法系国家,法官依职权发起调解的情形在人们看来并无不妥,"虽然替代性纠纷解决方法经常被用于在起诉前促进和解,但是它们的作用并非仅限于此。随着不断发展出来的促进待决案件和解的新方法,那些倡导'温和的调和与调解'的人们力主将它们扩展适用于正在进行的诉讼之中"[44]。在美国,《联邦民事诉讼规则》规定审前会议的一个重要目的就是"促进案件和解",特别是在离婚案件中,调解是解决纠纷的一个必经程序。由于鼓励使用被称为"ADR"的方式解决民事纠纷,大量的民事案件在审前就得到了解决,只有极少的

〔40〕《日本新民事诉讼法》,白绿铉编译,中国法制出版社 2000 年版。

〔41〕[日]中村英郎:《新民事诉讼法讲义》,陈刚等译,法律出版社 2001 年版,第 15 页。

〔42〕《德意志联邦共和国民事诉讼法》,谢怀栻译,中国法制出版社 2001 年版。

〔43〕[德]奥特马·尧厄尼希:《民事诉讼法》,周翠译,法律出版社 2003 年版,第 408 页。

〔44〕[美]史蒂文·苏本、玛格瑞特(绮剑)·伍:《美国民事诉讼的真谛》,蔡彦敏、徐卉译,法律出版社 2002 年版,第 205 页。

案件才会进入正式的审判程序。[45] 在英国,“法院可以依当事人申请,也可以依职权决定中止诉讼一个月(如有必要可延长此期限),以便当事人通过 ADR 或其他方式达成和解”,如果当事人不遵守法院的指令,还可以对当事人进行罚款。[46] 我国台湾地区“民事诉讼法”则明确规定了“强制调解之事件”,因围绕不动产之相邻关系发生的争执、不动产共有人之间因共有物之管理、处分或分割发生争执、因道路交通或医疗纠纷发生争执、因雇佣关系发生争执、因合伙发生争执、亲属之间因财产权发生争执,以及因其他财产权发生争执,其标的金额或价额在新台币五十万元以下者,属于强制调解之事件。最后特别值得一提的是我国香港特区的做法。在香港,诉讼中的和解又叫庭内和解,“是指在诉讼进行中,由承审法官酌拟办法,劝谕原告和被告和解,经双方当事人达成合意,或由一方提出清偿办法,经他方接受,而成立的和解”[47]。

总之,无论是从调解实践的表现或者是与调解相关的制度和理念来看,当事人的自愿并非是不可逾越的一道鸿沟,特别是在司法调解的场合,适当的强制不仅是必要的而且也是合理的。有学者指出:

> 伴随着司法 ADR 的发展,ADR 的适用已经明显呈现出强制化的趋势,无论在英美法系还是在大陆法系国家,甚至是在最擅长“为权利而奋斗”的德国,ADR 都出现强制化的倾向,表现在启动的强制化、参与的强制化、保全的强制化及结果的强制化等方面。[48]

---

〔45〕 在美国,有 90% 以上案件(包括民事和刑事)是通过和解的方式解决,但对于审前会议中的和解及强制和解规定,也存在争议和不同观点。参见 Carrie Menkel – Meadow, *For and Against Settlement: Uses and Abuses of the Mandatory Settlement Conference*, 33 UCLA L. Rev. 485,502, (1985)。

〔46〕 齐树洁主编:《英国民事司法改革》,北京大学出版社 2004 年版,第 11 页。

〔47〕 汤维建、单国军:《香港民事诉讼法》,河南人民出版社 1997 年版,第 30 页。

〔48〕 肖建国、黄忠顺:《诉前强制调解论纲》,载《法学论坛》2010 年第 6 期。

在我国，有学者将法院调解中存在的不正常的强制概括为"以劝压调""以拖压调""以判压调""以诱促调"。[49] 固然，这些现象是不值得鼓励的，但是，如果以此为由便否定法院调解必要的强制性，或有以偏概全之嫌，恐怕于法院调解的固有特点及其规律性上有欠考虑。在笔者看来，过于强调调解的自愿性，而否认调解中适当的强制，不仅无益于调解的开展，而且也未必符合当事人对调解的合理预期。诚如棚濑孝雄所描述的那样：

> 确实，不能否认有些时候由于担任调停者的人员素质或社会观念方面的问题，强制的契机以一种不能正当化的、粗野的方式表现出来，但一般说来，审判外的纠纷处理机关只要以合意的获得为发挥解决功能的必要条件，为了有效地使合意形成，无论如何总有必要付出努力以诱导当事者向合意点靠拢。……为了使纠纷有可能得到解决，该纠纷处理机关就有必要发挥较强的积极能动作用来促使合意形成。在不少场合下，这样的能动作用以对不恰当地固执己见的当事者施加压力，指出他的不对，要求他改变主张等较为强硬的方式表现出来。[50]

其实，调解的过程是一种强制笼罩之下的轻松和灵活，有心理学家认为，这种情形属于调解活动中必不可少的调解者的权力因素的效果。[51]

总之，在笔者看来，调解的自愿原则其实犹如一把"双刃剑"，它一方面体现了当事人解决纠纷的主动性，是当事人自主权利的积极

〔49〕 李浩：《民事审判中的调审分立》，载中国法制出版社编：《民事程序法论文选萃》，中国法制出版社2004年版，第301页。

〔50〕 [日]棚濑孝雄：《纠纷的解决与审判制度》，中国政法大学出版社2004年版，第81页。

〔51〕 参见王律中：《调解心理艺术——调解中的心理学问题及对策》，人民法院出版社2001年版，第159页。

表现;另一方面自愿的结果对当事人又会形成一种权利的约束,从理论的意义上说,这种约束的效力甚至高于裁判的效力,因为它不是外界强加于当事人的,而是当事人自己作出的选择。自愿与强制,在合意解决纠纷的过程中是一对客观存在的矛盾体,它们既互相排斥,又互相依存。没有自愿,则合意就失去了灵魂和依托;没有强制,则无疑忽视了合意过程的现实规律。完全的自愿只能是一种美好的幻想,而赤裸裸的强制显然只能带来不欲的后果。调解中的自愿本来是内含于调解中的固有属性,不讲自愿是不可能的,但如果将其过于夸大,甚而上升到原则的高度,恐怕反而束缚了人们的手脚,使调解这种以灵活性与效益性见长的纠纷解决方式难以发挥其应有的效用,或者使自愿成为一种表面化、形式化的装潢,以致造成事与愿违的尴尬局面。

第七章　合意性机制运行过程的考察

通过合意解决纠纷，或者说经由合意的纠纷解决，这一概念与其说是一个理论的命题，不如说是对一种事实的描述，它不是一个静止的或纯粹形而上的概念，而是一个动态的充满实践经验的范畴。之所以强调这种动态的特性，是因为所有纠纷的解决都必须经过一定的程序，运用一定的方法和技术，都需要特定的人群在特定的时间和场合进行精心的运作。因此，所有关于纠纷解决的命题都必须建立在对其相关的实践模式进行动态考察的基础之上，合意性机制也是如此。只有对合意形成的过程进行细致而全面的观察和了解，才能真正领会合意性机制在纠纷解决中的真正价值和效用。

不像人们通常所能够直接体验到的和可以直接利用的纠纷解决机制，如协商、谈判、调解、仲裁、诉讼等，合意性机制更注重于纠纷解决的实质内容的描述，也就是说，它是一种实质意义上的当事人自主意志的体现，而不论形式上的表现如何。为了合意的实现，可供利用的形式是多种多样的，协商、谈判、调解、仲裁、诉讼均可以作为合意的媒介，只不过其表现形式和运作方式不同而已；但无论是通过哪一种形式解决纠纷，只要其解决纠纷的过程和实际结果充分体现了当事人的自主性，我们就说这是一种合意性机制的表现。因此，从实践的意义上说，合意性机制可以分为直接交涉型的合意和第三者促进型的合意。在这两种类型的合意当中，自主性的强弱可能会受到一定的影响，但这种影响应当是在当事人可接受的限度之内。只要遵循了这个原则，合意的本质就不会因之而改变。

一、直接交涉的合意

直接交涉的合意是指由当事人主导的以达成合意为目的的纠纷解决方式,一般表现为协商、谈判与合意契约等形式。

当事人主导,意在强调当事人在纠纷解决过程中所处的主要地位和对争议解决方案的决定性作用,但不等于绝对不可以有第三者的参与。例如谈判,在现代社会中,纠纷当事人作为社会共同体的一个成员,必然与其他社会成员存在各种各样的联系,一旦有纠纷发生,寻求他人的帮助不仅是自然的而且是明智的举动。因为,第三者往往会在情绪对立的纠纷双方之间发挥不可忽视的缓和与过渡的桥梁作用,"在现代纠纷解决实践中,谈判在多数情况下都是在第三者的辅助下完成的,它事实上已经成为一种独立的纠纷解决机制"〔1〕。但是,在直接交涉的合意中,第三者参与的方式和他所发挥的作用与第三者促进的合意有着本质上的区别(关于第三者促进的合意将在下节详述)。直接交涉的合意中的第三者是因受到当事人的"邀请"而参与到其纠纷解决的过程中,他对相关程序的安排、合意方案的形成可能会产生一定的影响,但这种影响是微不足道的,可以说完全是一种辅助的作用。相反,如果是第三者促进的合意,则第三者的参与是基于当事人的"请求",而由于这种请求的前提,使第三者对相关程序的安排与合意方案的设计取得了相应的合法性地位,甚至在某些情况下对纠纷解决发挥着决定性作用。

直接交涉的合意是以合意为目的的纠纷解决模式,从某种意义上说,这种合意才是本源意义上的合意,这个判断可以从纠纷解决机制的四个基本要素加以理解。任何一种纠纷解决机制,无非是由主体、依据、过程和结果四个要素所构成的。主体是指纠纷解决的各方参与者,依据是指达成合意或作出决定的规范依据和意思依据,过程

〔1〕 沈恒斌主编:《多元化纠纷解决机制原理与实务》,厦门大学出版社2005年版,第55页。

是指程序性范畴,结果是指实体性范畴。直接交涉的合意的参与者以当事人为主,当事人是整个过程的主导者,而结果的生成也是以当事人的意志为主,因此可以说,直接交涉的合意是一个从过程到结果完全由当事人主导的最为完整的合意,也是最为典型的合意。由于直接交涉的合意是通过协商、谈判与合意契约等形式得以实现的,因此,有必要通过对这些具体形式的描述来说明直接交涉的合意的具体表现。

(一)协商与谈判

人类社会总是充满着各种交往与合作的行为和实践,而交往与合作的前提是各种意见的表达、交流与沟通,如果将这些行为统称为交涉,那么,交涉的具体方式就是协商与谈判。协商与谈判作为人际交涉的具体方式,几乎已经成为一种尽人皆知的基本技能和生活常识。作为一个智力健全的人,即使对协商与谈判的理论知识一无所知,一般也能够熟练地加以运用。但是,这并不等于其预期的目标都能够得到完美的实现,甚至相反,如果运用不当,还可能会带来负面的结果。为了避免负面结果的发生,对协商与谈判形成一个较为理性的认识是有必要的。鉴于本书的主旨并非专论人际交涉技术,故此,对协商与谈判等人际交涉的具体方式不予展开,而主要从纠纷解决的合意角度探讨协商与谈判的功能所在。

在一个纠纷发生以后,甚或在出现了有可能发生纠纷的迹象之时,人们必然会想到如何去解决纠纷或者防止纠纷的发生。出于稳妥性和效率性的考虑,或许还有自尊心和自信心的影响,人们首先想到的必然是依靠自己的力量去实现这个目标,即所谓自力救济。在自力救济中的强力方式已经被彻底否定的现代社会,协商与谈判无疑是最为理性的方式。协商,也有表达为商谈、洽谈、商量或者商洽的,这是一种最为常见的意见交流与沟通方式。协者,“众之同和也”,商者,“从外知内也”[2],协商,也就是和众人之意,互相沟通的

〔2〕《说文解字》。

意思。有学者认为:"协商是一种双向交流的过程。在协商中,双方当事人摆事实讲道理,运用法律手段、价值观念、威胁、压制、要约、反要约、允诺等方式互相影响,使每一方当事人了解自己以及对方的要求、立场、实力、弱点等,以修正目标,调整策略,在不断的互动交流中,逐渐产生互相协作的愿望。"[3]的确,协商的形式是多种多样的,但其中是否包含了带有强力性质与要约性质的行为还有待商榷。笔者认为,协商是较为初级的一种合意方式,其表现形式是较为温和平缓的,以试探性、建议性的行为居多。并且,协商具有更为显著的直接性、易用性、非正式性特点,正因如此,协商也是人际交涉中最为普遍和最为频繁的一种方式。如果协商未能达到合意的目的,则当事者会转而寻求较为正规的方式,例如谈判。谈判较之于协商虽然本质上也是直接交涉,但是,多数情况下当事者会寻求第三者的协助,并且在时间、地点、参与人员、理由、依据、文案形式等方面都远比协商有着更高的要求。因此,谈判多用于较大的项目或较为复杂的纠纷的解决,包括国际性的政治、经济和文化事务的交流与处理。但是,谈判与协商在很多情况下并不是截然分开的,间或还会有互相交叉和互为补充的作用,在谈判中有协商,在协商中也可能会借助于谈判的形式。因此,学界大多是谈判与协商并论,或者互作诠释。例如:"协商、谈判或交涉(negotiation)是一种旨在相互说服的交流或对话过程,其实质是一种双方的交易活动。"[4]但也有学者对谈判有更深一层的解读,认为谈判重在"判"即"判断"、"评断"之意,谈判主要是"判"的过程,"是两个以上的主体之间围绕共同关注的议题进行交涉与说服以求达成合意的行为"[5]。

〔3〕 沈恒斌主编:《多元化纠纷解决机制原理与实务》,厦门大学出版社 2005 年版,第 84 页。

〔4〕 范愉等:《调解制度与调解人行为规范——比较与借鉴》,清华大学出版社 2010 年版,第 8 页。

〔5〕 蔡彦敏等:《谈判学与谈判实务》,清华大学出版社 2011 年版,第 9 页。

总之，在纠纷解决的场合，协商与谈判是纠纷当事者之间的一种直接交涉行为，其交涉的主要方式就是面对面的商谈与对话，其目的在于双方意见的交换和思想的沟通，以实现在合意基础上的纠纷解决。在协商与谈判过程中，虽然也有寻求第三者协助的情形，但第三者仅处于辅助地位，并无任何主动性和决定权。协商与谈判的优点在于当事者双方拥有更多的交流与对话机会，有利于双方表达意见，消除误会，从而避免了信息间接传递所造成的衰减和失真，加深了双方的理解与沟通，这对于双方合作关系的维持和进一步发展是大有益处的。但是，协商与谈判在多数情况下缺乏程序性制约，由此可能会导致效率不高的弊端；而且，对于纠纷的解决而言，由于双方的矛盾和争执已经存在，以致双方处于较为对立的状态，由此出现的僵局可能难以突破，甚至会形成更为严重的对立。因此，在特定情形下，就要考虑寻求其他更为有效的方式。

（二）合意契约

契约或合同是当事人意思表示一致的产物，实质上也是当事人之间合意的结果，从这个意义上说，合同与合意具有同源性。但民法上的契约所指的合意与纠纷解决中的合意是有所不同的，其基本的区别在于对合意的衡量标准存在差异。〔6〕民法上的合意强调意思的客观性，甚至在特定的情形下，可以推定合意（契约）的成立；而纠纷解决中的合意则强调意思的主观性，以纠纷的最终解决为目的，而不能适用推定合意成立的理论。最浅显的一个道理是：如果推定合意成立，但一方当事人却没有实际履行该“合意”的行动，则纠纷依然没有得到解决。诚如棚濑孝雄所言：“所谓根据合意的纠纷解决，指的是由于双方当事者就以何种方式和内容来解决纠纷等主要之点

---

〔6〕　关于民法上合意与纠纷解决中合意的区别，请参见本书第三章第一节的内容。

达成了合意而使纠纷得到了解决的情况。"〔7〕

但是,鉴于契约与合意之间的密切联系,以及契约所固有的确定性、规范性和契约形成过程的直接性、简便性等特点,以契约的形式作为解决纠纷的一种方式是完全可能的。事实上,在纠纷解决的实践中,无论是哪一种方式的合意,其最终的结果都可能表现为契约的形式。如协商与谈判,在当事人达成合意之后,往往会就具体的纠纷解决方案签订书面协议;我国的人民调解协议,也被法律明确地视为一种民事合同。〔8〕可见,契约并非仅限于一般民事行为的确定表达方式,对于纠纷的解决而言,契约也具有特殊的意义和价值。

根据民法原理,契约是作为债的发生而特有的一种表达方式,"债之发生,有基于法律行为,亦有基于法律规定。基于法律行为而发生之债,除法律另有规定外,须有当事人间的契约,是为契约原则","契约系当事人依其合意自主决定其权利义务"〔9〕。由是观之,债的发生是基于契约,而契约的形成则是基于当事人之间的合意,那么,契约与合意之间是否存在一种因果关系,即先有合意,尔后才会有契约?其实,这种理解是过于机械化了,契约与合意不过是内容与形式的关系,二者原本是不存在先后顺序的。契约的成立也说明了主体间合意的达成,契约是合意的表现形式。因此也可以说,契约形成的过程就是主体间合意达成的过程。将这个思路应用于以契约方式解决纠纷的场合,于是就有了合意契约这个概念。

合意契约是指当事人为了解决纠纷的目的通过契约方式达成合

〔7〕参见[日]棚濑孝雄:《纠纷的解决与审判制度》,中国政法大学出版社2004年版,第7~10页。

〔8〕我国《人民调解法》第31条规定:"经人民调解委员会调解达成的调解协议,具有法律约束力,当事人应当按照约定履行。"最高人民法院《关于审理涉及人民调解协议的民事案件的若干规定》(法释〔2002〕29号)第1条也明确指出:"经人民调解委员会调解达成的、有民事权利义务内容,并由双方当事人签字或者盖章的调解协议,具有民事合同性质。"

〔9〕王泽鉴:《债法原理》,北京大学出版社2009年版,第55页。

意的一种方法。在这里,合意契约被看作一种解决纠纷的方法,而不是一种契约的称谓;契约的方式或方法被看成一种手段,其结果是当事人之间合意的达成。看起来这个概念与民法上所讲的契约与合意的关系似乎有同义反复之嫌,但是,从纠纷解决的语境来看就不难得出其具有合理性的结论。纠纷解决所面临的问题是如何修复已经遭到损害的关系,而不是要建立一种"债的关系"。因此,纠纷解决的合意必须使纠纷真正化解,使受到损害的关系得以恢复,如果没有形成这种效果,则就不能说这是经由合意的纠纷解决,这也是纠纷解决的合意与民法上合意的根本区别。所以,如果说民法上的合意导致契约的形成,那么纠纷解决的合意则是借助于契约的手段使当事人之间的争议得以化解。尽管在表现形式上极为相似,但二者的目的和路径是有所不同的。

以合意契约的方式解决纠纷具有规范、快捷且能够避免发生正面冲突的优点。例如,当事人可以以书面方式发出要约,等待对方的承诺,一旦承诺作出,合意也就达成了。事实上,在纠纷解决的实践中,合意契约的方式是常见的,如"催款通知"、关于某个事项的"声明"或"答复"、围绕争议事项的往来信函、"律师函",等等。这里的要约与承诺与民法上的要约与承诺在内容上虽有不同(民法上要约有"发盘""报价"的形式),但效果是相同的,只不过在结果上存有合意与契约的理念差异罢了。需要注意的是,合意契约的方式并非对任何纠纷的解决都可以收到预期效果。对于一般较为简单的、权利义务关系较为明确的纠纷或争议而言,合意契约或可收到立竿见影的效果,可以大大节约时间和精力,但是,对于较为复杂的纠纷来说,其也只能作为一种尝试手段。不过,由于合意契约的方式具有成本较低而效率较高及便于操作的特点,不妨在采取其他手段之前优先考虑这一方式,或许能实现迅速解决纠纷的目的。

二、第三者促进的合意

合意的本质是当事人意思的和致,为了达到这一目的,当事人之间直接进行交涉是最为理想的,通过直接交涉所达成的合意是最为彻底的,因为它完全体现了当事人的自主性。但是,纠纷现象是复杂多样的,有的纠纷不仅本身存在一定的解决难度,而且还可能造成当事人之间情绪的对立和关系的紧张。在这种情况下,就需要寻求第三者的帮助。由第三者出面或者主持解决纠纷,也是人类社会自古以来就已存在的现象,这主要是由人的群体性和社会性的生存方式所决定的。与主要依靠自己的力量解决纠纷的自力救济相对而言,由第三者出面或者主持的救济方式就是社会救济,如果这个第三者是国家的专门机关,则就是公力救济。一般而言,社会救济包括调解和仲裁,公力救济就是指诉讼。与调解、仲裁、诉讼相对应的主持纠纷解决的第三者就是指调解人、仲裁人和法官。调解、仲裁和诉讼作为不同的纠纷解决机制,其组织结构和运作方式各有特点,但是,有一点却是共同的,那就是都蕴含合意的契机,即在合意这一点上,三种不同的纠纷解决机制表现出了共同的价值。由于这种合意并非是由当事人依靠自己的力量直接达成,而是在第三者帮助或引导下所实现的,故称之为第三者促进的合意。

值得注意的是,虽然有第三者介入的纠纷解决机制当中都蕴含合意的契机,但并非意味着这些机制都是以合意的促成为本位的。除了调解以外,仲裁和诉讼这两种机制在纠纷解决的功能定位上并非取决于是否能够促使当事人达成合意,而是以纠纷的强制解决为基本特征的。诉讼自不待言,其基于国家司法权的强制性功能集中表现在法官的最终裁判权,任何一方当事人均得自由行使诉权向法院提起诉讼;而仲裁虽然是建立在当事人协议选择的基础之上,但仲裁员的权力也类似于法官,对当事人的争议拥有最终的裁决权。因此,对合意的促成,只是仲裁和诉讼的附带功能,而不是它们的主要功能。但是,仲裁和诉讼毕竟也是以纠纷的解决为最终目标,如果当事人之间达成了合意,无疑意味着纠纷的解决,同时也更好地显示了仲裁与诉讼机制对于纠纷解决的优越性与能动性。这也是仲裁和诉讼并不排斥调解,甚至愿意积极促成合意的原因。另外,现代民事司法的理念越来越重视司法的民主化和社会化,着眼于纠纷解决的经济效益和社会效益,在诉讼或仲裁中促成合意不仅有利于纠纷的实质性解决,而且也促进了仲裁和诉讼机制自身的发展和进步。

（一）调解的促进

调解作为一种历史悠久的纠纷解决方式,在现代社会依然发挥着无可替代的重要作用,而且越来越多地融入各种纠纷解决的机制当中。但不可否认的是,作为一种“民间的”或“非正式的”纠纷解决方式,调解在权威性、规范性和制度化方面的“缺陷”常常引起人们的非议。截至目前,对于调解的价值和存在方式在理论上并未形成一致的认识,以至于其在纠纷解决中的应有地位并没有真正树立起来。

纵观围绕着调解的讨论,至少存在以下两个值得注意的问题:第一,关于调解的性质。调解作为一种技术和方法,不仅在专门的民间调解组织,而且在官方的司法机关或者官方主导的纠纷解决机构中都得到了广泛的应用。但是,作为一种典型的纠纷解决机制来说,调解应当专指非行政化亦非诉讼化的民间性调解。虽然调解在理论上被分为民间性调解、行政调解和司法调解,但它们的运作方式和实际效果是有很大区别的。行政调解是基于行政管理关系而由行政机关介入特定的争议或纠纷的,因此,在行政调解中一般也会体现出行政机关的意志或倾向,当事人之间的“合意”多少会受到行政权的影响;司法调解虽然名为“调解”,但由于司法客观上的强制性,毋宁把它看成一种司法技术的灵活运用,当事人在司法调解中难免会受到潜在性的压迫或诱导。当然,民间性调解在很多时候也并非是纯粹的民间行为,在必要时甚至需要政府机关和司法部门的支持和帮助。在法制日益发达和健全的现代社会,民间自治也愈来愈呈现出法制化和社会化的趋势。有学者强调指出:“民间性调解的属性取决于调解组织机构及其人员的非国家性和非权力性,无论是否得到政府、司法机关和公共财政的支持、指导或规制,只要本身不属于国家公权力机关,就可以定位为民间性调解机构。"[10] 因此,诸如人民调解这种"制度化的"民间调解,或者非制度化的社会团体调解、行业组织的调解、律师调解、邻里调解、友好调解、家族调解等,都应当属于民间调解。我国目前对制度化的民间调解即人民调解较为重视,而对其他形式的民间调解则不够重视,这无形中阻碍了民间调解机制的发展,不利于"民间自治"和纠纷解决机制的社会化格局的构建。[11] 第二,关于调解的传统和现实。作为一种文化现象,调解在中国有着悠久的历史,这一点是不容否认的。但是,我们不应只看到自己的历史而忽略他人的历史,更不应对传统的东西不加分辨地一味褒扬,而无视他人的成功经验。据澳大利亚学者娜嘉·亚历山大考察,调解制度可以被追溯到亚洲、非洲、太平洋地区的传统社会,在古希腊和古罗马也早已存在,并且还有着深刻的宗教根源。而在现代社会,西方法制发达国家——包括两大法系——对调解的热情有增无减,甚至在具体的制度和技术方面超越了东方国家,发源于美国的 ADR 方式就是一个典型的代表。[12] 这些事实说明,调解不仅是一种历史现象,而且对于纠纷的解决还具有重要的现实性和普遍性意义。对于调解现象的理解,不仅要结合历史文化的传统,更要立足于现代法制的理念。这样才有利于现代调解制度的建立和发展。

---

〔10〕 范愉等:《调解制度与调解人行为规范——比较与借鉴》,清华大学出版社 2010 年版,第 30 页。

〔11〕 学界和实务界对纠纷解决机制的社会化多有呼吁,但到目前为止,调解机制中人民调解一家独大的局面仍未能改变,真正的民间调解机制尚未形成规模,民间调解实际上被边缘化了,其结果就是调解的行政化和政府负担的日益加重。参见何兵:《现代社会的纠纷解决》,法律出版社 2003 年版,第 188 ~ 191 页;范愉等:《调解制度与调解人行为规范——比较与借鉴》,清华大学出版社 2010 年版,第 30 ~ 34 页。

〔12〕 参见[澳]娜嘉·亚历山大主编:《全球调解趋势》,王福华等译,中国法制出版社 2011 年版,第 3 ~ 7 页。类似的观点,可参见范愉等:《调解制度与调解人行为规范——比较与借鉴》,清华大学出版社 2010 年版,第 23 ~ 24 页。

从上述关于调解的性质和调解的传统与现实两个问题的理解中,可以引出一个十分关键的问题:如何看待调解的目的及这一目的的实现方式?因为调解的性质和调解的历史发展过程都与调解的目的密切相关,只有通过明确调解的目的及其实现方式才能确切地理解调解的性质,以及说明调解如何具有如此重要的历史影响和现实意义。

几乎所有关于调解的讨论都首先把它定义为一种纠纷解决机制或解决纠纷的方式,从这种定义来看,调解的目的就应当是解决纠纷了。固然,这不能说是一种望文生义的理解,因为,调解的最终目的的确是当事人之间的纠纷或争议的化解。但是,如果仔细考察关于调解的不同定义,可能就会得出更加准确的结论。范愉教授等学者认为:调解这一概念可以理解为一种纠纷解决的方式或方法,也可以理解为一种制度或程序。作为纠纷解决方式的调解,是指在第三者协助下,以当事人自主协商为主的纠纷解决活动或方式;作为纠纷解决制度的调解,是指通过第三方调解机构或调解人的斡旋、调停、劝说等,帮助纠纷当事人达成和解,解决纠纷的制度。[13] 其实,这里的"方法"或"制度"只是从不同的角度看待认识对象,而对认识对象在内容上的描述基本是一致的。其关键要素都是第三方作用、当事人自主以及纠纷的解决。英国学者迈克尔·努尼对调解有着较为简洁的解释,他说:"调解的本质是一个常识性理念,即经由当事人邀请经验丰富、独立和值得信赖的第三人干预来帮助当事人通过协作而非对抗的方式来谈判解决他们之间的纷争。"[14] 显然,这位英国学者对第三人的作用较为看重,接连使用了"经验丰富"、"独立"和"值得信赖"几个形容词。而娜嘉·亚历山大对调解目的的描述则更为具

---

〔13〕 参见范愉等:《调解制度与调解人行为规范——比较与借鉴》,清华大学出版社2010年版,第4~5页。

〔14〕 [英]迈克尔·努尼:《法律调解之道》,杨利华等译,法律出版社2006年版,第5页。

体和深入。她认为调解有着六大目标:(1)富有效率地解决纠纷;(2)接近正义;(3)当事人自治;(4)转变(transformation)[15];(5)社会转变(social transformation)[16];(6)社会控制[17]。在以上六大目标中,她特别注意到"转变"这一目标,从超越自我的"元利益"角度揭示了调解内在的价值,实属难能可贵。相比较而言,关于调解的另一种表述在笔者看来是更为接近调解的实质价值的,即"调解是权利义务关系发生争议的双方当事人,在纠纷当事人之外的中立的第三方调和下,就相互之间实体权利、义务的安排进行自愿协商,合意解决纠纷的行为和过程"。[18] 虽然这一定义将调解看作一种"行为和过程"而不是"方法或制度",但它毕竟十分明确地揭示了调解的一个重要目标,也就是调解所要实现的目的——合意解决纠纷。

合意解决纠纷是调解的目的,也是调解所要实现的根本目标。在这里,合意是直接目的,解决纠纷是间接目的。进而言之,首先,从因果关系上看,只有实现了合意,才能使纠纷得到解决,合意是原因,纠纷的解决是结果;其次,从二者的内在含义上看,合意是有确定内容的,即当事人意思的和致,而纠纷解决的含义却较为模糊,也无确定的标准,公平和正义在这里失去了作为价值评判的客观标准的意义,只有从当事人主观的角度才能体会到纠纷得到了解决的实质性

〔15〕 转变的关注点在于当事人之间的关系,即"通过一个彼此认同和赋予的过程,为当事人提供机会来改变他们彼此相处的方式",使当事人"超越自己的利益而接受能够将彼此联系在一起的'元利益'(meta - interest)"。参见[澳]娜嘉·亚历山大主编:《全球调解趋势》,王福华等译,中国法制出版社 2011 年版,第 10 页。

〔16〕 即将处理纠纷的权力和职责交还给社区,而拒绝法院的介入。参见[澳]娜嘉·亚历山大主编:《全球调解趋势》,王福华等译,中国法制出版社 2011 年版,第 11 页。

〔17〕 [澳]娜嘉·亚历山大主编:《全球调解趋势》,王福华等译,中国法制出版社 2011 年版,第 8 ~ 11 页。

〔18〕 宋朝武等:《调解立法研究》,中国政法大学出版社 2008 年版,第 1 页。

含义。

那么,调解中的合意是如何形成的?这就是方法问题了。我们不应当忘记,在前述关于调解的定义当中,都离不开对第三者(也称"第三方""第三人")角色的描述,它们分别使用了"协助""干预""调和"等词组来表示第三者的作用,而且都强调了当事人的自主性或主体性,这似乎让我们很难看出第三者究竟扮演着什么样的角色。其实,作为调解人,调解中的第三者并非不重要,恰恰相反,第三者在调解中常常发挥着决定性的作用,而不仅仅是一个组织者或者辅助者的角色。在这里,有必要重提迈克尔·努尼的观点,他认为"经验丰富"、"独立"和"值得信赖"的第三者是调解中的重要因素。另外,还可以回忆一下棚濑孝雄的一段精彩论述。棚濑孝雄认为调解中的第三者不站在当事者任何一方,他只是"居中说和",并且,"像这种第三者(调解者)始终不过是当事者之间自由形成合意的促进者从而与能够以自己的判断来强制当事者的决定者区别开来的场面,可以视为调解过程的基本形态"[19]。不可否认,在调解当中,第三者具有一种潜在的权威性,而正是由于这种权威性的存在,才为促成当事人之间的合意提供了可能,即棚濑孝雄所谓的"强制性合意"。但按照弗里德曼的说法,这种权威属于一种"选择的权威"[20],而并非一种强制的权威,因为调解是因当事人的选择而发动,而不是外力强行介入的结果。可能有人会问:既然如此,那么这种合意是否不是出于当事人的意志,而是一种强制的结果呢?笔者认为,这种担心其实完全是多余的。因为,类似于封建社会的那种制度或意识的强制在现代法制社会里可以说已无立足之地,棚濑孝雄所谓的"强制性合意"其实只是一种方法上的强制,而非制度性强

---

〔19〕[日]棚濑孝雄:《纠纷的解决与审判制度》,中国政法大学出版社2004年版,第13页。

〔20〕[美]劳伦斯·M.弗里德曼:《选择的共和国:法律、权威与文化》,高鸿钧等译,清华大学出版社2005年版,第47页。

制，更不是意识的强制；属于技术性概念，而非实质性概念。从实质性上说，调解强制的结果，只是促使当事人之间合意的形成，而非直接导致纠纷的解决，这种细微的区别正是调解与合意之间的差异所在。

（二）仲裁的促进

仲裁的本意是“居间裁断”，即由第三者（仲裁人）对当事人之间的争议作出具有权威性的决断。但是，在仲裁中，当事人绝不是处于一种完全消极的地位，恰恰相反，当事人在仲裁中拥有极大的自主性，甚至从一定意义上说，仲裁是由当事人选择与设计的解决纠纷的程序，并且，现代仲裁理念较之于传统的仲裁方式更加注重当事人之间的合意。由于仲裁亦属于第三者介入解决纠纷的模式，所以，仲裁中的合意也是由第三者促进的合意，这种合意的促成过程，一般称为仲裁调解。“仲裁调解是指在仲裁程序中，在仲裁员或者仲裁庭的主持下，双方当事人就他们之间的争议，自愿协商，达成协议解决纠纷的活动。”[21]这一定义基本上勾画出了仲裁调解的特点。

自20世纪80年代以来，调解方式在仲裁中的运用得到了迅速发展，直至形成了一种商事争议解决方式的世界性潮流。联合国国际贸易法委员会于1980年12月4日通过的《调解规则》，以及该委员会于2002年11月24日通过的《商事调解示范法》，可以说是这个潮流的代表性文件。而在这一过程中，世界各国的民间商事争议解决方式除了“传统的”仲裁方式之外，调解的方式逐渐取得了普遍的关注，各种关于调解的制度或规则纷纷出台，大有后来居上之势。例如，《美国仲裁协会商事调解规则》于1987年生效，《苏黎世商会调解和仲裁规则》于1985年出台，等等。

仲裁作为西方国家的“传统”的纠纷解决方式之一，本来是不具

---

〔21〕 范愉等：《调解制度与调解人行为规范——比较与借鉴》，清华大学出版社2010年版，第55页。

有调解的机能的。它反而更像司法机关的运作方式:由当事人启动仲裁程序(申请仲裁),由第三者(仲裁人)主持程序的进行,最后作出权威性决定(裁决)。和诉讼不同的是,当事人申请仲裁必须要依据仲裁协议;并且,仲裁的结果不能排除司法审查(主要是程序性审查)。按照西方的传统理念,仲裁既然是当事人选择的解决纠纷的方式,那么,仲裁人的身份就相当于法官,而法官是应当公正且中立的,这样,他作出的裁决才具有权威性。因此,在仲裁的过程中进行调解就像在诉讼中由法官主持调解一样是不合情理的。而在中国,这似乎不是个问题,源自西方的仲裁制度与中国传统的调解机制从一开始就实现了无障碍衔接,几乎所有的仲裁机构都不排除仲裁员的调解职能。并且,调解作为一种必要的机制,已经深深地扎根于仲裁制度当中。我国的仲裁制度始于 20 世纪 50 年代。1954 年,中央人民政府政务院通过了《关于在中国国际贸易促进委员会内设立对外贸易仲裁委员会的决定》,该决定授权中国国际贸易促进委员会(以下简称中国贸促会)制定有关仲裁程序之规则。1956 年 3 月 31 日,中国贸促会通过了《中国国际贸易促进委员会对外贸易仲裁委员会仲裁程序暂行规则》,该规则中虽然没有规定有关调解的事项,但是,自仲裁委员会成立之后,在仲裁实践中调解逐渐被提升到相当高的地位。有学者指出:"中国涉外仲裁机构在仲裁实践中从中国国情出发,从传统文化中汲取精华,创造性地发展了一套在仲裁中调解的实际做法,在实践中补充了 1956 年的《仲裁程序暂行规则》。"[22] 1988 年 9 月 12 日,中国贸促会通过了第二套仲裁规则,该规则第 37 条第一次出现了"调解"的字样,为以后的仲裁与调解相结合的制度化、法律化奠定了基础。我国 1994 年制定的《仲裁法》第 51 条则作出明确规定:"仲裁庭在作出裁决前,可以先行调解。当事人自愿调解的,仲裁庭应当调解。调解不成的,应当及时作出裁决。"时至今日,调解程序在各地仲裁委员会的仲裁规则中都是十分

---

〔22〕 王生长:《仲裁与调解相结合的理论与实务》,法律出版社 2001 年版,第 112 页。

重要的内容，在仲裁的过程中，调解并促使当事人达成合意已经成为一种常规。有学者认为，仲裁与调解相结合是我国仲裁机构的创举，这个判断是不无道理的。[23]

仲裁之所以能够和调解紧密结合，除了文化背景和社会背景之外，更为重要的原因在于仲裁的性质从本质上看更接近于调解的性质。如果说调解作为民间性的纠纷解决机制完全体现了当事人的自主性，那么仲裁就是一种规范意义上的民间性的纠纷解决机制，它也是在规范性的意义上体现了当事人的自主性。我国学者关于仲裁的性质的观点主要有准司法权理论、行政性理论和民间性理论。准司法权理论认为，仲裁制度与司法制度具有部分重合性，仲裁裁决与法院判决一样具有法律效力，具有可执行性；行政性理论实际上与我国长期存在的仲裁行政化管理方式有关；仲裁的民间性质的观点是近年来学者提出的一种理论，该理论认为，仲裁权之所以具有解决争议的功能，其根本原因就在于争议双方当事人的授权，从仲裁权的构成因素来看，仲裁机构的确定、仲裁员的选任、仲裁庭的组成形式，仲裁地点以及提交仲裁的争议事项都是由双方当事人合意决定的，这些无不说明仲裁的民间性和非国家强制性，因此，仲裁权是建立在社会公众信任基础上的一种民间性契约授权[24]。笔者赞同仲裁属民间性质的观点，但是，需要进一步说明的是，仲裁的民间性和调解的民间性在表现形式上是有区别的，这就是在规范性上的区别。调解具有无可比拟的灵活性、自主性和便捷性，当事人的自主性在调解中的体现最为彻底；而仲裁则要求遵循一定的规则，例如仲裁协议的订立、仲裁规则的制定以及对仲裁规则的严格执行，最重要的是，仲裁人拥有最终的裁决权。鉴于仲裁的这种规范性是经由当事人选择或认可的，所以，与当事人的自主性并不矛盾。

---

〔23〕 范愉等:《调解制度与调解人行为规范——比较与借鉴》,清华大学出版社 2010 年版,第 34 页。

〔24〕 参见乔欣:《仲裁法学》,清华大学出版社 2008 年版,第 10 ~ 14 页。

正因为仲裁与调解存在这种内在的密切联系，调解的宗旨——促成当事人合意——在仲裁当中也有充分的体现就成为必然。在风靡西方国家的ADR方式中，先调解后仲裁、仲裁中调解，或者调解与仲裁并行等方式，都十分生动地说明了调解在仲裁中的重要地位和功能。先调解后仲裁(Med - Arb)，即当事人可以先申请调解，若调解不成再进入仲裁程序；若调解成功，仲裁员则根据当事人达成的协议作出仲裁裁决，这种仲裁裁决被称为"合意裁决"或"协议裁决"。仲裁中调解(Arb - Med)，是指在仲裁程序中仲裁员可以对案件进行调解，若调解成功，仲裁庭可以将达成的和解协议以仲裁裁决的形式确定下来，若调解不成功则作出裁决。调解与仲裁并行(Co - Med - Arb)，是指将调解、影子调解、微型审判等方式与仲裁程序相结合的纠纷解决方式，又称为仲裁与其他ADR的混合方式。〔25〕 可见，所谓ADR的核心宗旨就是通过调解促使当事人达成合意以解决纠纷，在ADR方式中，仲裁与调解得到了很好的结合，也说明了仲裁的功能在现代社会的转化与发展，正如英国学者西蒙·罗伯茨所说的："尽管在制度化的仲裁语境下我们通常会发现，绝大多数方案都是让调解打头阵，实际上是想通过仲裁的威胁增强调解的功效——事实上，有时这也被称作'挥着大棒的调解'。"〔26〕

(三)诉讼的促进

诉讼作为借助国家公权力解决纠纷的一种方式，它所呈现给人们的是公正性、权威性和严格的程序性这样一些与权力运行规律相关的描述。在人类纠纷解决的历史上，诉讼曾经是人们寄予厚望的一种方式，从某种意义上说，西方国家的法治主义传统与其诉讼机制

---

〔25〕 参见范愉等：《调解制度与调解人行为规范——比较与借鉴》，清华大学出版社2010年版，第56～57页。

〔26〕 [英]西蒙·罗伯茨等：《纠纷解决过程——ADR与形成决定的主要形式》，刘哲玮等译，北京大学出版社2011年版，第390页。

的发达不无关系,法治的弘扬营造了诉讼的氛围,而诉讼的发达则强化了法治的信仰。但这种纠纷解决的国家垄断局面在20世纪中后期逐渐动摇,“诉讼爆炸”对传统的纠纷解决模式造成了巨大的冲击,同时也为其创造了重新整合的契机。在这一过程中,随着ADR运动的迅速发展,诉讼在纠纷解决中的功能与作用发生了历史性的变革:“‘和解’被描绘成了法院的主要目的,而审判则退居到次要辅助的位置。”〔27〕但同样令人惊奇的是,在20世纪90年代前后,在改革开放逐步深入的中国,却出现了与西方国家相反的情形。在一场名为“审判方式改革”的举措中,法院审判的功能一度被强化,从强调当事人的举证责任到“一步到庭”、“直接开庭”的审判模式,一种以审判为中心,弱化调解的观念在司法界颇为盛行,法院的调解率因此而迅速下降。〔28〕但是,这种举措并没有迎来司法全面复兴的预期,倒是相反,它反而促成了类似于西方国家的“诉讼爆炸”局面的形成——尽管它是以不同的方式出现的,例如“申诉难”与“执行难”。于是,在历史进入21世纪以后,人们开始重新反思司法的目的与功能,调解的价值再次受到重视,关于诉讼与调解的关系的认识发生了历史性的飞跃。〔29〕随着理论的成熟以及为满足社会发展的现实要求,我国新的《民事诉讼法》终于在2012年颁布,在这部新法

〔27〕［英］西蒙·罗伯茨等:《纠纷解决过程:ADR与形成决定的主要形式》,刘哲玮等译,北京大学出版社2011年版,第5页。

〔28〕有关审判方式改革的具体内容可参见景汉朝、卢子娟:《经济审判方式改革若干问题研究》,载《法学研究》1997年第5期。

〔29〕最高人民法院于2002年发布了《关于审理涉及人民调解协议的民事案件的若干规定》,确定了调解协议的民事合同性质,这个规定标志着司法促进调解的制度性变革。此后,最高人民法院发布的一系列司法改革文件中,诉讼与非诉讼衔接机制的构建和推进始终是其主旨之一。

中，诉讼促进和解的理念得到了更加充分的体现。[30]

诉讼中调解或者在诉讼中促进和解其实并不是什么新鲜事物。在中国的相关法律制度中，调解固然是其制度特色之一，但在西方国家，促进和解也始终是一种具有原则意义的理念。在这里，调解与促进和解其实是相同的意思，目的都在于通过司法的干预鼓励当事人自主地而不是被强制地解决纠纷。德国民事诉讼法规定："不问诉讼到何种程度，法院应该注意使诉讼或各个争点得到和好的解决。法院为了试行和解，可以把当事人移交给受命法官或受托法官。"[31]日本民事诉讼法也有类似规定："法院不管在诉讼进行到任何程度，都可以尝试和解，或者是受命法官或受托法官尝试和解。"[32]而且，日本还就法院调解制定了专门的《民事调停法》。素以实行"对抗制"著称的英美法系国家对法院促进和解的作用比之大陆法系国家甚至有过之而无不及，"虽然替代性纠纷解决方法经常被用于在起诉前促进和解，但是它们的作用并非仅限于此。随着不断发展出来的促进待决案件和解的新方法，那些倡导'温和的调和与调节'的人们力主将它们扩展适用于正在进行的诉讼之中"[33]。在美国，联邦民事诉讼规则规定"审前会议"的一个重要目的就是"促进案件和解"。在联邦地区法院，调解和仲裁方式的适用可以追溯到 20 世纪 70 年代，而在州法院，ADR，特别是调解，是小额索赔法院、家事法院和房屋法院最常用的方法。在 1983 年以前，至少有 17 个州已经通过了立法，特别规定在离婚案件中，将调解作为一个纠纷解决程序，由于鼓励使用被称为 ADR 的方式解决民事纠纷，大量的民事案件在

[30]　修改后的《民事诉讼法》涉及适用调解的规定达 15 条之多，新增了"确认调解协议案件"程序，并对立案前调解、开庭前调解、诉讼中调解作出了明确的规定。参见《民事诉讼法》第 122、133、142 条。

[31]　《德意志联邦共和国民事诉讼法》，谢怀栻译，中国法制出版社 2001 年版。

[32]　《日本新民事诉讼法》，白绿铉译，中国法制出版社 2000 年版。

[33]　[美]史蒂文·苏本等：《美国民事诉讼的真谛》，蔡彦敏等译，法律出版社 2002 年版，第 205 页。

审前就得到了解决，只有极少的案件才会进入正式的审判程序。[34]

诉讼之所以能够更好地促进和解（合意的结果），除了宏观上的当事人主义及私权自治理念的支撑之外，从具体的运作方式上看，司法权的督促与制约具有无可争议的积极作用。纠纷的解决可以有多种方式，但是，一旦进入了“司法的场域”，它就必然会受到司法权的控制，在这种“环境因素”的影响之下，当事人的思维方式和价值观念都会发生相应的变化，这些变化也决定着他们的行为方式。司法权作为一种公权力，自然含有公权力所固有的强制性特点，诉讼调解也是如此，即使从形式上可以将调解与审判相分离，司法的强制性依然是一种隐性的力量。[35] 不仅如此，凡是有第三方介入的纠纷解决，无不具有一定的强制力，调解、仲裁皆不例外，只不过表现形式和强弱程度不同罢了[36]，而在诉讼的场域，这种强制力被替换成了司法权的强制——一种更为直接的也是效率性更高的强制。正如范愉教授指出的：

> 在调解过程中，中立调解者实际上都具有一定的强制功能，但一般都是间接的、通过当事人的处分权发生作用的。但是，法官适时在当事人协商的基础上提出调解建议则不能说是强制，甚至可以说是法院调解应然的状态，因为许多人是基于对法官的信任和依赖的基础上参加调解的。只要不违反法律、程序公正和诚实信用原则以当事人自愿

---

〔34〕 参见［美］史蒂文·苏本等：《美国民事诉讼的真谛》，蔡彦敏等译，法律出版社2002年版，第214-217页。

〔35〕 不少学者主张“调审分离”，认为这可以解决法院调解的弊端，笔者却不以为然。参见李浩：《调解的比较优势与法院调解制度的改革》，载《南京师大学报》（社会科学版）2002年第4期。

〔36〕 参见史长青：《调解制度中的强制性因素研究》，载《烟台大学学报》（哲学社会科学版）2007年第4期。

为基础就是正当的。[37]

此外,也要看到,诉讼调解虽然具有强制性特征,但是,在诉讼调解中也更多地体现了当事人的自主性和参与性,实际上也是司法民主化的一种表现。正如棚濑孝雄所说:

> 审判本身的功能也并不像推崇调解的人所说的那样僵硬,而是具有灵活性和多样性,能够适应多种纠纷的东西。诉讼中很多案件都是以和解方式解决这一点,说明审判可以吸取调解的要素,在迅速和衡平的解决上有相当大的回旋余地。[38]

而且,由于诉讼调解的存在,不仅不会助长司法的恣意性,反而这种基于交涉的合意有可能对其形成一种抑制的因素。有学者认为,诉讼的本质实际上就是"诉讼主体的交涉与合意":

> 诉讼表现为诉讼主体之间的交涉,为纠纷当事者自行解决纠纷创设制度背景和制约机制。它为当事者纷争的解决提供了秩序平台,以防陷入混乱,促使诉讼主体采取收敛而不是恣意的行为、合作而不是对抗的态度;事实的认定是诉讼主体相互交涉相互作用的反思性结果,适用的法律是当事者和法官共同解释和认同的法律规范而不是诉讼外的僵化的法律规定。诉讼的这些最一般的表现,就是其最本真最原始的状态。[39]

总之,诉讼调解或者在诉讼中促进和解作为一种制度性选择,在世界各国的法律中都是有所体现的,虽然其强弱程度不同,但其基本

---

〔37〕 范愉:《调解的重构》(下),载《法制与社会发展》2004 年第 3 期。

〔38〕 [日]棚濑孝雄:《纠纷的解决与审判制度》,中国政法大学出版社 2004 年版,第 48 页。

〔39〕 夏锦文、史长青:《交涉与合意:论诉讼的本质》,载《南京社会科学》2006 年第 9 期。

理念都是希望利用司法的力量促成当事人的合意。并且,与判决相比较,这种解决纠纷的方式被认为是最为优越的方式,所谓“最坏的和解也胜过最好的判决”(西方法谚)。可以预见,诉讼对和解的促进已经或者正在成为世界性的大趋势,未来的纠纷解决在制度构建和理论研究方向上必将以合意解决纠纷为根本宗旨。正如日本学者小岛武司所言:

> 即使在德国,裁判中心主义的传统也在悄然改变,对ADR的重视程度愈发明显,这集中体现在义务性调停制度的设置上,抑或将裁判外调停当作诉前必经的一项程序义务。可以结论,动摇裁判中心主义(司法垄断)业已成为当今世界各国的一种普遍现象。[40]

---

〔40〕[日]小岛武司:《自律型社会与正义的综合体系》,陈刚等译,中国法制出版社2006年版,第13页。

第八章　一个样本的分析

> 法律只能在其毫不脱离民众生活实际的情况下才能实现其效力，否则民众生活就会拒绝服从它。……法律的具体创新基本上只是要尽其所能地作出这样一些规定，它们在没有任何附加其他影响的情况下，发展了与人民生活现实紧密相关的习惯。用马克思主义的话说，法律将只构成社会现实的“上层建筑”。[1]
>
> ——［德］拉德布鲁赫

法律究竟是现世的还是超然的，在法律学说史上一直是一个争论不休的话题，但无论如何，法律的实践性意义和价值都是不容置疑的。法律从本质上说只能是一种实践理性，法律制度只有在社会实践的过程中才能找到最终的合法性依据，“实践理性不仅关注行为的正确性（有效性），而且还必须关注行为的正当性、合法性”[2]。因此，现实中的法律总是与人的实践活动密切相关，与人的行为的具体表现密切相关的，只有与生活实践紧密结合才能真正领悟法律的精髓。

纠纷的解决是广义上的法律实践活动，直接或间接地反映着法律与社会现实的关系，纠纷解决的研究脱离不开对社会现实的考察，

---

〔1〕［德］拉德布鲁赫：《法学导论》，米健译，法律出版社 2012 年版，第 3 页。

〔2〕葛洪义：《法与实践理性》，中国政法大学出版社 2002 年版，第 87 ~88 页。

同时，现实中的纠纷解决实践也为纠纷解决的理论研究提供了丰富的素材和灵感。范愉教授认为，有关纠纷解决的研究方法大致可以分为三类：第一，一般理论指向的研究；第二，实验型的研究；第三，经验型研究。其中，经验型研究是这一领域最重要和最基本的方法，其原因在于：

> 在具体的制度和程序的设计和运作中，通过经验性实证研究进行科学论证和效果分析，能够保证制度和程序建立前后的科学性、时效性，并据此进行有针对性的改革和加以完善。[3]

的确，研究纠纷解决问题不仅需要抽象的理论分析和论证，更需要相关实践经验的支持和验证。从某种意义上说，与社会实践相结合是研究纠纷解决问题的必要前提，脱离了社会实践就无法体现纠纷解决理论研究的意义和价值。然而，理论与实践的结合在表现形式上是丰富多彩的，其中包括感性意义上的实践体验，也包括理性意义上的实践证明，质言之，即是一种“从实践中来，到实践中去”的循环往复的过程。

面对本书的基本命题，笔者曾长期纠结于理论与实践的结合方法之中，坦率地讲，在文章写作之初，这个问题一直没有一个明确的路径可循。但在本书写作过程中，笔者有幸主持了一个以“诉调对接”为主题的委托科研项目，[4]使笔者有机会深入纠纷解决实务操作的第一线，身临其境地观察和体验纠纷合意解决的发起、过程和效果。一方面，希望借此对本书的主旨和逻辑体系从实证的角度加以验证；另一方面，也可通过对这一样本的分析进一步阐明本书所持的基本观点，这些观点将以命题归纳的方式加以申明。

---

〔3〕 范愉：《非诉讼程序（ADR）教程》，中国人民大学出版社2002年版，第8～9页。

〔4〕 项目名称为《诉调对接的丹凤模式研究》，委托方是商洛市中级人民法院、丹凤县人民法院，受托方是西北政法大学民事司法改革研究所、民商事纠纷解决机制研究所，本书作者为项目负责人。

一、通过合意解决纠纷与民事司法理念的转变

纠纷的解决方式以何者为佳？诉讼—判决，抑或调解—合意？自20世纪中期以来，这个话题已经演变成一个全球性的关注热点，并一直为人们津津乐道。然而，严格地说，这一问题起初并不是学术界的自觉发现，而是司法实务界的实践推动。在西方国家，由美国首创的ADR方式从20世纪70年代开始逐渐受到重视，并迅速得到推广，几乎席卷了欧美各国。《全球调解趋势》一书的作者娜嘉·亚历山大在该书的中文版序言中对此有一段精彩的描述：

> 书中的这些故事告诉我们，作为替代争议解决方式(ADR)之一的调解制度是如何将司法制度从无力负担、无法接近、背离现实与过度制度化的被动状态中拯救出来的。一些学者指出了这样的事实——调解在许多国家已不再是选择与否的问题，而是它正日益成为一种主流纠纷解决方法，并成为法律制度的有机组成部分。它实际上拓展了人们有关正义、司法与纠纷解决的视野，因而，可被理解为是司法方面的叙事。〔5〕

而在我国，作为传统的纠纷解决方式——调解方式——在20世纪90年代却一度受到广泛的质疑，“强化审判，弱化调解”一时间成为所谓“经济审判方式改革”的兴奋点，不少学者撰文指陈调解的种种弊端，甚至呼吁取消诉讼中的调解。〔6〕然而，历史发展的规律却是不以人的意志为转移的，当历史进入21世纪之际，迫于社会矛盾

〔5〕［澳］娜嘉·亚历山大：《全球调解趋势》，王福华等译，中国法制出版社2011年版，“中文版序”第1页。

〔6〕关于“经济审判方式改革”的全景式描述，可参见景汉朝、卢子娟：《经济审判方式改革若干问题研究》，载《法学研究》1997年第5期。主张取消法院调解的文章可以张晋红教授为代表，参见张晋红：《法院调解的立法价值探究——兼评法院调解的两种改良观点》，载《法学研究》1998年第5期。

和纠纷的迅速膨胀和压力，司法界对纠纷解决方式的认识和选择亦不得不顺应潮流而发生了转向。同时，一个明显的事实也呼之欲出，即调解方式作为一种解决纠纷的常规方式，在国家司法部门的推动下正在演化为一种正式化、制度化的纠纷解决方式，甚至将取代审判的传统地位而成为一种主要的纠纷解决方式。[7]

笔者对陕西省丹凤县“诉调对接”工作的调查或能反映纠纷解决具体实践中的真实情况。诉调对接，一般理解为诉讼和调解的对接，这是有些望文生义了，它在实践中主要表现为司法机关和民间组织在纠纷解决过程的配合、协调与合作关系，当然，这里面也有一些具体的措施、方法和制度。丹凤县法院作为一个城乡结合区域的基层法院，就中国的国情而言是有一定代表性的，这一样本所反映的问题及其经验和启示不能不说具有相当的实践参考意义和理论研究价值。[8]

以下是笔者在调研中与时任丹凤县法院齐国均院长的一段对话。[9]

时间：2012 年 7 月 25 日下午。

地点：丹凤县人民法院三楼会议室。

笔者：请介绍一下丹凤县法院开展诉调对接的大致情况。

齐国均：丹凤县法院对调解工作的创新始于 2008 年，当时法院的诉讼案件比以前有所增加，特别是涉诉信访不断增多，法院工作压力和工作成本也不断加大。面对这种

---

〔7〕 有学者断言，在美国存在一种“正在消失的审判之现象”。参见［澳］娜嘉·亚历山大：《全球调解趋势》，王富华等译，中国法制出版社 2011 年版，第 400～401 页。

〔8〕 详细的情况请参考该项目的最终成果，赵旭东主编的《诉调对接的理论探索》一书（法律出版社 2015 年版），本书也部分地采用了该项成果的内容。

〔9〕 本书出现的人物如无特别说明均为真实姓名，对话内容已经过本人同意公开。

情况,法院变压力为动力,不断创新工作思路、工作方式方法,提出了“矛盾纠纷关口前置,法官工作阵地前移”的工作思路,对难以下判、难以案结事了、判决后可能难以执行而容易引发涉诉信访的“三难案件”实行合理分流,并与民间调解组织进行有效对接,创造性地创设了诉调对接程序,收到了非常好的效果。三年来,丹凤法院通过诉调对接模式分流化解民事矛盾纠纷700多件,化解成功率99%,自动履行率97%,未产生一起新的涉诉信访案件。当地党委、政府很满意,群众也很满意。

笔者:诉调对接的具体做法是怎样的?

齐国均:诉调对接其实是对法院和社区调解机构相互关系的一个统称。例如起诉到法院的纠纷,在征得当事人同意后,可以交给社区调解机构进行调解,社区调解机构在调解自己受理的纠纷时,如果需要法院配合,法院也会给予配合。调解的过程是以社区为主的,法院的及时配合也很重要。

笔者:法院的配合具体表现在那些方面?

齐国均:一个是在调解过程中有法官参与,当事人很看重这一点,法官在场,很多法律问题就可以说清楚,而且可以讲得很直接,很明朗。另一个是调解协议达成之后,如果当事人要求法院确认调解协议,可以当场申请,当场确认。

笔者:法官参与调解,当事人怎么看?

齐国均:当事人希望有法官参与。有很多都是当事人要求法官参与的。

笔者:假如法院不参与调解会怎么样?

齐国均:这个不好说,但是,我们这里的做法群众都是认可的,他们欢迎法官参与。

笔者:那么,法官本人是否愿意参与社区调解?这可是额外工作啊!

齐国均：我们要求法官参与，把这个视为份内工作。从长远看、从全局看，只会对法官有好处。例如上访明显减少了，经过调解的案件没有一个上访的。开始确实有想不通的，但长期下来，大家尝到了甜头，觉得很好，都很乐意下社区。

通过这段对话，我们了解到，丹凤县法院对诉前调解空前重视的起因主要是为了解决涉诉上访问题。2008年前后，涉诉上访曾经一度是困扰司法部门的一个全局性问题，严重影响了社会秩序的稳定和司法审判的公信力，各地法院都在积极寻求遏制和解决这一现实难题的途径。丹凤县法院的做法主要是将司法资源和社会资源紧密结合起来，对"难以下判、难以案结事了、判决后可能难以执行"的"三难案件"进行合理分流，与民间调解组织进行有效对接，创造性地创设了诉调对接程序。据了解，这种做法效果十分明显，数年来，凡是通过调解解决的纠纷，没有一例涉诉上访的。丹凤县法院为此于2009年受到最高人民法院的通报表扬。另据了解，为了保证法官作用的发挥，丹凤县法院建立了"协调法官"制度，并将协调法官的姓名公布在社区，社区可以随时和法官联系。而在法院，也印制了《诉前调解提示书》和《建议诉前调解通知书》，前者是给当事人的，后者是给社区调委会的，内容包括当事人同意调解以及协调法官的姓名等。这说明法院并不是将当事人拒之于大门之外，而是将诉讼过程转换为更为经济和高效的调解过程（社区调解是不收费的），在一般情况下，这种诚意和诱惑显然是难以拒绝的。

但笔者在这里想要特别强调的是理念层面的问题，即调解在司法推动下的表现和功能。显然，丹凤县的做法已经不是传统意义上的民间调解，而是司法与调解的深度结合，这种结合所产生的合力是惊人的，效果也十分明显。按照传统理论，国家司法和民间调解是两种性质不同的解决民事纠纷的方式，前者体现的是国家意志，具有强制力和公权性，后者则遵从当事人的意志，其效果也全靠当事人的自觉。但是，在司法民主化和调解制度化的改革进程中，国家司法和民间调解之间的界限也基本停留在理论的层面，而实践中的情形已经大大颠覆了传统的观念。司法部门对调解的热衷和民间调解对法律的依赖同样呈现出一种不可逆转的趋势。丹凤县法院的法官对社区调解从“开始确实有想不通的”到“都很乐意下社区”，以及当事人“希望有法官参与”调解，很能说明司法对调解的推动和保障作用，这或许是今后司法制度改革和调解制度完善的前进方向。当然，一种新的制度或模式必然伴随着诸多新情况、新问题的产生，例如法官额外的工作负担如何解决？如果这种义务性的工作成为法院的常规性工作，是否会发生财政上的困难？又如，由于大量的民事纠纷在“诉前”就得到了解决，必然影响到作为法院考核内容之一的“结案率”指标，这一矛盾该如何解决？这些问题恐怕会涉及全局性的司法模式，仅从局部的工作创新的角度是很难得到合理解决的。

二、适当的强制与合意的促成

在传统理论中，以合意方式解决纠纷必须遵循自愿原则，既然作为原则，当然具有统御全局的作用。因此，凡是涉及合意的纠纷解决方式都必须以当事人的自愿为前提，包括程序的选择和纠纷解决方案的确定。但实践中的情形与这种理想化的理论预设似乎并不合辙，纯粹的自愿式合意不仅十分罕见，相反，适当的强制倒是一种正常现象，如果没有一定的强制性手段发挥作用，合意形成过程中的利益博弈和妥协选择倒变得不可理解了。

在丹凤县的调查中，笔者曾亲自参与了一场调解纠纷的全过程，这个过程充满了戏剧性，但最后还是达成了和解协议。当事人之间从开始的互相指责甚至是谩骂、攻击到最后合意的达成，调解人员语气强硬甚至是命令式的说服规劝，给笔者留下了深刻的印象。以下是调解过程中的几个场景。

时间：2013 年 7 月 23 日下午。

地点：村委会调解室。

人物：冯瑞民，法官，派出法庭庭长；村调委会主任；李

×兰，原告人；陈×芳，被告人。（在场的还有法院的书记员、调委会成员、陈×芳的丈夫、西北政法大学项目组的同事等）〔10〕

基本案情：

原告李×兰与被告陈×芳系同村同组人，因责任田界畔问题多次发生冲突，2013年6月15日，在村干部查看双方地界时，被告突然持棍猛击原告，致使原告头部受伤，昏迷不醒。被告丈夫当时立即将原告送往医院救治，诊断为“头皮裂伤”，住院18天，花费2968.41元。公安机关对被告进行了拘留罚款的行政处罚。原告出院后向被告提出赔偿要求，经派出所调解未能达成协议，故起诉到法院，要求被告赔偿医疗费、误工费、护理费等6088.41元。法院认为此案适宜调解，征得原告同意后，通知村调委会进行调解，并指派冯瑞民法官为协调法官，协助调委会处理。

场景之一：

（原告人李×兰在陈述事实经过的过程中屡屡被被告人打断，调解人屡次提醒不要打断原告人的发言。在原告人发言再次被打断之后）

冯：（大声地）你（指被告人）不要说话！等一下有你说话的时候。这么多人在这里干什么？还不是为了解决你的问题？你把人打伤了还有理了？眼里还有没有法？

（在此之后，原告人的发言再没有被打断，调解得以顺利进行）

场景之二：

---

〔10〕在调解委员会调解的语境下，当事人应被称为“申请人”和“被申请人”，但本案当事人起先已经向法院提起诉讼，转入调解后，丹凤县法院的卷宗称为“反映人”“被反映人”。这里仍然使用“原告人”“被告人”的称谓，仅仅为了表述的方便。

(被告人不接受原告提出的赔偿数额,被告人的丈夫始终一言不发)

冯:(对被告人)你家谁是掌柜的?(停顿一下,对被告人丈夫)她不说,你说!

被告丈夫:(沉默)

冯:我提个方案,3000元,你点头就行。

被告丈夫:(有点含糊不清地)行。

(法官其实是明知故问,在当地,"一家之主"只能是丈夫)

场景之三:

(原告人对法官提出的方案起先也不接受,经过个别说服以后才同意了)

原告:我的医疗费就将近3000元,还有误工费、伙食费、陪护费,只给3000元,我还要倒贴,这不公平!

调委:咱都清楚,你说的那些实际没有多少钱。再说,这问题不解决,你还得花时间,费精力,影响的不只是你,娃知道了也受影响。乡里乡亲的,低头不见抬头见,你和她(指被告)还有点亲戚关系。得让人处且让人,也显得你的为人大度。……

(在调委给原告做说服工作时,笔者等人也与原告进行了交谈。经过反复的说服工作,终于看到了原告人的笑容。笔者不禁有一种因成就感而带来的愉悦)

场景之四:

(本案最终以被告给原告赔偿3000元达成协议,在最后签字时,被告人的表现让人有一种忍俊不禁的感觉)

被告:(一边嘴里嘟囔着什么,一边在和解协议上签字。临走时还不断地嚷嚷)你们都向着她!你们都向着她!

(全场发出善意的笑声)

经过一个下午的调解，结果总算“圆满”，原告人和被告人最终达成了和解协议。其实，这里所描述的只是几个片段，当时的现场情况十分精彩，甚至就连天气也颇具戏剧性，中间下了一场大雨，及至合意达成，竟然风停雨住了。虽然平时在理论的场合游刃有余，但是，面对这次或许平常的调解实践，我们还是感到了些许的沉重。坦率地讲，笔者并没有看到那种理论上常说的“温和”场面，也没有看到当事人之间坦率的协商与对话，更没有期待已久的“握手言和”的瞬间。取而代之的倒是浓浓的火药味和充满着抱怨、试探、呵责甚至是斥骂的气氛。

现实中的合意就是这样，究竟是自愿的还是强制的，并不是一个简单的命题就能涵盖的。事实上，关于自愿性的确切含义基本上仍停留在理想的层面，迄今为止，并没有关于“什么是自愿”的科学证明。日本学者高见泽磨将中国式的调解概括为“说理——心服”的特征，他认为：“由通过说理来解决纠纷的第三者（说理者）和被劝说后从心底里服从的当事人（心服者）一起来演戏的情境，就是中国解决纠纷的具体画面”，他还进一步发现，虽然“心服是自愿的，但在现实中也有受到外界强制而后自愿、心服的”[11]。的确，在调解的过程中，适当的强制是必要的。甚至可以说，被动和强制是与调解相伴而生、难解难分的。这是因为，调解，从本质上说是一种外力的作用，虽然自愿性一再被强调，但是，这种自愿性往往是以“同意”“妥协”“心服”作为脚注的。虽然“说服”是一个获得当事人内心同意的缓慢过程，但必要的强制显然有利于加速这个过程的进度，甚至有的时候，“强制的契机以一种不能正当化的、粗野的方式表现出来”[12]，“‘被迫合意’作为一个词语可能比较奇怪，但在旨在达成合意的过程中，

〔11〕［日］高见泽磨：《现代中国的纠纷与法》，何勤华等译，法律出版社2003年版，第73～75页。

〔12〕［日］棚濑孝雄：《纠纷的解决与审判制度》，王亚新译，中国政法大学出版社2004年版，第81页。

积极引导出通往社会生活中存在的合意的契机之行为在某种意义上是作为诉讼外纠纷解决本来的功能存在的"[13]。

上述的几个场景所反映的情况就能很好地说明这个问题。场景之一表现出调解人以一种不容置疑的权威口吻对调解秩序的维护，"你把人打伤了还有理了？眼里还有没有法？"这显然是一种训斥的口吻，但这种训斥却没有招致当事人的反感，应当说，法官在说这番话之前其实是胸有成竹的，而且，毫无疑问这是一种必要的强制。场景之二实际有两个看点，一个是在被告人不接受原告人提出的赔偿数额的情况下调解人自作主张地提出了一个和解方案；另一个是在被告人不表态的情况下调解人不再理会被告人，而是将皮球踢给了被告人的丈夫。不能不说，这是调解人高明的地方，但也是不能"正当化"的地方，因为，严格来说，被告人的丈夫并不是当事人。但是，调解人对此显然把握十足，他熟知本地风俗：在家里一定是丈夫拿事，丈夫说话才算数。终于，在众人瞩目的现场，那个"一家之主"的个人尊严得到了满足，欣然点头同意了调解人提出的方案。场景之三是针对原告人的，虽然看不出明显的强制，但是，一番看似寻常的规劝的话语却句句充满了压力，容不得原告人的抗拒和反对，其结果是只能放弃原有的赔偿要求，接受调解人的意见。场景之四可以看作当事人的一种情绪宣泄，也是一种复杂心态的表白，被告人认为大家都"向着"原告人，似乎和解方案是被迫接受的，但或许她内心里并不这么想，因为客观上来说这笔钱确实是被告人无法否认的实际损失。更为有趣的是，被告人的这句话，也说明了对这一纠纷通过调解解决的必要性和合理性，原告人也会因此而得到心理上的满足和安慰。

当然，适当的强制虽然是必要的，但它毕竟只能是一种技术手段，而绝不能演变成一种政治暴力，不能成为一种无视法律存在的随

---

〔13〕［日］小岛武司、伊藤真编：《诉讼外纠纷解决法》，丁婕译，中国政法大学出版社2005年版，第9页。

心所欲的工具。其实,在我国的相关法律制度中已经设置了针对调解的司法保障与救济措施,如对人民调解协议的司法确认制度、对调解书的再审制度等,从而为调解的强制与自愿的合理结合提供了制度依据。[14]

三、合意中的事实基础

关于运用调解的方式解决纠纷要不要做到“事实清楚、分清是非”,这一问题在前文已经有过讨论。(参见本书第六章“合意性机制的正当性基础”第一节“事实与规范的效用”)笔者的基本观点是,在调解的场合,对事实基础的要求要高于诉讼的标准,查明的基本事实越是接近于客观实际,就越易于在当事人之间达成合意,否则,合意的真实性和有效性就会受到影响或者无法达成合意。相反,在诉讼的场合,即使案件事实难以查清,或者在案件事实真伪不明的情况下,根据证明责任的原理,法官依然可以作出判决。

在上文举出的案例中,场景之一就是关于纠纷的基本事实的查明。调解人员为了查明纠纷的事实经过,在被告人屡屡打断原告发言的情况下,忍不住向被告人发出警告,甚至当庭斥责被告人。在那次调解过程中,原告人和被告人对事实经过的陈述就占用了大部分时间,当中不乏对具体情节和责任归属的激烈争论。其实,事实调查的过程,也是为合意的达成进行铺垫的过程,因为,随着事实越来越清楚,当事人对争议的认识也越来越深刻,直至意识到自己的行为得失和责任大小,这就为合意的实现打下了必要的基础。其实,在调解的实践中,这种情景并不罕见,甚至是一种常态,相反,未经查明事实即进行调解,倒往往被认为是不负责任的仓促行为,而且往往难以达成协议。在不久前西北政法大学举行的一次教学活动中,西安市中级人民法院民一庭庭长唐洁就曾坦言:“只有同时满足事实清楚、证

---

〔14〕 相关的规定参见《人民调解法》和《民事诉讼法》,但对于立法中存在的片面强调调解的“自愿”性倾向,笔者持保留态度。

据充分、责任明确的案件才可以适用调解。"[15]学术界对调解中是否应当查明事实的争论其实与调解实践关系不大，而主要是一种逻辑推论与价值取向，在调解实践中，"事实清楚、分清是非"恰恰是达成合意的重要前提。有日本学者指出：

> 如果是符合社会正当性的，那就可以采用合乎实体法以外的道理的解决标准，因此纠纷也就能够得到符合实际情况的解决。纠纷处理机构为了拿出既合乎道理又符合实际情况的解决方案，必须首先充分掌握作为纷争对象的事实关系，再根据事实关系适用道理（这里所说的道理综合了道德、常识和社会普遍的规范意识等）。作为解决标准而追求对于事实关系的把握，以及道理的适用，这些都是法律所要求的，以此保障通过调停解决纠纷的正当性。[16]

正所谓，"法律的精髓在于经验而不是逻辑"，从经验的角度看，调解的过程是一个以事实和责任并结合道德和法律规范说服当事人的过程，而不是一味强调"妥协"与"谦让"的过程。毕竟当事人之间是因为出现了难以调和的矛盾和冲突才寻求第三者解决的，而第三者只有占据了"事实清楚，分清是非"这个"高地"，才能够获得当事人的尊重、信任和服从，才有可能顺利地促使当事人达成真正意义上的合意。

四、合意中的法治需求

丹凤县的"诉调对接"模式给人总体的感觉是法院功能的充分发挥，这主要体现在两个方面，一个是调解过程中法院的大力协助和

---

〔15〕 这次教学活动系由笔者主持，对唐庭长这一观点印象尤深。参见 http://xbmsf.nwupl.cn/Article/ShowArticle.asp? ArticleID = 776，最后访问日期：2013 年 7 月 20 日。

〔16〕 [日]小岛武司、伊藤真编：《诉讼外纠纷解决法》，丁婕译，中国政法大学出版社 2005 年版，第 9 页。

支持,另一个是在责任划分和争议处理方法上以法律的规定为基本依据。这两个方面是相辅相成,不可分割的。因为有法官的参与,调解的方式不免更多地显示出司法的性质。[17] 在我国,基层人民法院对人民调解负有业务指导的责任。[18] 基层人民法院的法官直接参与调解,虽说与法律的规定有所不符,但也并不违背法律的主旨精神,毕竟法律对调解业务指导的方式并无具体限制。此处所要强调的是法院功能的另一个体现,即在具体的纠纷处理中,在当事人责任的划分和争议处理方法上,应当首先以法律的规定为依据。但是,在很多情况下,法律的规定却显得刻板或有疏漏,难以满足解决实际问题的需要,这就需要纠纷的解决者在不违背法律原则的前提下援用法律规定以外的行为规范,这种法律以外的行为规范有时被称为"习惯",有时也被称为"情理"。传统习惯或情理的引入为纠纷的解决提供了多种可能,往往成为形成合意的利器,但它也是在法律的引领之下发挥作用的。这里试举两个案例以作分析。

案例一:

钟×虎是尚×娃的侄儿,两家相邻而居。在钟家与尚家房屋之间有一条公共巷道,约30米长,巷道的左侧是尚家的院子,院子没有建围墙,右侧是钟家的院墙。钟在翻建房屋时,将房屋屋檐伸出了9寸,而且其厕所的门对着尚家院子。尚某认为其屋檐过长,且厕所门不应对着自己院子,多次向钟某提出,钟某未予改正,尚某遂叫人将钟家的屋檐砸掉。钟×虎认为尚×娃砸屋檐的行为是侵权行为,要求其恢复原状,赔偿损失。两家为此吵闹不休,矛盾日趋激化,村干部多次调解未果,后钟×虎向法院起诉。经法院了

---

〔17〕 有学者认为,调解制度属于一种司法制度,或者与司法相关的制度。参见左卫民主编:《中国司法制度》,中国政法大学出版社2002年版,第3~4页。

〔18〕《人民调解法》第5条第2款规定:"基层人民法院对人民调解委员会调解民间纠纷进行业务指导。"

> 解,钟家的房屋系从上家王某手中购得,其产权证上载明该房屋的东侧山墙屋檐长度为5寸,认为双方虽对立激烈,但纠纷并不复杂,遂建议进行诉前调解。经村干部和协调法官进行调解后,达成如下协议:(1)钟家东山墙的屋檐长度多出的4寸不属于钟家所有,占用了公共巷道,由钟×虎自行改正,被砸掉的屋檐由钟×虎自行修复;(2)原开厕所的门封死,不得对着尚家开厕所门;(3)钟家东山墙安装下水管两根,排水口要埋入地下。……

这个案子的调解协议很快得到了履行,两家从此和睦相处,再未发生冲突事件。据该案的协调法官冯瑞民介绍,为了处理该案,法官和村干部多次到现场勘查,并结合相关法律规定多次做当事人的工作,最终使钟×虎认识到自己的问题,顺利地达成了调解协议。作为相邻关系案件,本案主要有两个争议点,一个是钟家的屋檐是否超过了界线;另一个是钟家的厕所门是否位置不当。从法律角度看,地上权只能延伸至地上垂直空间,超过这个空间就构成了侵权。钟家房屋的产权证上载明了东侧山墙屋檐长度为5寸,所以多出的4寸应当拆除。尚×娃砸毁钟家屋檐的做法虽有不妥,但在此之前已多次要求钟×虎改正,所以主要责任在钟家。另外,钟家厕所的门开的方向对着尚家的院子,按照当地的风俗习惯,的确不妥,应予改正。可以看出,这个案子的处理依据显然是法律的有关规定,其中主要是所有权关系、侵权责任等法律规范。如我国《民法通则》第83条规定:“不动产的相邻各方,应当按照有利生产、方便生活、团结互助、公平合理的精神,正确处理截水、排水、通行、通风、采光等方面的相邻关系。给相邻方造成妨碍或者损失的,应当停止侵害,排除妨碍,赔偿损失。”我国《物权法》中也有类似规定。特别值得一提的是,对于某些具体争议内容的处理即使在法律中没有具体明确的规定,但根据相关法律原理或者法律的指引性规范同样可以体现出依法解决争议的理念。例如我国《物权法》第85条规定:“法律、法规对处理相邻关系有规定的,依照其规定;法律、法规没有规定的,可以按照当地习惯。”在这里，“当地习惯”是一个概括性概念，应该是被当地群众普遍认可的，具有传统性和民间性的行为规范。在本案中，钟家厕所的门正对着尚家的院子，无论从民俗还是从习惯上讲都是说不过去的，虽然法律对此并无明确规定，但是，符合公序良俗的民俗和习惯显然也是为法律所提倡且予以保护的。

案例二：

刘×宏是丹凤县××砖瓦厂开运砖车的司机。2011年10月25日下午，刘×宏在下班回家的途中遇到×沙场开装载机的司机赵×红，赵因要去村里开会，要求刘×宏替他装一车沙子。装完沙子后，天色已晚，能见度较差，刘×宏开摩托车回家的路上撞上了刘×阳，双方均受伤住院。刘×宏花去住院费1万多元，刘×阳花去住院费8万多元。经交警队调解，刘×宏赔偿刘×阳共63000元整。刘×宏家境较为贫困，经这一事故之后，更是雪上加霜，生活难以为继。刘×宏想让沙场承担事故费用，但数次交涉没有结果，于是到丹凤县龙驹法庭寻求帮助。法庭审查之后，建议先进行调解，调解不成再立案，刘×宏表示同意。经法庭了解，×沙场和××砖瓦厂实际是同一个老板，而且×沙场司机赵×红因为要去开会而要求刘×宏替他装沙子是经过了老板同意的。最终，经法庭会同村委会进行调解之后，刘×宏所在的砖瓦厂同意为刘×宏承担费用56000元整，从而解除了刘×宏的燃眉之困。

在调研期间，本案协调法官，丹凤县龙驹法庭李瑞芳女士向我们详细介绍了本案的调解经过。据她透露，在调解协议达成之前，沙场方面的意见分歧较大，有的认为本案的交通事故与沙场无关，沙场不应承担任何责任，有的认为刘×宏是因为给沙场装沙而延误了回家，造成在光线较暗的情况下发生交通事故，所以，沙场对这一事故也有一定责任，可以给予适当赔偿。另外还有一个特殊情况，即××砖瓦厂和×沙场的老板是刘×宏的姨妈，她是××砖瓦厂和×沙场最大股东和法人代表，但也正是这个原因，因顾虑其他股东有意见，赔偿方案迟迟定不下来。但在调解过程中，所有的股东都表态同意最终的解决方案。

此案的典型意义就在于纠纷的解决依据并不是法律的明确规定，但是最终合意的方案却不能不说是合乎情理的。李瑞芳坦言：作为法官，应当依法断案，但根据本案的情形，严格地说，很难认定沙场有什么法律责任。在案件受理之初，她也感到很为难，但随着调解的深入，事情却朝着有利于申请人的方向发展，最终是砖瓦厂进行了赔偿，这一结果连她也感到有点意外。但这一结果是当事人自愿的，并不违背法律的原则，因此，协调法官也表示支持。在笔者看来，本案中的情理因素占了很大的比重，人情和法理在这一具体的纠纷案件中实现了完美的结合，情理对于纠纷解决的重要意义再次得到了生动的诠释。或许是因为刘×宏的姨妈的影响，或许是出于对当事人的同情，又或者是那些股东们就当事人的"因公出事"形成了一致的判断，总之这些都不是法定的××砖瓦厂或×沙场承担责任的理由，唯一能够作出合理解释的就是其中考虑了情理因素。有日本学者认为，在现代社会中，法律几乎已经渗入政治、经济等各种社会领域，但是，"在被要求解决的社会问题的复杂性增大的同时，用法律方法解决问题时调整个别利害关系的重要性也在不断扩大。一旦社会上发生的问题越来越反映出复杂的社会性利害关系的对立，而解决问题的理想基准仅仅是解决程序和结果在形式上实现了法律的话，肯定是不够的，要逐渐向如何满足在那些问题中表现出来的社会性需求的个别且实质性理想的方向转移"〔19〕。看起来，这种判断的形成绝非偶然，而是对现代社会纠纷解决现实规律的真实反映。

---

〔19〕［日］小岛武司、伊藤真编：《诉讼外纠纷解决法》，丁婕译，中国政法大学出版社2005年版，第44页。

结　论

美国法社会学家埃里克森有一个著名的论断：

> 法律制定者如果对那些促进非正式合作的社会条件缺乏眼力，他们就可能造就一个法律更多但秩序更少的世界。[1]

乍看起来，这里似乎更强调"促进非正式合作的社会条件"的作用和意义。但是，如果认真咀嚼这个论断的前提，可能又会形成不同的认识，这个前提就是法律对非正式规范的强化作用。在埃里克森看来，"以法律来强化非正式控制"不仅是必要的，而且也是必然的，因为："无论是从实证的视角还是从规范的视角，规范都有其局限，而法律则有其地位。"[2]所以，埃里克森并不是一味地拔高非正式规范的地位，而是将其置于法治的大背景之下，希望通过法律的支持和保障，使非正式规范发挥应有的社会控制作用，并以此营造良好的社会秩序。

纠纷的解决是社会控制的重要环节之一，从某种意义上说，离开了纠纷的解决，社会管理或社会治理的目标就无法实现，因此也可以说，纠纷的解决是实现社会控制的必要保障。虽然如此，但纠纷的解

---

〔1〕［美］罗伯特·C. 埃里克森：《无需法律的秩序——邻人如何解决纠纷》，苏力译，中国政法大学出版社2003年版，第354页。

〔2〕［美］罗伯特·C. 埃里克森：《无需法律的秩序——邻人如何解决纠纷》，苏力译，中国政法大学出版社2003年版，第350页。

决正如纠纷的发生一样是一种十分古老的社会现象,在没有诉讼制度的原始社会,纠纷依然可以得到妥善的解决,那时所依据的是人类本能的需求和自然形成的社会规范——在今天看来就是所谓非正式规范。因此,与正式的法律规范相比较而言,非正式规范是更为古老的,也是与现实生活和社会秩序的联系更为紧密的规范。(请参阅本书第四章:“合意性机制的历史类型”以及第五章:“合意性机制的理论基础”中的第一节:“道德理性学说”和第三节:“‘私法自治’原则”)

在现代社会,权利的分配主要依靠法律规范,从而形成各种法律制度,法律成为体现分配正义的直接依据。但是,分配的正义不具有处理冲突和争议的功能,因为,法律可以分配权利,但却不可以随意地改变既定的权利,那样的话,就等于自己否定自己,就会造成社会的动荡和混乱。因此,当纠纷发生以后,需要通过一定的方法来修复遭到破坏的利益格局,在这种情况下,分配的正义便让位于矫正的正义,正如学者所言:

> 人与人之间能否在社会资源的分配中获得公平和正义是分配正义要解决的问题,而在分配正义确定下来,该利益结构能否得到维持,尤其在权利受到伤害的情况下能否得到有效的矫正,是矫正正义应该解决的问题。[3]

矫正的正义是基于已有的权利和利益并经过一定的程序所形成的正义,可以表现为基于司法权的“决定”所形成的正义和基于自主权的“合意”所形成的正义,由此便产生了纠纷解决的强制性机制和合意性机制。[4](请参阅本书第一章:“民事纠纷解决的一般问题”中的第二节:“民事纠纷解决的强制性机制与合意性机制”)

---

〔3〕 王福友、刘雪松:《论作为侵权行为法价值基础的矫正正义》,载《黑龙江省政法管理干部学院学报》2006 年第 5 期。

〔4〕 矫正的正义也被视为正义的二次分配。参见高兆明:《分配正义的两个考察维度》,载《南京师大学报》(社会科学版)2010 年第 1 期。

传统意义上的纠纷解决机制的划分主要是根据纠纷解决的主体的显性特征或外部特征，于是就有了诉讼机制、仲裁机制、调解机制与和解机制的分类。但从纠纷解决的基本方式来说，无非是第三者决定的强制性解决和当事人自主的合意性解决两种类型。而且，当事人自主的合意性解决具有更为普遍的意义以及更为贴近纠纷解决的本意，因此，合意性纠纷解决机制的价值理应受到更多的重视。合意性机制是一种抽象意义上的纠纷解决机制，普遍存在于各种传统意义上的纠纷解决机制之中。它和传统意义上的纠纷解决机制之间的关系就像一张大网上的网眼和网绳之间的关系，大网没有了网眼就不成其为网，而离开了网绳，网眼也就不复存在了。所以，二者是相互依存，密切交织的。可能正是由于合意性机制的抽象性，不像传统的纠纷解决机制那样容易为人们所观察和利用，所以，它往往被人们所忽视，或者只是被偶然地加以利用。但是，假如没有合意性机制的存在，那么，无论对于国家或者社会来讲其后果都是难以想象的。

合意性机制着眼于纠纷的实质性解决，相对而言，强制性机制则偏重于形式意义上的纠纷解决。如果说强制性机制的强制性是建立在法律规范的基础上的，那么合意性机制的合意性就是以当事人的自主性为依据的；但是，这种自主性必须以符合法律规范或者不违反法律为前提，在现代社会，这应当是一个不言而喻的原则。需要特别强调的是，虽然从理论上可以作出这样的区分，但在纠纷解决的具体实践中强制与合意往往处于难解难分、互相制约的状态，在特定情况下也可能会互相转化，甚至有被居心不良者恶意利用的危险。因此，作为纠纷的解决者在强制与合意的方法抉择上必须深思熟虑，既不能因为纠纷的强制解决而降低了纠纷解决的实际效果，也不能为了纠纷的合意解决而减损了当事人对正义的合理预期。（请参阅本书第三章“合意性机制的基本问题”的第二节“合意性机制的理论范畴”）

虽然从理论上讲合意是出于当事人的自愿，但是第一，在实践中并不是所有的自愿都是真实的自愿，他可能是出于外界的压力，也可能隐藏着不为人知的内在动机;第二,即便是出于真实的自愿而达成了合意,还有一个是否符合正义原则或者是否违反法律禁止性规定的问题。因此,不能因为合意强调自愿的基础,就得出只要是自愿就等于合意已经实现、纠纷已经解决的结论。诸如自愿与强制、事实与规范、对抗与妥协以及人际关系的作用等等,这些因素均可影响到合意的正当性。某些传统的认识和观念虽然实用但未必正确,从长远处着眼,认真地审视它们的确切含义,正确处理它们相互之间的关系,才是实现真正的合意,通向纠纷实质性解决的应有态度。(请参阅本书第六章"合意性机制的正当性基础")

总之,通过合意的纠纷解决是真正意义上的纠纷解决,它不仅能够充分体现当事人的主体地位和自主意识,最大限度地维护当事人的共同利益,而且也更符合人类社会积极向善、和谐共进的价值目标。现代性合意的形成是当事人的自主性与社会治理环境共同作用的结果,其中必然包括法律的规制与司法的引导。法治社会是更富于理性的社会,合意的方法也并非是游离于法治之外的灰色地带,而是法治理性在纠纷解决领域的具体表现,因此,合意性机制也是法治和理性完美结合的纠纷解决机制。

附论:由多元化纠纷解决机制改革想到的几个问题

2016年6月29日,最高人民法院发布了《关于人民法院进一步深化多元化纠纷解决机制改革的意见》(法发〔2016〕14号)(以下简称《改革意见》)。《改革意见》的发布是继最高人民法院在《人民法院第二个五年改革纲要(2004—2008)》中明确提出"构建多元化纠纷解决机制"的举措以来,再一次以规范性文件的形式表明最高司法机关对多元化纠纷解决机制充分肯定和高度重视的基本态度。这是我国民事司法领域的一件历史性大事件,也是最高司法机关所释放出的关于我国民事司法改革未来发展方向的一个重要信号。

《改革意见》进一步明确了民事纠纷解决的基本方向和基本理念,同时,也对民事司法的目标、任务和具体运作方式作出了明确而详细的部署和安排。最高人民法院司改办主任胡仕浩在《改革意见》发布会上强调:"各级人民法院要从战略部署、法治思维、社会视角和历史高度来理解多元化纠纷解决机制在法治体系中的重要地位,重新审视法院在社会多层次多领域依法治理中的功能和作用。"[1]这一要求充分体现了国家司法机关对多元化纠纷解决机制建设的高度重视,同时也将多元化纠纷解决机制建设在国家法治建

---

〔1〕《最高法院发布多元化纠纷解决机制改革若干意见》,载最高人民法院网,http://www.court.gov.cn/zixun-xiangqing-22762.html,最后访问日期:2016年7月5日。

设中的地位推向一个前所未有的新高度。正如汤维建教授所言:"多元化纠纷解决机制改革拓展了司法改革的覆盖范围,指引了司法改革的新型领域,明确了司法供给侧改革的重点所在,同时启迪着更深层次的改革诉求。"〔2〕

一、关于多元化纠纷解决机制的理解

关于构建多元化纠纷解决机制这一话题在我国理论界已经有过长期的讨论,学者们对此也大多持积极的态度。但是,对于多元化纠纷解决机制的确切内涵、组织形式、运作方式,以及多元化纠纷解决机制建设与国家法治建设之间的关系,大家的看法并不一致。大体上说,关于多元化纠纷解决机制主要有三种不同的理解:

第一种观点认为,多元化纠纷解决机制是指各种不同性质、功能和形式的纠纷解决方式(包括诉讼与非诉讼两大类型)相互协调互补,共同构成的纠纷解决和社会治理系统。〔3〕 这种观点将多元化机制看作一个集诉讼方式与非诉讼方式为一体的综合性大系统,其功能除解决纠纷之外还能够产生社会治理的政治效应。由于这一观点不仅从方法上综合了不同性质的纠纷解决方式,而且从功能上涵盖了直接的和间接的效果,故可称之为"综合说"。

第二种观点认为,多元化纠纷解决机制主要是指"非诉讼纠纷解决程序",它既包括法院的调解,也包括人民调解和仲裁等多种其他解决纠纷的方式。此外,多元化纠纷解决机制还着力于探讨各种纠纷解决方式之间的衔接机制。〔4〕 显然,这种观点并不认为"诉讼

---

〔2〕 汤维建:《多元化纠纷解决机制改革的时代意义及其要点》,载《人民法院报》2016年6月30日,第2版。

〔3〕 参见范愉等:《多元化纠纷解决机制与和谐社会的构建》,经济科学出版社2011年版,第35页。

〔4〕 参见黄斌、刘正:《论多元化纠纷解决机制的现状、困境与出路,立足于我国法院的思考》,载《法律适用》2007年第11期。

程序”也属于多元化机制的内容,但它也不否认诉讼方式与非诉讼方式之间的“衔接”的重要意义,故可称之为“非诉衔接说”。

第三种观点认为,在多元化纠纷解决机制中,法院处于中心地位,但多元化纠纷解决机制是一个系统工程,需要在总体上能够协调、控制、监督、评估这一机制的领导机构。因此,应该建立以政法委或者人大常委会为领导的、包括中央和地方在内的自上而下的“多元化”协调机制或者联动工作机制,以便协调法院、基层政府和人民调解组织之间的关系。[5] 这种观点也认为多元化机制属于一种“系统工程”,并且也看重法院的作用,但其所关注的是多种机构和组织之间的协调联动关系,强调多元化机制的组织结构和有效运作,故可称其为“协调联动说”。

以上三种观点可以说各有所长,但由于所持视角的不同,其对多元化机制的理解或许还有可商榷之处。“综合说”是较为普遍的一种观点,为我国著名学者范愉教授所提出。这一观点并不否认诉讼方式对纠纷解决的重要意义,但它反对将诉讼方式绝对化,认为其他非诉讼方式对于纠纷的解决同样重要,甚至更具有实际的意义,关键在于应当为当事人在纠纷解决的方式上提供更多的选择。应当说,从纠纷的多样性角度看,为不同的纠纷提供不同的救济方式,无疑是一种理性的观念。所以,“综合说”的这层含义是具有合理性的,也是符合纠纷解决的逻辑规律的。[6] 但是,“综合说”将社会治理这

---

〔5〕 参见吴春雷、杜文雅:《多元化纠纷解决机制的主体研究》,载《前沿》2011 年第 13 期。

〔6〕 在今天看来,这一观点似乎并无新奇之处,但它提出的背景正是我国过度强调诉讼而轻率贬抑调解的时期,所以说这一观点的提出在当时是有针对性的。范愉教授曾指出:在 20 世纪 90 年代初期,我国法制建设起步不久,调解的衰落就已初见端倪。人民调解组织调解的纠纷数量 1990 年近 741 万件,而 2000 年仅有 503 万件。与此同时,诉讼案件的增长趋势则显而易见。调解与诉讼的比例在 80 年代为约 10:1(最高时达 17:1),至 2001 年已降到 1:10。参见范愉:《调解的重构》(上),载《法制与社会发展》2004 年第 2 期。

一目的也纳入多元化机制的大系统中，从多元化机制的功能上说似乎有些过于宽泛了。纠纷的解决固然客观上也可能会促进社会治理目的的实现，但它毕竟只能是实现这一政治性目的的因素之一，而不是全部的或决定性的因素。社会治理是关系到政治、经济、法律和文化等多个领域的一种综合性社会性工程，仅从纠纷解决的角度理解社会治理是不够全面的，纠纷的解决也不可能独自担负起实现社会治理这一重任。多元化机制的"非诉衔接说"也具有一定的代表性，但它主要是在纠纷解决的实务运作的实践中较为流行。这种观点倾向于以非诉讼方式诠释多元化机制，其原因可能是因为多元化机制也是针对单一化的诉讼机制而提出来的。但是，在强调非诉讼方式的同时，它也不能不顾及诉讼方式与非诉讼方式之间的紧密联系，因此又不得不在诉讼与非诉讼的衔接上有所考虑。但所谓"衔接"的可行性与具体方案为何，却又很难作出一个明确的说明。〔7〕所以说，这一观点实际上并没有揭示出多元化机制的真正内涵。而且，它也忽视了法院在多元化机制中的重要作用，不利于多元化机制的构建和实际运作。相比之下，"协调联动说"不仅看重法院的作用，而且更注重多元化机制的机能性建设，它没有局限于诉讼和非诉讼这两个简单对应的概念，而是将相应的职能性机构——包括政府机关——都纳入多元化机制主体的范围之中，强调多种职能机构之间的协调联动关系。可以说，从"多元化"这一基础概念以及多元化机制的实际运行状态来说，多种职能机构之间的合作、互动和协调关系是尤为重要的，这也是多元化机制作为一个具有实际意义的纠纷解决机制区别于诉讼机制和非诉讼机制的一个重要特征。因此，笔者认为"协调联动说"更能体现多元化机制的应有含义。

范愉教授曾讲述过这样一段有趣的"插曲"：她在 2000 年时曾

〔7〕最高人民法院于 2009 年 8 月曾发布《关于建立健全诉讼与非诉讼相衔接的矛盾纠纷解决机制的若干意见》，但这个意见是从法院的角度理解诉讼与非诉讼之间的关系，而不是从多元化机制的角度理解二者的关系。

出版过一本名为《非诉讼纠纷解决机制研究》的书,但此书名却非其本意。她原本设想的书名是《多元化纠纷解决机制研究》,但因为编辑认为这个概念的认知度不高,所以改名。她的解释是:“这一改名的插曲说明当时多元化纠纷解决机制的理念尚未被我们的社会所接受。”[8]时至今日,对于构建多元化纠纷解决机制的必要性虽已经达成社会共识,但是,客观地说,对于何为多元化机制,以及多元化机制的制度化建设应当如何推进,还处于一个需要不断探索和完善的阶段。在笔者看来,“多元化纠纷解决机制”这一概念包含两层含义。第一层含义是针对传统的纠纷解决机制而言,即要将纠纷解决机制的“单一化”变为“多元化”。具体地说,就是要发展除诉讼以外的其他纠纷解决机制,并鼓励当事人利用诉讼以外的机制解决纠纷,如调解(含人民调解、社会调解、行政调解)、仲裁、自主协商(和解)等,以缓解“诉讼案件的剧增和司法资源短缺的矛盾”,以往学界对多元化纠纷解决机制的研究大多是在这层含义上展开的。[9] 但在笔者看来,这个层面的多元化纠纷解决机制改革其实没有太大的意义,因为,调解、仲裁、和解、诉讼这些机制本来就是传统的纠纷解决机制,对它们的加工和完善充其量是一种改良,而不是真正意义上的改革。多元化纠纷解决机制改革的真正价值应当体现在它的第二层含义,即对“多元化的纠纷解决机制”进行系统性、结构性变革。具体而言,就是把多元化纠纷解决机制看成一个完整的系统,改革所要解决的问题,主要是理顺多种既存的纠纷解决机制的相互关系,形成一种“多元化纠纷解决体系”[10],使它们在一种科学、合理的制度安排下

---

[8] 范愉等:《多元化纠纷解决机制与和谐社会的构建》,经济科学出版社 2011 年版,第 415 页。

[9] 参见龙飞:《论国家治理视角下我国多元化纠纷解决机制建设》,载《法律适用》2015 年第 7 期。

[10] 最高人民法院院长、首席大法官周强用语。参见《周强:全面深化多元化纠纷解决机制改革》,载中华人民共和国最高人民法院网,http://www.court.gov.cn/zixun-xiangqing-14107.html,最后访问日期:2016 年 7 月 12 日。

最大限度地发挥各自的作用,形成集中优势,从而有效地实现纠纷实质性解决的目的。这种意义上的改革就不仅仅是纠纷解决机制本身的构建和完善问题,而是民事司法理念和制度的整体性转向,其中也包括民事诉讼的理念和制度的变革。正如《改革意见》中提出的:"充分发挥司法在多元化纠纷解决机制建设中的引领、推动和保障作用","建设功能完备、形式多样、运行规范的诉调对接平台,畅通纠纷解决渠道,引导当事人选择适当的纠纷解决方式;合理配置纠纷解决的社会资源,完善和解、调解、仲裁、公证、行政裁决、行政复议与诉讼有机衔接、相互协调的多元化纠纷解决机制。"

多元化纠纷解决机制作为一个综合性系统,其主要的目的就在于实质性地而不是形式化地解决纠纷,只有从这一目的出发,才能真正实现多元化纠纷解决机制的价值,也才能合理地构建多元化纠纷解决机制。所谓纠纷的实质性解决,也可称为纠纷的一次性彻底解决,它不是着眼于纠纷解决的规范化过程,而是致力于纠纷本身的实质意义上的化解。鉴于纠纷本身的复杂性、多样性和动态性特征,通过动员社会各种力量来形成一种多元化机制,针对不同性质和特点的纠纷采取相应的方法和措施,对于纠纷的实质性解决无疑是一种理想的方案。换言之,从"多元化"的理念出发,只要是有利于纠纷的实质性解决,在不违反国家政治制度和法治原则的前提下,应当最大限度地发挥各种社会性机能包括个人的积极作用,为纠纷的解决创造一种高效的、良性的且富有活力的社会环境。此外,多元化纠纷解决机制毕竟是由多种机构和组织组成的一个综合性系统,而这个系统的运行又不可能以一个整体的面貌出现,这就涉及整体和部分之间的关系。正确处理这个关系,是多元化机制得以实际发挥作用的关键之举。鉴于纠纷解决的职能性机构和组织各有不同的权能属性和功能定位,并且受到管辖制度、运行程序和效力强度的制约,从不同的角度看,其"多元化"的目标和需求取向也是不同的。因此,多元化机制不可能是一种各种机构和组织简单相加的组合模式,也不是一种单向性的层级隶属关系,而是多种具有纠纷解决职能的机构和组织之间按照一定的规则相互衔接、互相配合的状态。

实践中的多元化纠纷解决机制可以呈现出多姿多彩的组合方式和运作模式。根据相关司法文件的要求并结合我国各地的具体实践，多元化纠纷解决机制目前主要表现为以下几种模式：

（一）诉调对接

从字面含义看，诉调对接就是“诉讼”与“调解”的对接，但它实际上有狭义和广义的两种理解。狭义的诉调对接是指对具体案件的处理方式可以理解为诉讼调解方式与其他调解方式的对接，或者法院的审判方式与调解方式的对接；广义的诉调对接则不限于具体案件的处理方式，也可以是指司法机关（法院）和其他具有纠纷解决职能的机构和组织之间的协调、配合关系，在这种情形下，“诉”就是司法机关或者法院的代称，而“调”则是所有具有调解职能的社会机构和组织甚至特定人员的代称。在诉调对接的模式中，法院可以居于主导性地位，但在特定情形下，法院也可能仅仅发挥着指导或协助作用。“对接”的含义不能仅仅理解成是由法院发动的单向行动，而是一种双向互动的运作机制。实践中的“诉前调解”“先行调解”“特邀调解”“委派调解”，甚至各种有地方特色的诉调对接工作机制都可以看作是诉调对接模式的具体表现。[11] 诉调对接的基本宗旨就是在法院的主导或协助下通过调解的方式使纠纷得到最终解决。所以，调解是诉调对接模式的主要方式，而调解协议的司法确认制度则

〔11〕 例如上海浦东法院的“法院附设调解”模式、甘肃定西法院的“人民调解协议诉前司法确认机制”、陕西丹凤法院的“协助调解法官”模式等。参见百晓锋：《诉调对接实践形态》，载赵旭东主编：《诉调对接的理论探索》，法律出版社2015年版，第57页。

为诉调对接模式提供了有力的法律保障。[12] 诉调对接模式进一步体现了"诉讼"与"调解"之间的密切关系,生动地阐释了民事纠纷解决的应有理念,对纠纷的实质性解决具有重要意义。根据最高人民法院《改革意见》的精神,诉调对接是多元化纠纷解决机制的具体体现,要通过诉调对接平台将调解、仲裁、公证等机构或者组织引入法院的工作体系,从而实现司法机关和相关社会机构和组织之间的有机结合,为纠纷的解决方式提供更多的可选方案。除了调解、仲裁、公证等职能性机构和组织之外,还要加强和综治组织、行政机关的对接,并支持工会、妇联、共青团、法学会等组织参与纠纷解决。法院负责诉调对接平台的机构是诉讼服务中心,因此,诉讼服务中心可以视为法院的一个综合性司法协调机构,它也是我国民事司法走向多元化的一个重要象征。

（二）三调联动

三调联动是指人民调解、行政调解和司法调解三个部门之间互相协助、相互配合,通过调解方式解决纠纷的一种联合式工作机制。人民调解、行政调解和司法调解由于主管部门的不同分别具有不同的职能、权限和工作机制,以往的基本原则是各司其职、互不干涉。但在多元化纠纷解决机制理念指导下,这些部门之间的壁垒被逐渐冲破,形成了一种互相协作的关系。事实证明,各种不同职能的机构

---

〔12〕 根据我国《人民调解法》第 33 条规定:"经人民调解委员会调解达成调解协议后,双方当事人可以自调解协议生效之日起三十日内共同向人民法院申请司法确认。"另根据《最高人民法院关于人民法院民事调解工作若干问题的规定》第 3 条规定:"人民法院可以邀请与当事人有特定关系或者与案件有一定联系的企业事业单位、社会团体或者其他组织,和具有专门知识、特定社会经验、与当事人有特定关系并有利于促成调解的个人协助调解工作。经各方当事人同意,人民法院可以委托前款规定的单位或者个人对案件进行调解,达成调解协议后,人民法院应当依法予以确认。"因此,在司法实践中,人民法院对调解协议的司法确认不限于人民调解协议的范围。

和组织之间互相协作、紧密配合,有利于形成一种组合优势,从而实现多管齐下,尽最大可能为纠纷的实质性解决创造有利条件。但是,三调联动只是一种笼统的说法,在具体的实践中,并非总是由三个部门进行联合行动的。有学者认为,三调联动机制大约有四种情形:(1)人民调解与行政调解联动,包括公安机关调解与人民调解联动(警调联动)以及司法所调解与人民调解联动;(2)人民调解与司法调解联动(诉调联动),包括人民调解协议的司法确认、诉讼外法院与人民调解机构共同调解、诉前的委派调解和共同调解、诉讼中的法院委托调解、诉后的执行和解或调解中的人民调解机构参与调解;(3)行政调解与司法调解联动;(4)人民调解、行政调解、司法调解"三合一"联动。〔13〕 其实,从严格意义上说,由于行政机关具有直接的社会管理职能属性,人民调解与行政调解的结合是顺理成章的,但司法机关受司法程序规则的制约,并不能随意参与属于民间自治和行政管理的社会性事务,所谓司法机关与人民调解组织的"联动",主要是依据法律规定对人民调解进行业务上的指导,即协助人民调解组织的调解工作;〔14〕至于法院对人民调解协议的司法确认,应属于法院独立行使司法职权的范围,而不是准确意义上的调解"联动"行为。法院在审理案件的过程中的委派调解、委托调解、邀请调解等方式,实际上属于"诉调对接"模式的表现,也不是严格意义上的"联动"行为。人民法院作为国家审判机关,应当严守自身的独立性和谦抑性,它可以依法支持、指导、协助非司法机构和组织的调解工作,但不宜过度参与,更不能实际替代社会性调解机构和组织的调解职能。另外,根据最高人民法院的相关司法解释和《改革意见》,商事调解组织和行业性、专业性调解组织的调解也在"联动"的范围之

〔13〕 参见陈会林:《官民互动解纷传统与"三调联动"机制建设》,载《学习与探索》2016年第1期。

〔14〕 我国《人民调解法》第5条规定:"基层人民法院对人民调解委员会调解民间纠纷进行业务指导。"

内。因此,实践中的联合调解工作机制可能是“两两联动”,也可能是“三合一联动”甚至更多形式的联动。在实践中应以有利于纠纷的解决为原则,视具体情况选择适当的联动方式。

(三)多方协作

多方协作在实践中也称多方联动,是指除调解机构之外,党政机关、人民团体、群众社团、企事业单位等参与纠纷解决活动,协助调解机构解决纠纷的情形。在现代社会,个人的价值或利益大多是通过特定组织的支持和帮助而体现出来,在涉及法律的事务中或纠纷解决的过程中,组织的作用同样不可忽视。美国法社会学家唐·布莱克认为:“缺乏组织的支持,这是个人在其法律生活中可能遭受的最大的不利因素之一——很可能是不利中的大不利。”[15]一方面,个人所在的组织——包括特定的团体或企事业单位——可以成为其依靠的力量,为其提供一定的物质或道义的支持;另一方面,因为二者之间的依附或管理关系的存在,也可以较为顺利地建立起信任关系和必要的说服条件。这两个互为表里的因素对纠纷的解决具有十分重要的意义。在我国,党和政府的崇高威信和强有力领导是各项工作顺利开展的重要保证,最高人民法院《改革意见》中提出的“党政主导、综治协调、多元共治”就是一项很有特色而且符合我国实际的原则。在纠纷解决实践中,主动争取党委、人大、政府的支持不仅有利于各方面关系的协调合作,而且也是在国家和社会治理中体现党的领导、发挥政府职能的应有之义。人大代表、政协委员、专家学者、律师、专业技术人员、基层组织负责人、社区工作者、网格管理员、“五老人员”(老党员、老干部、老教师、老知识分子、老政法干警)等这些拥有一定社会地位、专业知识或丰富实践经验的人员也是化解矛盾和纠纷的宝贵资源,充分发挥他们的作用,协助调处矛盾纠纷,极有

---

〔15〕[美]唐·布莱克:《社会学视野中的司法》,郭兴华等译,法律出版社 2002 年版,第 46 页。

可能产生事半功倍的效果。因此,调解机构在调处矛盾和纠纷的过程中,除了内部精心运作之外,还应当充分利用各种优势资源,通过多方协作,促使矛盾纠纷所涉及的具体问题得到及时的实质性的解决。事实上,从全国各地的实践来看,多方协作已经成为调解机构调处矛盾和纠纷的常态性工作机制,这也是构建多元化纠纷解决机制的一个重要举措。

(四)多级调解

顾名思义,多级调解就是通过提升调解机构的"级别",逐步加大调解力度,促使矛盾和纠纷得以化解的情形。如果说"三调联动"属于不同性质的调解机构的横向联合模式,那么多级调解就是上下级调解机构之间的纵向督促关系。通常意义上,调解机构相互之间并不存在上下级的隶属关系,调解协议的确定完全取决于当事人之间的合意,也不存在"上诉"的问题。但是,"多级调解"这一概念客观上产生了"审级"效应,进一步增强了当事人的信任度,从程序意义上为纠纷的调解解决提供了保障。所谓调解机构的级别实际上是比照政府机关的建制而言的。在我国,设于村民委员会、居民委员会、企事业单位中的人民调解委员会属于群众性组织,原无级别之分。但在某些政府机关如乡镇、区县甚至市一级政府机关,也设立了专门负责调解工作的职能机构(一般称为"调解中心"),在基层政府的派出机构如街道、司法所设立调解中心的做法更是普遍存在。因此,仅就调解工作的性质而言,实践中形成了事实上的级别差异:设于村委会、居委会(社区)、企事业单位的人民调解委员会可视为最基层的调解组织,街道、司法所可视为高一级的调解机构,往上还有乡镇、区县直至市一级调解机构。经人民调解委员会调解而未能解决的纠纷,还可以逐级往上由高一级的调解机构介入调解,由此便形成了多级调解的格局。鉴于人民调解委员会属于群众性组织,而街道、司法所等机构的调解属于政府行为,因此,多级调解也可以看作人民调解与行政调解互相衔接或联动的模式。由于政府机关所拥有的行政管理职能及其广泛的社会资源,加之人民调解组织与政府职能机关之间的密切联系,多级调解模式往往可以产生优势互补、互相支持、集中力量彻底化解矛盾纠纷的良好效果。

二、多元化纠纷解决机制与合意性机制的契合关系

纠纷的解决是影响纠纷解决过程的外部因素和内部因素共同作用的结果,外部因素是指国家和社会为解决纠纷所提供的各种平台机构,以及这些平台机构的具体运作方式;内部因素则是指纠纷当事人在纠纷解决过程中的意识活动和行为表现。笼统地讲,纠纷解决机制这一概念应当包含了纠纷解决过程的外部因素和内部因素,因为这两方面的因素在纠纷解决过程中事实上是难以区分的。但是,就其主要功能和作用而言,由各种平台机构所组成的制度性系统——如诉讼机制、仲裁机制、调解机制——可以说是纠纷解决的外部性机制,而当事人在纠纷解决过程中所发挥的作用则属于内部性机制。如果单方面强调外部性机制的建构和运行规律,那么,纠纷的解决主要体现的就是第三者的意志和权力,因此建立在这种理念上的纠纷解决机制就属于强制性机制;相反,如果着重强调当事人在纠纷解决中的自主性地位,将纠纷的解决建立在当事人意志的基础之上,那么,由此形成的纠纷解决机制就是合意性机制。

在传统的意义上,纠纷解决的强制性机制与合意性机制似乎总是存在逻辑上的对立和紧张关系,例如诉讼中的审判与调解之间的关系。针对诉讼中的调解,有不少专家、学者曾提出了尖锐的批评意见。如有学者反对将调解作为民事诉讼法的一项原则,认为调解原则与人民法院的职能相悖,甚至"等于从根本上否定了法院是行使审判权的机关这一本质特征"[16]。有的学者虽不否定法院调解,但强力主张将调解与法院的审判活动严格区分开,主张"在保留法院

〔16〕 邵俊武:《民事诉讼中法院调解原则的再认识》,载《政法论坛》(中国政法大学学报)2000年第1期。

调解制度的前提下实行调审分离”〔17〕。值得深思的是，尽管理论界不断出现对调解的种种批评和非议，但国家立法和司法实践并没有因此而忽视调解在纠纷解决中的重要地位；当然，也有更多的学者认为调解与诉讼的目的和任务并不矛盾，调解的价值不容忽视，但对调解制度加以完善还是很有必要的。〔18〕 2007年3月，最高人民法院发布了《关于进一步发挥诉讼调解在构建社会主义和谐社会中积极作用的若干意见》，确立了“能调则调，当判则判，调判结合，案结事了”的民事审判工作指导方针，要求各级人民法院大力推进诉讼调解工作。有学者敏锐地发现这预示着我国法院调解的再度“复兴”，并提出应当抓住这一机会“促进中国司法制度的现代化转型”〔19〕。从那以后，我国法院的民事司法工作便出现了重大转向，而2016年《改革意见》的出台则标志着这个转向的基本定位。《改革意见》出台以后，民事纠纷解决的强制性机制与合意性机制之间的对立和紧张关系得到了实质性的缓和，甚至出现了进一步加强融合的趋势。具体而言，多元化机制是在整合强制性机制与合意性机制的基础上所形成的一种新型的纠纷解决机制，这种新型机制和以往的纠纷解决机制的主要区别就是它的统合性，即把以往的纠纷解决机制按照一个总的原则统为一体，这个总的原则就是发挥各种资源的集中优势实现纠纷的实质性解决。

纠纷是否得到了解决，强制性机制与合意性机制的判断标准是有所不同的。强制性机制所奉行的是程序主义原则，只要是按照法定程序审理了案件，并作出了符合法律规定的结论，那么一个纠纷就算是得到解决了。合意性机制则不然，它所看重的是当事人在纠纷

〔17〕 李浩：《调解的比较优势与法院调解制度的改革》，载《南京师大学报》（社会科学版）2002年第4期。

〔18〕 参见白浩：《法院调解制度：检讨与重构》，载《新疆大学学报》（社会科学版）2004年第3期。

〔19〕 吴英姿：《法院调解的“复兴”与未来》，载《法制与社会发展》2007年第3期。

解决过程中的参与程度以及对纠纷处理结果的接受程度,只有在当事人实质性地参与了纠纷解决的过程,并且对纠纷解决的结果情愿地而不是被迫地接受的情况下,纠纷才算是得到了解决。比较而言,基于强制性机制的纠纷解决显然是一种形式意义上的纠纷解决,而基于合意性机制的纠纷解决则属于实质意义上的纠纷解决。[20] 因此,在纠纷的实质性解决这一点上,多元化机制与合意性机制便逻辑地形成了一种契合关系。

那么,是不是说合意性机制就等同于多元化机制呢?虽说合意性机制与多元化机制都强调纠纷的实质性解决,但它们的建构原理和运行方式还有很大区别的,因此并不能在二者之间画上等号。合意性机制是对类似的纠纷解决方式的概括性表述,它不同程度地存在于各种不同性质的纠纷解决机制之中,从诉讼到和解,基本呈现出一种逐渐增强的趋势,因而它是一个分散的、着重于理念层面的概念。而多元化机制是对多种纠纷解决机制统合的结果,它的基本原理是将各种纠纷解决机制按照一定的原则整合为一个综合性的系统,从而最大限度地发挥不同性质的纠纷解决机制的功能和作用,为有效地解决纠纷提供充分的资源和支持,使纠纷的解决更加富有成效,更能体现实质意义上的公平和正义。这也可以看成集团化运作的理念在纠纷解决领域的运用,它的最大优势就是各种不同机能的单位各尽所能地发挥自身的长处,互相协调、互相配合,为实现共同的目标创造条件。因此,多元化纠纷解决机制可以说是一个功能性的运作体系,它不能仅仅停留在抽象的理论层面,而是需要精心设计、合理布局和实际运作的一个务实性工程,否则,这一命题就丧失了它的真正价值。

事实上,最高人民法院的《改革意见》关于多元化纠纷解决机制

---

〔20〕 当然,对此也不可一概而论,实践中也存在强制性裁判可以被顺利执行,而合意的结果却未能实现的情形,这里既有个别和一般的关系问题,也有具体案件的复杂程度和案件的处理方式问题。

改革的设想也确实体现了一种务实的精神,它不仅确立了多元化纠纷解决机制改革的指导思想、主要目标和基本原则,而且对多元化机制的平台建设、制度建设、程序运作和组织保障等都作出了具体而又详细的部署和安排。特别值得注意的是,在具体的方法性内容上,《改革意见》所特别强调的还是调解,在这篇6000余字的文件中,"调解"一词出现了156次,而且关于调解的制度安排和操作方法的描述占据了绝大多数的篇幅(全文共40条,有关调解的条款占到32条)。还以诉讼中的调解为例。《改革意见》第27条提出要"探索建立调解前置程序":对家事纠纷、相邻关系、小额债务、消费者权益保护、交通事故、医疗纠纷、物业管理等适宜调解的纠纷,在征求当事人意愿的基础上,引导当事人在登记立案前由特邀调解组织或者特邀调解员先行调解;第28条提出要"健全委派、委托调解程序":(1)委派调解。对当事人起诉到人民法院的适宜调解的案件,登记立案前,人民法院可以委派特邀调解组织、特邀调解员进行调解。委派调解达成协议的,当事人可以依法申请司法确认。当事人明确拒绝调解的,人民法院应当依法登记立案。(2)委托调解。登记立案后或者在审理过程中,人民法院认为适宜调解的案件,经当事人同意,可以委托给特邀调解组织、特邀调解员或者由人民法院专职调解员进行调解。委托调解达成协议的,经法官审查后依法出具调解书。从以上两条规定可以看出最高司法机关对通过调解方式解决纠纷的高度重视,对当事人起诉到法院的纠纷,首先考虑的是是否可以通过调解的方式尽快地予以解决,而不是首先考虑是否符合立案的条件;即便是在立案以后,对适宜调解的案件,也应当尽量通过调解的方式解决纠纷。这种对待民事纠纷的态度充分体现了民事司法理念的新内涵,即民事司法的功能重在能够迅速、彻底地解决民事纠纷,而民事纠纷的切实解决所倚赖的最佳方式就是调解或者和解。当然,最高人民法院的意见一方面反映了司法机关的创造性和能动性,另一方面也体现了国家法律的基本精神,遵循了法律规范的宗旨与要求。因此可以说,《改革意见》也昭示着我国民事纠纷解决领域法律制度的整体转向。

总之,在所有民事纠纷解决的具体方法中,调解是最基本的也是最为有效的方法。而有调解必有合意,合意是成就调解的基础和根据,从这个意义上说,合意性机制也就成为多元化纠纷解决机制的思想根基和不可分割的组成部分。

三、多元化纠纷解决机制改革视角下民事司法理念的重塑

张卫平教授曾经提出我国民事诉讼法学贫困化的问题,认为我国民事诉讼法学贫困化的主要原因在于"理论与实践的隔离",要解决这一问题,就要认真对待实践中存在的"中国问题","这就需要我们基于对实践的了解与认识,提出'中国问题'并解释这些问题,并由此抽象、形成自己的理论"[21]。理论联系实际不仅是一种基本的思想方法,而且也应当成为我们从事理论研究所应遵循的基本原则。民事司法理念的建构需要正确的理论指导,更需要对司法实践的具体考察和深入了解,从发现和解决实际问题的角度出发,形成具有科学性、合理性与现实性的立场、观点和思想方法。基于多元化纠纷解决机制改革的理念,结合我国司法实践的具体情形和相关理论研究成果,笔者认为当前需要重新认识和转变的司法理念主要有以下几个方面:

(一)坚持独立司法也要重视协作司法

独立司法或司法独立是司法机关必须遵行的重要原则之一。在我国,对独立司法的规范表达是指人民法院依照法律规定独立行使审判权,不受行政机关、社会团体和个人的干涉。毫无疑问,独立司法是保证法律正确实施的重要前提,这也是现代司法制度的基本要求。但是,独立司法的含义究竟是什么?在学术界和实务界却有着不同的理解。从理论根源上说,独立司法这一概念源于西方法学的

---

〔21〕 参见张卫平:《对民事诉讼法学贫困化的思索》,载《清华法学》2014 年第 2 期。

"三权分立"学说,其基本原理是"以权力制约权力"。但是,我国的政治体制并非"三权分立"的结构,所以,按照西方的权力制约理论是无法对我国的独立司法概念作出合理解释的。更何况,在西方国家,虽然奉行司法独立原则,但在其具体的司法运作过程中,司法机关并不排斥政府和社会力量对司法的协助,甚至在法院推动下大力培植和发展社会性的协作司法模式,例如"陪审团"制度、"社区矫正"制度和"法院附设ADR"机制。因此,在西方国家,所谓司法独立主要是一项政治原则,这一原则与其"三权分立"的政治体制是一致的,而对具体的司法活动中的独立司法却不能做如此简单的理解。

司法机关独立行使审判权,不受行政机关、社会团体和个人的干涉,这是独立司法的基本要求,但这并不等于拒绝一切外部因素的参与和协作。确切地说,任何对司法的"干涉"都是违背司法运行规律的,不仅会干扰法院的正常审判活动,而且会导致削弱司法权威、损害司法公正的后果。但特定的社会组织或个人在法律允许的范围内对司法的参与和协作甚或是监督却不能视为"干涉",而是司法顺利运行的内在要求。王利明教授在论及司法的民主性时指出:"现代的司法,一方面要求赋予司法机构独立的地位和权限,充分实现司法的独立;另一方面,司法机构在行使权力中虽不应受到干预,但应受到监督。……任何权力如不受到必要的监督和制约,必然会导致腐败,司法权也同样如此。不受监督的司法权只能导致司法的专横和腐化。"[22]诚然,司法的民主性确实关乎对司法权的监督和制约问题,但是,对司法权的监督和制约绝不是司法民主性的全部内容。从司法运行的具体过程来看,"民主性"以及"大众性"同样是不可或缺的要素,它不仅是司法运行规律本身的要求,而且也是司法的政治属性和社会属性的具体表现,我国司法机关所提倡的"司法为民"的理念可以说就是对这种属性的高度概括。但是,"民主性""大众性"毕竟还是较为抽象的理论概念。具体地讲,在现代社会,司法的运行过

〔22〕 王利明:《司法改革研究》(修订本),法律出版社2001年版,第153~154页。

程不可能是完全封闭的司法机关的“内部事务”,不仅司法的公正要求司法公开,而且司法的具体运作也离不开相关的外部力量的监督、参与和协助,而从司法主体的角度来看,这些就是协作司法的表现。

协作司法是指在法院主导的纠纷解决过程中,动员、利用或引入一定的组织、机构或个人,采取协助、参与或委托办理等方式,形成有利于纠纷解决的条件或氛围,及时、有效地解决纠纷。协作司法是司法主体的一种自觉意识和主动行为,是司法机关依照法律规定或者实际需要对外部资源的积极利用。因此,有别于外部强加的“干涉”行为,协作司法对司法功能的充分发挥具有十分重要的意义,可以有效缓解社会矛盾和纠纷的多发性、复杂性与司法资源有限性之间的紧张关系。必须强调的是,提倡协作司法不等于否定独立司法。从一定意义上说,协作司法不仅不会削弱独立司法,而且对独立司法是一种有力的支持和保障。因为,协作司法的前提是尊重司法机关的独立性和权威性,只有在这个前提下,才能保证司法机关发挥其应有的司法功能,进而充分调动和利用各种社会资源,形成多元化纠纷解决机制的综合优势,促进社会矛盾和纠纷的有效解决。

(二)弘扬司法公正更要注重纠纷的实际解决

所谓纠纷实际解决,用审判实务中的话来说就是“案结事了”,即在审理案件的过程中就要考虑到结案以后的实际效果:当事人的合法权益能否得到切实的保护?未来的生效裁判是否能得到切实的实现?当事人之间的合作关系能否得到修复和维系?如果仅仅是满足于司法技术的完美,一味追求“形式正义”而不考虑实际效果,那就会使司法程序变成“走过场”,其结果只能导致司法的形式化,从而削弱司法的权威性、公正性和社会职能的发挥。实际上,在法律规定的司法权限内,与纠纷的实际解决相关的制度措施并非不健全,在我国,相关法律制度甚至还要更为丰富一些,只是因为司法理念的局限,其有可能被轻易忽视罢了。例如,能够调解和好的案件,最好以调解的方式结案，把诉前调解、审前调解、审理中的调解有机结合起来，最大限度地利用调解机制解决纠纷；需要政府、相关社会组织或者个人协助的，要及时启动协作司法的机制，尽力争取各种社会力量的协助；有可能在作出裁判以后需要强制执行的，就应当尽可能地做好财产保全措施，以保证将来的生效裁判能够顺利执行，而不是一判了之；即使是某些对抗性特别强烈，或者完全不具备彻底解决争议条件的案件，也要适当地利用当庭释明或者判后答疑的方式消除当事人的疑虑，以免留下后患，等等。总之，正如“法治”这个概念一样，司法公正其实也是一种理想，〔23〕它的哲学意义远远大于实践意义。如果我们只是强调司法公正，而不注重纠纷的实际解决，那么无异于以理想代替现实，显然无法满足人民群众对司法的期望。只有将司法公正的理想与纠纷实际解决的现实要求结合起来，才能真正体现司法的价值，让司法在社会治理和法治建设中发挥应有的作用。

（三）从辩论主义诉讼模式转为协同主义诉讼模式

如前文所述，多元化纠纷解决机制改革的真正价值应当体现在对“多元化的纠纷解决机制”进行系统性、结构性变革，这其中也包括对民事诉讼机制的改革。民事诉讼是当事人通过国家司法机关依法审理和裁判的方式解决纠纷的机制，由于司法机关的审判权是国家公权力的体现，所以它必然带有强制的属性。但民事诉讼毕竟是“私益”之争，根据私权自治的原则，对私益的处分权又是民事主体不可剥夺的固有权利，这样一来，作为公权力的审判权和作为私权利的处分权在民事诉讼中便形成一种相互抗衡的紧张关系。按照一般的分析框架，以审判权主导的诉讼模式被称为职权主义诉讼模式或“法院主导型诉讼模式”，而以处分权主导的诉讼模式则被称为当事

---

〔23〕　美国法社会学家弗里德曼认为“法治原则是一种理想”，“法官必须朝着这一理想努力，尽管知道这一理想本身是无法达到的”。参见宋冰编：《程序、正义与现代化——外国法学家在华演讲录》，中国政法大学出版社1998年版，第125页。

人主义诉讼模式或“当事人主导型诉讼模式”。[24] 在我国,职权主义诉讼模式被认为是产生一切诉讼弊端的主要根源,而当事人主义诉讼模式则受到普遍追捧,以至于在理论界和实务中存在抑制职权主义诉讼模式,推崇当事人主义诉讼模式,“以当事人主义理念框架取代职权主义的理念框架”[25] 的倾向。其实,在民事诉讼中,当事人之间、当事人和法院之间并非必须是一种紧张对立的关系,纯粹的当事人主义模式或职权主义模式实际上并不存在,法院的审判权和当事人的处分权总是以不同的方式在不同的程度上表现为一种既相互制约又相互配合的状态。长期以来,民事诉讼的理论研究和程序设计大都是围绕着当事人之间的“攻击和防御”关系而展开的,由此也产生了民事诉讼特有的一系列规则和技术。诉讼似乎就是一种相互抗争或类似于竞技的活动,当事人之间的关系没有因为诉讼而趋于缓和,而是更加对立甚至激化,最后以一方“胜诉”而另一方“败诉”而告终。这种对于民事诉讼的功能、作用和价值的理论导向和程序设计是否与民事诉讼的目的相吻合是很值得反思的。

自 19 世纪末以来,对抗制诉讼,这种源于英美法系的诉讼模式就频频受到质疑和批判,包括英美法系国家本身也对这种诉讼模式的合理性产生了怀疑,而此时,一种被称为协同主义的诉讼模式则逐渐进入了人们的视野。对抗制诉讼模式在理论上也称辩论主义诉讼模式,其基本内容是当事人对自己的主张承担全部的举证和证明责任,对方当事人没有对消极事实举证证明的责任,至于法官,则完全处于中立和消极的地位,仅根据当事人提供的事实作出裁判,并不负

---

〔24〕 张卫平教授提出将当事人主义诉讼模式的概念置换为“当事人主导型诉讼模式”,将职权主义诉讼模式置换为“法院干预型诉讼模式”。参见张卫平:《转换的逻辑——民事诉讼体制转型分析》,法律出版社 2004 年版,第 36 页。

〔25〕 张卫平:《转换的逻辑——民事诉讼体制转型分析》,法律出版社 2004 年版,第 473 页。

有主动调查案件事实的责任。[26] 与之不同的是，协同主义诉讼模式则要求当事人以积极合作的态度开展诉讼，在对方当事人有合理理由的要求下，即使是对自己不利的证据仍负有提出的义务，法官则应当在必要时依职权主动调查案件事实，并得依具体情形需要行使释明权，以及合理分配当事人的举证证明责任。[27] 协同主义诉讼模式与纠纷解决的民事诉讼目的是一致的。基于纠纷解决的民事诉讼目的，无论是当事人还是法官，都应当在诉讼中持积极合作的态度，以协力发现事实，促进诉讼进行，妥善化解纷争，争取双赢的结果为宗旨，而不是相反：激化当事人之间的对抗关系，扩大纷争带来的消极影响，甚至造成两败俱伤的后果。这种协同主义诉讼的理念与多元化纠纷解决机制的建构理念具有内在的逻辑适应性。因为多元化纠纷解决机制建设的目的就是有效地、实质性地解决纠纷，努力实现当事人利益的最大化，尽可能地维护当事人之间的合作关系，进而促进社会和市场经济秩序的和谐稳定与有序发展。

事实上，在我国的民事诉讼制度中协同主义诉讼理念已经有所体现，如调解原则、诚实信用原则、法官依职权调查收集证据的制度，等等。最高人民法院《关于适用〈中华人民共和国民事诉讼法〉的解释》第122条规定的证明妨害规则也是协同主义诉讼模式中的事实发现机理在我国司法实践中的体现。但是，不能不说，目前我国的民事诉讼制度特别是民事司法实践仍然是以辩论主义为主导的，当事人之间的对抗关系依然是民事诉讼的主旋律，至少在我们的立法中还没有将当事人的诉讼促进义务、文书提出义务等协同主义的诉讼理念作为法律制度加以明确。在多元化纠纷解决机制改革方针的指导下，在民事诉讼中进一步强化协同主义诉讼理念，从纠纷有效解决的角度进一步完善我国的民事诉讼制度，或许是可以期待的。

---

〔26〕 参见唐力：《辩论主义的嬗变与协同主义的兴起》，载《现代法学》2005年第6期。

〔27〕 参见肖建华：《构建协同主义的民事诉讼模式》，载《政法论坛》2006年第5期。

(四)扬弃消极司法观念提倡积极司法观念

司法应当是消极的还是积极的?围绕这一话题的争论由来已久。大体上说,司法消极主义者强调司法的谦抑性和被动性,要求法官在司法活动中坚守中立的立场,严格适用法律,不得超越法律的规定和立法者的意图去理解和解释法律;司法积极主义者正好相反,认为法官应当充分发挥主观能动性,创造性地适用法律,甚至可以根据司法规律对法律的含义和具体适用规则作出解释。乍看起来,司法消极主义和司法积极主义似乎是两种相互对立的司法哲学,反映了司法者对待既定法律的两种截然不同的态度。但实际上,这两种观点的出发点都是法治主义的原则,只是侧重点不同而已:前者所关心的是制定法的切实实施,强调法律的稳定性和权威性;后者则是从法律实施的实际效果出发,更加注重法律的可操作性和具体的实践功能。正因为两者都有其合理之处,所以才造成了它们既相互对立又能长期共存的局面。事实上,在具体的司法实践中,司法机关既要维护法律的权威性和稳定性,又要根据具体的司法环境和现实需要制定必要的司法政策以及对法律作出可行的司法解释。诚如学者所言:“客观地说,近现代司法发展到今天,克制和进取、被动和能动都已经成为司法规律的有机组成部分,表现为司法规律在内在结构上两个相反相成的维度和方面。”〔28〕

虽然如此,从学理的角度看,对某种理论的价值取向还是应当有一个相对明确的态度,“各打五十大板”或者笼统的折中主义是不可取的。司法消极主义之所以能够长期立足,除了其理论上具有一定的合理性之外,还与西方国家的政治体制和法律制度密切相关。在西方国家的宪政体制下,立法、行政、司法三权分立,各司其职,司法权不得逾越宪法规定的权限介入国家的政治生活及主动干预政府的

〔28〕 张志铭:《中国司法的功能形态:能动司法还是积极司法?》,载《中国人民大学学报》2009年第6期。

行政事务，更不能利用宪法解释权扩张司法权的领域，而应当保持必要的司法克制，这一理念在西方政治哲学中是根深蒂固的。所以，在西方国家，司法消极主义或者司法克制主义与其说是一种司法哲学，不如说是一项政治原则，其政治意义大于法律意义。而在我国社会主义政治制度下，全国人民代表大会是国家的最高权力机关，立法权、行政权、司法权在“议行合一”的原则下达到了高度的统一。司法机关不仅要忠实地执行国家的法律，而且还可以根据立法机关的授权对法律作出必要的解释，甚至在特定情形下提出符合现实需要的司法政策和司法意见。事实上，我国司法机关的司法解释、司法政策和司法意见对法律的编纂和完善常常发挥着十分重要的作用。因此，我们可以吸收司法消极主义所蕴含的维护法律稳定性和权威性的合理内容，但对其所宣扬的司法的消极性和保守性却应旗帜鲜明地持否定态度。与此同时，还应当提倡和树立积极司法的观念。积极司法，或司法积极主义、司法能动主义，都是指司法者在司法活动中所持的一种基本的司法理念，这种理念的核心就是要求司法者以积极的态度、主动的行动和务实的精神，在正确理解法律规范的前提下，创造性地适用法律，尊重当事人的基本人权和诉讼权利，充分发挥司法的社会职能，最大限度地实现司法推动社会治理，促进社会发展的独特功能和价值。

我国最高人民法院出台的《改革意见》就是积极司法举措的一个典型范例。与之前的诸多司法意见相比较，这个意见不仅十分具体详尽地说明了多元化纠纷解决机制改革的必要性和可行性，而且将法院在这一改革中所处的地位和应当发挥的作用提升到了一个空前的高度。就此而言，这个意见就是划时代的，它必将开启我国民事司法改革的新局面。

参考文献

一、中文译著

1. [德]阿德里安·A. S. 朱克曼主编:《危机中的民事司法》,傅郁林等译,中国政法大学出版社 2005 年版。
2. [英]西蒙·罗伯茨等:《纠纷解决过程:ADR 与形成决定的主要形式》,刘哲玮等译,北京大学出版社 2011 年版。
3. [日]小岛武司:《自律型社会与正义的综合体》,陈刚、林剑锋、段文波等译,中国法制出版社 2006 年版。
4. [日]棚濑孝雄:《纠纷的解决与审判制度》,王亚新译,中国政法大学出版社 2004 年版。
5. [美]诺内特·塞尔兹尼克:《转变中的法律与社会》,张志铭译,中国政法大学出版社 1994 年版。
6. [英]迈克尔·努尼:《法律调解之道》,杨利华等译,法律出版社 2006 年版。
7. [美]斯蒂芬·B. 戈尔德堡等:《纠纷解决——谈判、调解和其他机制》,蔡彦敏等译,中国政法大学出版社 2004 年版。
8. [意]莫诺·卡佩莱蒂编:《福利国家与接近正义》,刘俊祥等译,法律出版社 2000 年版。
9. [澳]娜嘉·亚历山大主编:《全球调解趋势》,王福华等译,中国法制出版社 2011 年版。
10. [德]拉德布鲁赫:《法学导论》,米健译,法律出版社 2012 年版。
11. [日]兼子一、竹下守夫:《民事诉讼法》,白绿铉译,法律出版社 1995 年版。
12. [美]史蒂文·苏本等:《美国民事诉讼的真谛》,蔡彦敏等译,法律出版社 2002 年版。
13. [古罗马]盖尤斯:《盖尤斯法学阶梯》,黄风译,中国政法大学出版社 2008 年版。
14. [美]克利福德・格尔茨:《地方知识》,杨德睿译,商务印书馆 2016 年版。
15. [日]新堂幸司:《新民事诉讼法》,林剑锋译,法律出版社 2008 年版。
16. [美]斯蒂芬・弗兰佐:《社会心理学》(第 3 版),葛鉴桥等译,上海人民出版社 2010 年版。
17. [美]彼得・斯坦、约翰・香德:《西方社会的法律价值》,王献平译,中国法制出版社 2004 年版。
18. [奥]弗洛伊德:《图腾与禁忌》,文良文化译,中央编译出版社 2016 年版。
19. [德]马克斯・韦伯:《经济与社会》(下卷),林荣远译,商务印书馆 1997 年版。
20. [美]摩尔根:《古代社会》(上册),杨东莼等译,商务印书馆 1977 年版。
21. [美]霍贝尔:《原始人的法》,严存生等译,法律出版社 2006 年版。
22. [法]列维—布留尔:《原始思维》,丁由译,商务印书馆 1981 年版。
23. [英]梅因:《古代法》,沈景一译,商务印书馆 1959 年版(2010 年重印)。
24. [法]孟德斯鸠:《论法的精神》(上册),张雁深译,商务印书馆 1961 年版。
25. [德]康德:《历史理性批判文集》,何兆武译,商务印书馆 1991 年版。
26. [英]洛克:《政府论》(下篇),瞿菊农、叶启芳译,商务印书馆 1964 年版。
27. [德]米夏埃尔・施蒂尔纳编:《德国民事诉讼法学文萃》,赵秀举译,中国政法大学出版社 2005 年版。
28. [美]E. 博登海默:《法理学:法律哲学与法律方法》,邓正来译,中国政法大学出版社 1999 年版。
29. [美]唐・布莱克:《社会学视野中的司法》,郭兴华译,法律出版社 2002 年版。
30. [日]小岛武司、伊藤真编:《诉讼外纠纷解决法》,丁婕译,中国政法大学出版社 2005 年版。
31. [德]康德:《实践理性批判》,韩水法译,商务印书馆 1999 年版。

32. [德]康德:《道德形而上学原理》,苗力田译,上海人民出版社 2012 年版。
33. [美]罗伯特·C. 埃里克森:《无需法律的秩序——邻人如何解决纠纷》,苏力译,中国政法大学出版社 2003 年版。
34. [美]波斯纳:《法律的经济分析》,蒋兆康译,中国大百科全书出版社 2003 年版。
35. [美]曼昆:《经济学原理》(微观经济学分册),梁小民、梁砾译,北京大学出版社 2009 年版。
36. [德]费迪南·滕尼斯:《共同体与社会》,林荣远译,商务印书馆 1999 年版。
37. [美]罗纳德·哈里·科斯:《企业、市场与法律》,盛洪、陈郁译,上海人民出版社 2009 年版。
38. [德]阿图尔·考夫曼:《法律哲学》(第 2 版),刘幸义等译,法律出版社 2011 年版。
39. [德]哈贝马斯:《交往行为理论》(第一卷),曹卫东译,上海人民出版社 2004 年版。
40. [英]齐尔格特·鲍曼:《通过社会学去思考》,高华等译,社会科学文献出版社 2002 年版。
41. [德]哈贝马斯:《在事实与规范之间》,童世骏译,生活·读书·新知三联书店 2011 年版。
42. [以色列]艾维榭·马格里特:《妥协与卑劣妥协》,陈特安等译,人民日报出版社 2012 年版。
43. [日]中村英郎:《新民事诉讼法讲义》,陈刚等译,法律出版社 2001 年版。
44. [德]奥特马·尧厄尼希:《民事诉讼法》,周翠译,法律出版社 2003 年版。
45. [美]劳伦斯·M. 弗里德曼:《选择的共和国:法律、权威与文化》,高鸿钧等译,清华大学出版社 2005 年版。
46. [日]小岛武司:《自律型社会与正义的综合体系》,陈刚等译,中国法制出版社 2006 年版。
47. [日]高见泽磨:《现代中国的纠纷与法》,何勤华等译,法律出版社 2003

年版。

二、中文著作

48. 张卫平:《民事诉讼法》,法律出版社 2016 年版。
49. 张卫平:《转换的逻辑——民事诉讼体制转型分析》,法律出版社 2004 年版。
50. 史尚宽:《民法总论》,中国政法大学出版社 2000 年版。
51. 李少伟、王延川:《现代民法文化与中国民法法典化》,法律出版社 2016 年版。
52. 王泽鉴:《民法概要》,北京大学出版社 2011 年第 2 版。
53. 宋朝武等:《调解立法研究》,中国政法大学出版社 2008 年版。
54. 范愉主编:《ADR 原理与实务》,厦门大学出版社 2002 年版。
55. 齐树洁主编:《英国民事司法改革》,北京大学出版社 2004 年版。
56. 范愉:《纠纷解决的理论与实践》,清华大学出版社 2007 年版。
57. 谭世贵主编:《中国司法改革研究》,法律出版社 2000 年版。
58. 王利明:《司法改革研究》,法律出版社 2001 年版。
59. 汤维建主编:《民事诉讼法学》,北京大学出版社 2008 年版。
60. 范愉:《非诉讼纠纷解决机制研究》,中国人民大学出版社 2000 年版。
61. 沈恒斌主编:《多元化纠纷解决机制原理与实务》,厦门大学出版社 2005 年版。
62. 季卫东:《法治秩序的建构》,中国政法大学出版社 1999 年版。
63. 谢晖、陈金钊主编:《民间法》(第五—九卷),山东人民出版社 2009 年版。
64. 徐显明主编:《法理学》,中国政法大学出版社 2007 年版。
65. 顾培东:《社会冲突与诉讼机制》,法律出版社 2004 年版。
66. 何兵:《现代社会的纠纷解决》,法律出版社 2001 年版。
67. 范愉、李浩:《纠纷解决——理论、制度与技能》,清华大学出版社 2010 年版。
68. 徐昕主编:《纠纷解决与社会和谐》,法律出版社 2006 年版。
69. 唐峰:《纠纷和解研究》,中国政法大学出版社 2012 年版。
70. 乔欣:《仲裁法学》,清华大学出版社 2008 年版。
71. 李政等:《仲裁法学》,中国政法大学出版社 2009 年版。

72. 江平、米健:《罗马法基础》,中国政法大学出版社2004年版。
73. 春杨:《晚清乡土社会民事纠纷调解制度研究》,北京大学出版社2009年版。
74. 王利明主编:《民法》,中国人民大学出版社2000年版。
75. 周枏:《罗马法原论》,商务印书馆2001年版。
76. 王泽鉴:《债法原理》,北京大学出版社2009年版。
77. 江平、王家福主编:《民商法学大辞书》,南京大学出版社1998年版。
78. 刘少军:《刑事审判中的对抗与合意》,中国人民公安大学出版社2009年版。
79. 江伟主编:《民事诉讼法》,高等教育出版社2000年版。
80. 肖建国:《民事诉讼程序价值论》,中国人民大学出版社2000年版。
81. 张文显:《法哲学范畴研究》,中国政法大学出版社2001年版。
82. 贺海仁:《谁是纠纷的最终裁判者——权利救济原理导论》,社会科学文献出版社2007年版。
83. 徐昕:《论私力救济》,中国政法大学出版社2005年版。
84. 曹日昌:《普通心理学》,人民教育出版社1980年版。
85. 范愉等:《调解制度与调解人行为规范:比较与借鉴》,清华大学出版社2010年版。
86. 瞿同祖:《中国法律与中国社会》,中华书局1981年版。
87. 张晋藩:《中国法律史论》,法律出版社1982年版。
88. 马小红:《礼与法》,经济管理出版社1997年版。
89. 张晋藩主编:《中国法律史》,法律出版社1995年版。
90. 张晋藩:《中国法律的传统与近代转型》,法律出版社1997年版。
91. 武树臣:《中国法律文化大写意》,北京大学出版社2011年版。
92. 徐国栋:《民法基本原理解释:成文法局限之克服》,中国政法大学出版社1996年版。
93. 吕世伦主编:《现代西方法学流派》(上卷),中国大百科全书出版社2000年版。
94. 葛洪义主编:《法理学》,中国政法大学出版社1999年版。
95. 范忠信:《中西法文化的暗合与差异》,中国政法大学出版社2001年版。
96. 杨祖陶、邓晓芒:《康德〈纯粹理性批判〉指要》,人民出版社2001年版。

97. 常怡主编:《民事诉讼法学》,中国政法大学出版社 2002 年版。
98. 高鸿业主编:《西方经济学》(微观部分),中国人民大学出版社 2011 年版。
99. 朱善利:《微观经济学》(第 2 版),北京大学出版社 2001 年版。
100. 索振宇:《语用学教程》,北京大学出版社 2000 年版。
101. 曹卫东:《曹卫东讲哈贝马斯》,北京大学出版社 2005 年版。
102. 郑永流主编:《商谈的再思》,法律出版社 2010 年版。
103. 王晓升:《商谈道德与商议民主》,社会科学文献出版社 2009 年版。
104. 龚群:《道德乌托邦的重构》,商务印书馆 2003 年版。
105. 汤维建:《民事证据立法的理论立场》,北京大学出版社 2008 年版。
106. 杨建军:《法律事实的解释》,山东人民出版社 2007 年版。
107. 左卫民等:《变革时代的纠纷解决——法学与社会学的初步考察》,北京大学出版社 2007 年版。
108. 夏勇主编:《走向权利的时代——中国公民权利发展研究》,社会科学文献出版社 2007 年版。
109. 费孝通:《乡土中国,生育制度》,北京大学出版社 1998 年版。
110. 贺海仁:《无讼的世界——和解理性与新熟人社会》,北京大学出版社 2009 年版。
111. 李刚主编:《人民调解概论》,中国检察出版社 2004 年版。
112. 余长保:《有一种沟通叫妥协》,中国商业出版社 2009 年版。
113. 于反:《妥胁:商务谈判新思维》,中国经济出版社 2011 年版。
114. 汤维建、单国军:《香港民事诉讼法》,河南人民出版社 1997 年版。
115. 王律中:《调解心理艺术——调解中的心理学问题及对策》,人民法院出版社 2001 年版。
116. 范愉等:《调解制度与调解人行为规范——比较与借鉴》,清华大学出版社 2010 年版。
117. 蔡彦敏等:《谈判学与谈判实务》,清华大学出版社 2011 年版。
118. 王生长:《仲裁与调解相结合的理论与实务》,法律出版社 2001 年版。
119. 葛洪义:《法与实践理性》,中国政法大学出版社 2002 年版。
120. 范愉:《非诉讼程序(ADR)教程》,中国人民大学出版社 2002 年版。
121. 左卫民主编:《中国司法制度》,中国政法大学出版社 2002 年版。

122. 范愉等:《多元化纠纷解决机制与和谐社会的构建》,经济科学出版社2011 年版。

123. 宋冰编:《程序、正义与现代化——外国法学家在华演讲录》,中国政法大学出版社 1998 年版。

124. 王衍军:《中国民俗文化》,暨南大学出版社 2011 年第 2 版。

125. 汤维建主编:《民事诉讼法学》(第 2 版),北京大学出版社 2014 年版。

三、中文论文

126. 傅郁林:《新民事诉讼法中的程序性合意机制》,载《比较法研究》2012 年第 5 期。

127. 张晋红:《法院调解的立法价值探究——兼评法院调解的两种改良观点》,载《法学研究》1998 年第 5 期。

128. 李浩:《调解的比较优势与法院调解制度的改革》,载《南京师大学报》(社会科学版)2002 年第 4 期。

129. 范愉:《调解的重构(上、下)——以法院调解的改革为重点》,载《法制与社会发展》2004 年第 2、3 期。

130. 季卫东:《调解制度的法律发展机制——从中国法制化的矛盾情境谈起》,载强世功编:《调解、法制与现代性:中国调解制度研究》,中国法制出版社 2001 年版。

131. 肖建华、杨兵:《论我国诉讼调解原则体系之重构——兼评〈关于人民法院民事调解工作若干问题的规定〉相关规定》,载《政法论丛》2005 年第 1 期。

132. 石梅堂:《民事调解制度背离民诉规律》,载《法学》2002 年第 12 期。

133. 江伟、王强义:《完善我国民事诉讼立法的若干理论问题》,载《中国社会科学》1991 年第 5 期。

134. 王亚新:《论民事、经济审判方式的改革》,载《中国社会科学》1994 年第 1 期。

135. 黄斌:《正义辨义》,载《探索》2002 年第 3 期。

136. 张雨生:《漫步六尺巷》,载《学习月刊》2005 年第 2 期。

137. 侯瑞雪:《整合进路中的发展策略:伯克利学派的理论纲领——兼评〈转变中的法律与社会:迈向回应型法〉》,载《河北法学》2006 年第 10 期。

138. 陈瑞华:《司法过程中的对抗与合作——一种新的刑事诉讼模式理论》,

载《法学研究》2007 年第 3 期。
139. 吴英姿:《法院调解的“复兴”与未来》,载《法制与社会发展》2007 年第 3 期。
140. 夏锦文、史长青:《交涉与合意:论诉讼的本质》,载《南京社会科学》2006 年第 9 期。
141. 郑立:《论合意(协议)是合同理论的基石》,载《法学家》1993 年第 4 期。
142. 王杏飞:《和谐社会语境下的诉讼合意——以民事诉讼为视角的分析》,载《华东政法学院学报》2006 年第 3 期。
143. 周永坤:《提升司法公正的路径选择——以正当程序和司法良知的关系为切入点》,载《苏州大学学报》2012 年第 5 期。
144. 何家弘:《司法公正论》,载《中国法学》1999 年第 2 期。
145. 王晨:《司法公正的内涵及其实现路径选择》,载《中国法学》2013 年第 3 期。
146. 姚莉:《司法公正要素分析》,载《法学研究》2003 年第 5 期。
147. 顾培东:《当代中国司法公正问题研究》,载《思想》2016 年第 2 期。
148. 陈斌:《和谐社会的诉讼当事人合意解决纠纷机制》,载《探索与争鸣》2007 年第 8 期。
149. 齐延平:《人的主体性、德性与法的现代性》,载《学习与探索》2006 年第 6 期。
150. 何志鹏:《自由主义的贡献与局限》,载《当代法学》2004 年第 4 期。
151. 齐延平:《论法治的基础》,载《山东大学学报》(哲学社会科学版)1997 年第 4 期。
152. 吴建国:《司法公正的民意之维》,载《华中科技大学学报》2014 年第 5 期。
153. 高鸿钧:《中国公民权利意识的演进》,载夏勇主编:《走向权利的时代——中国公民权利发展研究》,社会科学文献出版社 2007 年版。
154. 唐力:《论协商性司法的理论基础》,载《现代法学》2008 年第 6 期。
155. 唐力:《辩论主义的嬗变与协同主义的兴起》,载《现代法学》2005 年第 6 期。
156. 肖建华:《构建协同主义的民事诉讼模式》,载《政法论坛》(中国政法大学学报)2006 年第 5 期。

157. 董皞:《司法功能与司法公正、司法权威》,载《政法论坛》(中国政法大学学报)2002 年第 2 期。
158. 张嘉军:《和谐社会与民事合意性纠纷解决机制》,载《理论探索》2007 年第 4 期。
159. 邓晓芒:《康德道德哲学的三个层次——〈道德形而上学基础〉述评》,载《云南大学学报》(哲学社会科学版)2004 年第 4 期。
160. 张卫平:《论民事诉讼的契约化——完善我国民事诉讼法的基本作业》,载《中国法学》2004 年第 3 期。
161. 程承坪:《理解科斯定理》,载《学术月刊》2009 年第 4 期。
162. 田洪鋆:《科斯定理中产权概念的法学解析》,载《东北师大学报》(哲学社会科学版)2011 年第 2 期。
163. 樊纲:《人间的"扯皮"与科斯定理》,载《市场营销导刊》2005 年第 3 期。
164. 孙桂林:《哈贝马斯的法律商谈理论及其中国化的意义》,载《法学杂志》2010 年第 3 期。
165. 白洁:《法院调解制度:检讨与重构》,载《新疆大学学报》(社会科学版)2004 年第 3 期。
166. 陈金钊:《论法律事实》,载《法学家》2000 年第 2 期。
167. 易军:《熟人社会中的关系与非正式纠纷解决》,载《云南大学学报》(法学版)2008 年第 5 期。
168. 柴玲、包智明:《当代中国社会的"差序格局"》,载《云南民族大学学报》(哲学社会科学版)2010 年第 2 期。
169. 龚长宇、郑杭生:《陌生人社会秩序的价值基础》,载《科学社会主义》2011 年第 1 期。
170. 李浩:《民事审判中的调审分立》,载中国法制出版社编:《民事程序法论文选萃》,中国法制出版社 2004 年版。
171. 景汉朝、卢子娟:《经济审判方式改革若干问题研究》,载《法学研究》1997 年第 5 期。
172. 史长青:《调解制度中的强制性因素研究》,载《烟台大学学报》(哲学社会科学版)2007 年第 4 期。
173. 李军:《私法自治的基本内涵》,载《河北法学》2005 年第 1 期。
174. 刘凯湘:《论民法的性质与理念》,载《法学论坛》2000 年第 1 期。

175. 刘美希:《私法自治理念的历史演变考》,载《山东警察学院学报》2009年第4期。
176. 李浩:《当下法院调解中一个值得警惕的现象——调解案件大量进入强制执行研究》,载《法学》2012年第1期。
177. 陈慧:《当前民事诉讼中的恶意调解现象及防范研究》,载《法律适用》2007年第5期。
178. 汤维建:《多元化纠纷解决机制改革的时代意义及其要点》,载《人民法院报》2016年6月30日,第2版。
179. 黄斌、刘正:《论多元化纠纷解决机制的现状、困境与出路》,载《法律适用》2007年第11期。
180. 吴春雷、杜文雅:《多元化纠纷解决机制的主体研究》,载《前沿》2011年第13期。
181. 龙飞:《论国家治理视角下我国多元化纠纷解决机制建设》,载《法律适用》2015年第7期。
182. 陈会林:《官民互动解纷传统与"三调联动"机制建设》,载《学习与探索》2016年第1期。
183. 张卫平:《对民事诉讼法学贫困化的思索》,载《清华法学》2014年第2期。
184. 张志铭:《中国司法的功能形态:能动司法还是积极司法?》,载《中国人民大学学报》2009年第6期。
185. 邵俊武:《民事诉讼中法院调解原则的再认识》,载《政法论坛》(中国政法大学学报)2000年第1期。
186. 王福友、刘雪松:《论作为侵权行为法价值基础的矫正正义》,载《黑龙江省政法管理干部学院学报》2006年第5期。
187. 高兆明:《分配正义的两个考察维度》,载《南京师大学报》(社会科学版)2010年第1期。

四、外文文献

188. Jeffrey M. Senger, *Federal Dispute Resolution: Using ADR With the United States Government*, San Francisco: Jossey - Bass, 2004. pp. 11 - 17.
189. Elizabeth S. Plapinger & Donna Stienstra, ADR and settlement in the federal district courts: A sourcebook for judges & lawyers, available from:

https://www. fjc. gov/sites/default/files/2012/adrsrcbk. pdf. ,最后访问日期:2014 年 10 月 18 日。

190. Owen M. Fiss, *Against Settlement*, 93 Yale L. J. 1073(1984);

191. Judith Resnik, *Many Doors? Closing Doors? Alternative Dispute Resolution and Adjudication*, 10 Ohio St. J. on Disp. Resol. 211(1995).

192. Carrie Menkel - Meadow, *For and Against Settlement: Uses and Abuses of the Mandatory Settlement Conference*, 33 UCLA L. Rev. 485, 502, (1985).

后　记

本书是在我的博士学位论文的基础上整理加工而成。

说起博士学位论文,不禁想起那些令人感怀的经历。

2011 年 2 月,我以同等学力申请博士学位人员的身份走进了山东大学法学院,师从时任法学院院长的齐延平教授。“同等学力人员”这个称谓本身就表明我们这种人多少是有些特别的经历的,而对我来说,这个经历可能是更为奇特的。

2010 年冬季的一天,在山东大学法学院执教的好友刘加良博士告诉我,山东大学法学院正在招收同等学力博士生,他说我的条件应该符合要求,很有希望。这个消息犹如在平湖中投入了一块巨石,让我久久难以平静！读吧,年纪已不小;不读吧,又实在不舍这个实现夙愿的机会。最终,在家人和朋友的支持和鼓励下,我还是向山东大学提交了自己的申请,并如愿成为山东大学法学院的一名博士生。对我来说,攻读博士的功利性意义可能不是很大,人生价值的实现应该是更为重要的。我们这一代人比较动荡,但也很幸运,总算是赶上了时代的步伐。由于先天的不足,基础不够扎实,也注定了我们一生都不敢放松,总有一种必须拼命补课、跟上时代发展的意识。

第一次去山东大学法学院,就被它浑然天成的布局所震撼。当我看到耸立在法学院旁边那气势宏伟的洪楼大教堂时,一种肃穆和神圣的感觉油然而生,我突然明白了:法律和神明原来可以这样高度契合……

对于山东大学法学院,我有着一种置身圣地般的感觉,不仅是因为大教堂,更是因为那里的老师、学子、逸夫楼、小树林和浓郁的读书气氛。对于这个给予我读博机会的圣地,我的心里充满了感激!我的导师齐延平教授在我申请博士生时就倾力相助,使我顺利通过了入学考核,他的博学、耐心和严谨作风令人感佩至深,他儒雅的风范和平易近人的风格让人在不自觉间就受到深深的感染。聆听武树臣教授、杨汝坤教授等老师的授课不仅是一种知识的吸纳,更是一种灵魂的再造与精神的享受,特别是武树臣教授对"朝闻道,夕死,可也!"这句名言的诠释令人彻骨难忘。还有徐显明教授、冯殿美教授、陈金钊教授、秦伟教授、耿利航教授、桑本谦教授、李道军教授、张海燕教授、周长军教授、王丽萍教授、李忠夏教授、刘加良博士、郑智航博士、徐会平博士、江小荃老师、乔梅老师……在读博期间,他们都对我提供过帮助,那种殷切关怀和诚挚情谊每每想起就产生一种温暖的感觉。

还要特别感谢我工作的单位——也是我的母校——西北政法大学,它不仅以博大的胸怀接纳了我这个长期脱岗的游子,而且还给予我实现读博梦想的机会。我的老同学——校长贾宇给我提供了巨大的支持和帮助,学校为我调整了工作任务以便我能完成我的博士课程,使我能够在读博期间做到学习、工作两不误。感谢我的同事、朋友还有我的学生在我写作博士学位论文期间为我提供的各种帮助、支持和鼓励。

对于家人,想说的不只是感激,更多的是愧疚。在我长达数年的读博和写作期间,夫人几乎包揽了全部的家务,全力支持我的学习。为了写作论文,我常常习惯性地到凌晨才回家,她除了关心我的身体健康之外没有更多的怨言,特别是对孩子的生活、学习和教育,也全靠她的精心操持。女儿是我最大的骄傲,她好学上进,而且成绩优异,我从来不必为她的学习担忧。家人的支持使我能够安心于自己的学业和工作,说实话,如果没有家人的支持,我是不会迈出读博这一步的。

回想起来,自己沉浸于民事纠纷解决理论的研究也有十多年了,由于生性愚拙,几无像样的成果面世。但在这一过程中,范愉教授对我产生了深深的影响，使我愈加坚定深入研究这一领域的决心和信心。我知道范愉教授不轻易为人作序，但还是冒昧向她提出了这一请求，她能欣然"破例"亲笔为我这本小书作序实在是我的大幸。

最后，还想对法律出版社的丁小宣社长和编辑陈慧女士由衷地道声感谢，他们对书稿的要求近乎苛刻，不仅在文法断句上一丝不苟，而且对文意的把控也表现出极高的专业水准。在本书写作过程中，他们的点拨和督促使我受益良多。

自己的经历可以说是多有周折，在学术的道路上也是磕磕绊绊，但幸有上天眷顾，紧要关头总能遇到贵人相助，篇幅所限，恕不一一列出，就此一并叩谢！

作者

2017年7月15日

于西北政法大学

图书在版编目(CIP)数据

通过合意的纠纷解决:合意性纠纷解决机制研究/
赵旭东著.—北京:法律出版社,2017
ISBN 978-7-5197-1474-1

Ⅰ.①通… Ⅱ.①赵… Ⅲ.①民事纠纷—调解(诉讼法)—研究—中国 Ⅳ.①D925.114.4

中国版本图书馆CIP数据核字(2017)第243204号

通过合意的纠纷解决
——合意性纠纷解决机制研究
TONGGUO HEYI DE JIUFEN JIEJUE
—HEYI XING JIUFEN JIEJUE JIZHI YANJIU

赵旭东 著

策划编辑 陈 慧
责任编辑 陈 慧
装帧设计 凌点工作室

编辑统筹 法律教育出版分社
出版 法律出版社
开本 A5
总发行 中国法律图书有限公司
印张 9.125
经销 新华书店
字数 240千
印刷 北京京华虎彩印刷有限公司
版本 2017年10月第1版
责任印制 沙 磊
印次 2017年10月第1次印刷

法律出版社/北京市丰台区莲花池西里7号(100073)
网址/www.lawpress.com.cn
投稿邮箱/info@lawpress.com.cn
销售热线/010-63939792
举报维权邮箱/jbwq@lawpress.com.cn
咨询电话/010-63939796

中国法律图书有限公司/北京市丰台区莲花池西里7号(100073)
全国各地中法图分、子公司销售电话:
统一销售客服/400-660-6393
第一法律书店/010-63939781/9782 西安分公司/029-85330678 重庆分公司/023-67453036
上海分公司/021-62071639/1636 深圳分公司/0755-83072995

书号:ISBN 978-7-5197-1474-1 **定价**:26.00元
(如有缺页或倒装,中国法律图书有限公司负责退换)